괴짜의사 Dr. Araw의 쉽고 바르게 읽는

요한복음 장편(掌篇) 강의 Handbook

D. M. Lloyd Jones를 꿈꾸는 괴짜의사 Dr. Araw의
쉽고 바르게 읽는 장편(掌篇) 강해서 5 – 요한복음

은혜 위에
은혜 러라

HANDBOOK

이선일 · 이성진 · 안요셉 지음

산지

공저자 이성진 전도사

공저자는 저자의 큰아들(5대째 기독교인)로 아주 어려서부터 성경과 성구 암송, 복음(말씀)과 교리에 대해 지독한 훈련을 받았다.

이는 대대로 내려오는 집안(Lee's Family)의 전통이기도 하다. 그에게 일찍부터 성구 암송과 찬송가 가사 암송은 당근과 채찍이었다. 물론 최종 선택은 본인에게 있었다.

그의 선택은 한결같았고 그리하여 칭찬으로 일관되었다. 그런 그는 학문은 조금 늦게 간다고 하더라도 성경말씀은 항상 앞서가야 하는 분위기 속에서 자랐다.

그는 누나와 함께 초등학교때 외국으로 건너갔다. 처음엔 지긋지긋한 성경공부에서 벗어났다고 생각하며 여유를 부리려 했으나 금방 착각임을 알게 되었다. 저자인 그의 아버지는 정기적으로 외국을 오가며 공저자의 성경 실력을 점검했고 복음과 교리를 더욱더 심층적으로 가르쳤기 때문이다.

그는 중학교(Surrey Christian School), 고등학교(Monte Vista Christian School, High), 대학교(Northeastern Univ. in Boston, Business & Psychology)를 거치며 계속 영성과 전문성을 쌓아갔다. 그리고 사업(BAM(Business as Mission), HRC빌딩 대표, 카페 팔레트 대표)으로 성공을 거두기도 했다. 현재 대전 침례신학대학원(M. Div)에서 공부하며 전도사로 섬기고 있다.

그는 웅변과 설득에 탁월하다. 게다가 다양한 언어 구사 능력은 타의 추종을 불허한다. 아이디어맨이고 기획통이며 사람들을 잘 모은다. '큰 귀'를 통한 격려의 은사가 남다르고 '영안'과 더불어 온유한 성품을 지녔다. 심리학도 공부한 그는 마음이 따스하고 상대를 배려하며 무엇이든지 대화를 통해 잘 풀어간다.

그런 그가(요한복음, 요한계시록, 기독교의 3대 보물 공저자) 이번에는 요한복음《은혜 위에 은혜러라》의 Handbook 저술에 주도적인 공저자가 되었다. 저자인 아버지의 지속적인 도전과 격려 때문이다. 신대원 졸업반임에도 바쁜 시간을 할애했다. 이것도 취하고 저것도 버리지 말라는 저자의 격려 속에 자신을 향하신 소명과 사명을 감당했다.

공저자 이메일 ssungly@gmail.com

공저자 안요셉 목사/방어진제일교회

그는 저자이신 이선일 선생님과 함께 '오직 말씀(Sola scriptura)'의 길을 걷고 있다.

저자의 멘티인 그는 대한예수교장로회(백석) 백석대학교 신학을 전공했으며 2015년 백석신학대학원(M. Div)을 졸업했다. 이후 주일학교, 청소년, 찬양 등등 다양한 영역에서 기쁨과 감사함으로 사역을 담당했다. 현재는 울산 동구에 있는 방어진제일교회에서 즐거이 사역 중이다.

'오직 말씀'에 생명을 거는 목회의 길로 들어선 것은 앞서가시는(나하흐) 하나님, 동행하시고 밀어주시는 (할라크) 하나님, 늘 함께하시는(에트) 하나님의 완벽한 인도하심 덕분이었다.
개척교회 목사이셨던 그의 아버지는 온몸과 마음을 바치며 말씀 선포와 한 영혼 한 영혼을 위해 사셨다. 한때는 그런 고단한 삶을 보며 목사의 삶만큼은 살지 않겠다고 다짐하기도 했다. 그러나 하나님의 계획은 달랐던 듯하다. 감사하게도 신학교 선교 동아리에서 예수 그리스도를 인격적으로 만났다. 이후 영혼을 돌보고, 말씀을 전하는 아버지의 삶이 그에게 다가왔다.

신학을 공부하면서 전도사를 막 시작했을 때는 말씀 전하는 것이 전혀 두렵지 않았다. 하지만 점점 더 말씀에의 갈망과 말씀의 진한 맛을 느껴가며 자기 자신을 적나라하게 보게 되었다. 조각나 있으면서도 일천한 성경 지식, 간혹 불확실하고도 애매한 부분 부분들에서는 누림 반 두려움 반이 되곤 했다. 그러나 광범위하고 깊은 말씀의 강에서 헤엄을 칠 때면 그렇게 행복할 수가 없었다. 그럴수록 말씀을 연구하고픈 소망이 커져 갔다. 결국 기도 제목의 최우선순위가 되었다.

좋으시고 신실하신 하나님은 가장 적절한 시기에 그런 그의 기도를 들어주셨다. 바로 2020년부터 시작된 성경연구모임이다.

선생님의 교육은 분명했다. 집중 원리(Principle of Concentration)와 반복의 원리(Principle of Repetition)였다. 더불어 선생님은 '개념화(conceptualization)'를 강조했다. 저자는 그에게 개념화 작업과 더불어 파편적으로 흩어져 있던 말씀들을 하나하나 모아주었고, 그로 인해 연결되지 않던 말씀이 한 줄로 연결되는 것을 경험했다. 성경이 눈에 들어오기 시작했고, 전하는 말씀에 확신이 생겼다.

선생님의 삶을 옆에서 보면 '오직 말씀'만이 선명하다. 자신의 모든 열정과 시간, 심지어 생명까지 아낌없이 말씀 앞에 쏟아내는 모습은 뒤따라가는 멘티인 그에게 큰 자극이 된다. 저자는 자주자주 '오직 말씀(Sola Scriptura)'의 삶으로 살아갈 것을 주문했다. 그런 가운데 지금까지 선생님과 함께 말씀을 상고해왔다. 이제는 '오직 말씀, 다시 말씀'임을 확신하게 되었다.

그는 지금도 간혹 사역의 현장과 개인의 삶에서 흔들릴 때가 있다. 하지만 '오직 말씀, 다시 말씀'은 흔들리는 그를 확실하게 붙들어 세우고 있다.
그런 그는 하나님께서 주신 인내와 성실의 성품을 따라 '오직 말씀, 다시 말씀'으로 정진하며 부단히 노력한다. 말씀 앞에서 당신의 삶을 쏟아내던 아버지와 멘토의 삶을 좇아 걸어가고 있다. 그는 능력이 부족하다 못해 거의 없다고 고백한다. 그렇기에 오직 말씀(케리그마, 레마, 로고스)에 능력이 있고 말씀만이 생명의 역사를 낳을 것임을 확신한다.
바라기는 말씀으로 영혼을 살리는 귀한 일에 그의 일생이 하나님께 닳도록 쓰여지길 간절히 소망하고 있다.

공저자 이메일 herjoon86@naver.com

추·천·사

'예수, 그리스도, 생명' 이라는 핵심이 일목요연하게 정리

허정훈 교수/고신의대 부학장(전), 분자생물학, 면역학 교실

요한복음 장편(掌篇) 주석에 대한 요한복음 핸드북(Handbook) 출간을 진심으로 축하드립니다. 이 핸드북 역시 저자의 해박한 성경적 지식을 바탕으로 명료하게 그리고 풍성하게 전체의 흐름을 잘 보여주고 있습니다.

공관복음서(the Synoptic Gospels)가 복음이신 예수 그리스도의 역사적 사실, 천국 복음, 대속 죽음인 십자가의 길에 관해 기술하고 있다면 요한복음은 예수님의 성육신과 공생애 등을 해석하는 복음과 교리의 메시지로 핵심은 '예수, 그리스도, 생명'(요 20:31)' 입니다.

이 책 요한복음(21장 879구절, 4부분: 1) 프롤로그 2) 표적들의 책 3) 영광의 책 4) 에필로그) 장편(掌篇) 주석의 핸드북(Handbook)은 '예수, 그리스도, 생명'이라는 핵심이 일목요연하게 정리되어 있습니다. 그렇기에 이 책을 읽으면 쉽게 이해가 될 뿐만 아니라 마치 저자와 함께 성경공부를 하면서 강의를 직접 듣는 듯한 현장감과 그의 진심어린 열정도 생생하게 느낄 수 있습니다.

저자이신 이선일 박사님은 지난날부터 곤고하고 힘든 일상 속에서도 '복음과 십자가'에 대한 열정으로 장편(掌篇) 주석들과 여러 저작물들을 출

간해 왔습니다. 때때로 지쳐 힘에 겨워 일어날 힘 전혀 없을 때 그는 감람산 기도원의 승리제단을 찾곤 했는데 나는 그런 사실을 잘 알고 있습니다. 그런 저자를 존경하는 마음이 있기에 이 책을 주저없이 권하는 것입니다.

이 핸드북은 그가 흘렸을 피와 땀의 값진 결실임을 확신합니다. 이 소중한 결실이 아직도 자신을 모른 채 세상 속에서 머뭇거리며 방황하는 이들의 손에 붙잡혀 예수 그리스도를 통해 생명을 얻어 함께 하나님나라로 입성하는 영광을 누리게 되기를 소망하며 이 책을 필독할 것을 강력히 권합니다.

말씀을 사모하는 모든 청년들에게는 보석같은 값진 선물

김우미 교수/고신의대 학장(전), 약리학 교실

요한복음!

21장 879구절로 구성된 제법 묵직한 정경이다. 하나님의 말씀이 익숙하기까지는 대부분이 그리스도인들이 그렇듯이 요한복음 또한 내게는 조금은 무겁고 부담스럽다.

지난날 초신자로서 처음 성경을 접했을 때, '왜 사복음서로 기록하게 하셨을까', '동일한 사건을 반복하여 기록하게 하신 이유는 무엇일까'가 궁금했다. 이후 사복음서에서 각각 전달하려는 메시지가 다르며 상징적인 4가지 색상이 있음도 알게 되었다. 공관복음이 예수님의 역사적 사실에 기초한 기술이라면 요한복음은 '예수, 그리스도, 생명'이라는 복음과 교리에 관해 기술되었다.

　유대인을 대상으로 왕으로 오신 예수님을 기록한 마태복음은 사자 복음 곧 자색 복음이라고 하며 로마인을 대상으로 종으로 오신 예수님을 기록한 마가복음은 소 복음 곧 홍색 복음이라고 한다. 헬라인을 비롯한 이방인을 대상으로 기록한 누가복음은 인자 복음 곧 흰색 복음이라고 하며 모든 민족을 대상으로 기록된 요한복음은 독수리 복음 곧 청색 복음이라고 한다.

　이처럼 사복음서를 통하여는 예수님의 속성을 보다 더 깊이, 그리고 넓게 알 수 있어 흥미롭기만 하다.

　이 책 요한복음(21장 879구절, 4부분: 1) 프롤로그 2) 표적들의 책 3) 영광의 책 4) 에필로그) 장편(掌篇) 주석의 핸드북(Handbook) 《은혜 위에 은혜러라》와 마찬가지로 이전에 출간되었던 요한계시록 장편(掌篇) 주석과 그 핸드북(Handbook)인 《예수 그리스도 복음의 계시라》는 책 또한 쉽고 바르게 읽을 수 있도록 저자의 기도와 열정으로 저술되었다.

　나는 상기 두 권의 책을 접하며 말씀의 풍성함을 많이 느꼈다. 말씀과 교리의 중요성과 더불어 말씀이 새록새록 이해가 되니 점점 더 말씀이 내 안에서 살아 움직이며 이해와 더불어 와닿기 시작하고 있다.

　사복음서의 꽃이요 핵심인 요한복음 장편(掌篇) 주석의 핸드북(Handbook) 《은혜 위에 은혜러라》는 단숨에 읽어내려갈 수 있도록 길잡이가 되어 준다. 그렇기에 이 책은 택정함을 입은 자들, 특히 말씀을 사모하는 모든 청년들에게는 보석같은 값진 선물이 될 것이다.

귀한 사역에 시간과 열정을 쏟은 이선일 원장님과 공저자 이성진 전도사님, 안요셉 목사님께 깊은 감사를 드린다. 아울러 신대원 졸업을 앞두고 바쁜 시간을 쪼개어 소명을 감당한 이성진 전도사님의 사역을 통해 예수님의 생명이 세상을 향한 빛과 영광으로 드러나기를 간절히 기도한다.

청년 모임이나 성경공부 그룹에서도 활용하기에 적합한 구성

김영호 교수/고신의대 부학장(전), 분자생물학, 면역학 교실

저자와의 짧은 만남 가운데 내가 확실히 아는 것이 하나 있습니다. 그는 예수님을 사랑하고 복음과 십자가를 자랑하는 일에 열정적일 뿐만 아니라 헌신적이라는 것입니다.

그의 집중적인 성경 연구와 선교사역의 촛점은 하나님나라의 확장입니다. 그의 주된 관심은 '오직 말씀, 오직 복음, 오직 예수'입니다.

그는 밧모섬의 악조건 속에서도 미래형 하나님나라를 사모하며 하나님의 말씀(요한계시록, 요한복음, 요한 1, 2, 3서)을 기록으로 남겼던 사도 요한과 많이 닮았습니다. 그의 열정 앞에는 상황이나 환경 등 어떠한 조건들도 무용지물이었습니다. 비록 긴 세월은 아니었지만 그런 그를 보며 저는 많은 도전을 받았습니다.

이번에 그와 공저자가 저술한 요한복음 장편(掌篇) 주석의 핸드북(Handbook)은 삼위일체 하나님의 개념화와 더불어 성육신하신 예수님의 삼

위일체 하나님이심을 잘 증명하고 있습니다. 더 나아가 '예수, 그리스도, 생명'을 드러내는 7개의 표적들(Book of Signs)과 7번의 에고 에이미(나는~나다. I am who I am)를 통해 예수님이 누구신가를 잘 보여줍니다. 곧 예수님은 아버지 하나님의 구속 계획을 성취하셔서 '영광이 되신 하나님'이라는 것입니다. 이는 그가 저술했던 히브리서 장편(掌篇) 주석《오직 믿음, 믿음, 그리고 믿음》에서 믿음의 심오함과 실천의 중요성을 강조했던 것과 맥이 닿아 있습니다.

특별히 이 핸드북의 독특한 특징 중 하나는 각 파트 뒷부분의 핵심 요약과 강청기도입니다. 이를 통해 읽는 독자들로 하여금 강조하고자 하는 내용을 체계적으로 이해하고 심층적으로 생각하도록 도와주고 있습니다.

특히, "내 양을 먹이라, 내 양을 치라, 내 양을 먹이라"라는 말씀을 통해 우리는 믿음에서의 행함의 핵심을 깨닫게 됩니다. 우리 모두는 그분의 양입니다. 동시에 그분의 능력을 힘입어 다른 양들을 인도해야 합니다.

저자의 노고와 지혜는 예수 그리스도를 머리로 하는 하나님의 교회를 섬기는 모두에게 큰 영감과 도움이 될 것으로 확신합니다. 이 핸드북은 청년 모임이나 성경공부 그룹에서도 활용하기에 적합한 구성을 갖추고 있습니다. 우리 모두가 하나님의 어린 양을 돌보고 먹이는 사명을 잊지 않고 수행함으로써 하나님의 은혜와 사랑을 많이 누릴 수 있기를 기도합니다.

"내 양을 먹이라, 내 양을 치라, 내 양을 먹이라."

말씀의 깊은 바다로 들어가기 위한 첫 계단에 아주 적확한 책

김창주 교수/고신의대, 안과학 교실 주임교수(전)

2019년 친구의 추천으로 시작된 성경공부였다. 당시 성악을 배운다며 고신대 병원에서 부산교대까지 왕복 2시간 거리를 다니던 중이었다. 울산에서 자신의 멘토가 오는데 정말 추천한다며 같이 듣자고 강권하길래 일단 한 번은 들어보자는 심정으로 시작했다. 이후 레슨날과 겹쳐 왕복 2시간을 쓰면서도 그 자리를 꼬박꼬박 나가게 되었다.

모태신앙으로, 선교단체에서 활동을 하면서 배웠던 많은 성경의 내용들이 개념화, 구조화되기 시작했다. 물론 선생님으로부터는 항상 부족하다는 평을 듣긴 했지만.

2020년 교회에서 청년 새가족부를 맡게 되었다. 과연 무엇을 가르치고 전해야 할까를 고민하며 다른 교회의 새가족 교재를 살펴보고, 선교단체의 양육교재도 살펴보았다. 그러다가 결국은 내가 배웠고 그래서 이미 알고 있는 하나님과 예수님과 성령님을 새신자들에게 가르치기 시작했다. 밥과 커피가 거들긴 했지만 그 공부가 도움이 되었다는 이야기가 많았다.

이후 예과 학생들과 가졌던 모임에서도 같은 내용을 가르치며 예수 그리스도의 복음을 전했다. 그들로부터 의사로서 왜 대학에 남았느냐는 질문을 받은 적이 있다. 지금까지는 머뭇거렸지만 이제는 '제자를 만들기 위해 대학에 있다'고 대답하곤 한다.

나는 아직도 부족한 지식으로 인해 가르치고 전해야 할 내용이 여전히 빈약하다. 그러나 지난날부터 선생님과 함께 꾸준히 성경연구 모임을 가져왔기에 지금은 성경 전체의 흐름과 디테일에 제법 익숙해져 있어 그들과 말씀을 나누는 일이 즐거워졌다.

선생님이 저술한 책 중 요한복음 강해서는 정말 두껍다. 그러다 보니 제본에 대한 걱정도 있지만 방대한 분량에 대한 중압감은 그에 못지 않다. 그런데 이번에 저술한 요한복음 장편(掌篇) 주석의 핸드북(Handbook)은 시각적인 두려움의 해소는 물론이요 '예수, 그리스도, 생명'이라는 전체 흐름을 놓치지 않도록 기술되어 있어 손에서 책을 놓지 못하게 한다.

그렇다고 하더라도 그 내용과 깊이는 결코 만만치 않다. 오히려 어떤 부분은 집약해놓은 촘촘한 내용들로 인해 이해한 후 머리에 집어넣기 위해 한 페이지를 넘기는 데 시간이 제법 필요하다.

이 책은 단순히 읽고 그러려니 넘어가는 책이 아니다. 예수님의 제자가 되기 위한 필수 코스이다. 말씀 묵상의 깊은 바다로 들어가기 위한 첫 계단에 아주 적확한 책이다. 4부분으로 나누고, 각각의 장을 요약하고, 주석처럼 필요한 내용들을 더한 것은 단순히 성경적 지식만이 아니라 조금이라도 더 풍성하게 말씀을 누리도록 하기 위함이다.

우리가 배우고 확신한 일, 곧 태초부터 계셨던 말씀이신 예수님, 그 예수를 믿음으로 구원을 얻게 된다는 것을 가르치고, 제자 삼는 이들이 날마다 늘어나길 소망하기에 이 책을 적극 추천하고 싶다.

복잡한 미로를 시원하게 빠져나가게 하는 훌륭한 안내서

이진욱 과장/좋은 강안병원 소화기내과, 간담도 센터장

'예수 그리스도 생명'

요한복음은 '태초'로 시작하는 3권의 정경 중 하나입니다. 그렇기에 요한복음은 첫 구절부터 약간 부담스럽기도 합니다. 더 나아가 이해하기 어려운 내용들을 담고 있을 것이란 선입관과 더불어 두려움이 앞서기도 합니다.

그렇습니다. 예수님의 역사적 사실에 기초한 공관복음과는 달리 요한복음은 '예수, 그리스도, 생명'이라는 복음과 교리에 관해 기술되어 있어 약간 집중해야 하는 것 또한 사실입니다.

선생님은 2022년 4월에 요한복음 장편(掌篇) 주석 《은혜 위에 은혜러라》를 출간했습니다. 그 책으로 공부하기 전까지는 저 또한 요한복음을 시작하기가 약간 주저되었습니다. 그러나 지금은 아닙니다. 서두의 '예수, 그리스도, 생명'이라는 토픽을 확실히 이해하고 나니 두려움이 아니라 감사였습니다. 이런 저의 고백을 독자들에게 나누어주고 픈 마음이 큽니다.

사실 책을 들고 다니며 수시로 펼쳐보고 싶은 때가 많았습니다. 그러나 그러지 못했습니다. 이는 내 마음과 그 책의 평가에 대한 괴리가 아니라 순전히 책의 두께와 분량 때문이었습니다. 감사하게도 이번에 요한복음 장편(掌篇) 주석의 핸드북(Handbook)이 출간된다고 하자 나는 뛸듯이 기뻤습니다. 이제 가볍게 들고 다닐 수가 있기 때문입니다. 게다가 요한복음 장편(掌篇) 주석을 이미 읽고 공부하였기 때문입니다.

지난 수년간 선생님은 성경공부팀을 위해 울산에서 부산까지 먼 길을 운전해 오셔서 강의하셨습니다. 어떠한 물질적 보상도 없었기에 더욱더 놀랍습니다. 복음전파의 열정과 예수 사랑이 아니고서는 도무지 이해할 수 없는 일입니다. 모르긴 해도 그런 선생님이었기에 사랑의 사도인 요한복음 장편(掌篇) 주석과 그 핸드북(Handbook)을 출간했으리라 확신합니다.

요한복음 장편(掌篇) 주석의 핸드북(Handbook)은 일목요연한 흐름을 놓치지 않도록 크게 4부분으로 나누어 설명하고 있습니다.

1부인 프롤로그에서는 '예수, 그리스도, 생명'에 대해 이야기하고 있고 2부는 표적들의 책(The Book of Signs)을 통해 '예수 그리스도 생명'을 드러내고 있으며, 3부는 영광의 책(The Book of Glory)으로 영광을 받으신 하나님, 영광이 되신 예수님을, 마지막 4부는 에필로그로 결론적으로 당부의 말씀인 양들을 먹이고 가르치고 현재형 하나님나라를 확장해 나가라는 예수님의 지상명령에 대해 설명합니다.

'복음과 교리'

얼핏 난해하고 머리 아픈 주제라는 선입견이 들거나 이런 주제를 들을 때마다 머리속이 미로처럼 꼬이는 경험을 해본 분들에게 요한복음 장편(掌篇) 주석 《은혜 위에 은혜러라》의 핸드북(Handbook)은 복잡한 미로를 시원하게 빠져나가게 하는 훌륭한 안내서가 되리라 확신하기에 적극 권하는 바입니다.

잘 정리된 요약노트 같기도, 친절한 안내서 같기도 한 책

문형환 교수/고신의대, 외과학 교실, 간이식센터

'요한복음이 이렇게 난해한 말씀이었나?'

3년 전 출간했던 이선일 선생님의 요한복음 장편(掌篇) 주석 《은혜위에 은혜러라》를 처음 접했을 때 가장 먼저는 770페이지가 넘는 두께를 보고 놀랐다. 그 다음에는 요한복음 21장 879구절에 대해 한 절 한 절마다 배경, 전후 맥락, 상징과 예표적 의미, 히브리어 원어, 헬라어 원어 등등을 설명해 놓은 것에 놀랐다. 시간이 흐르며 복음과 교리에 대해 조금씩 알아가게 되자 상기 주석책의 유용함을 알게 되었다. 여전히 두께나 분량은 부담스럽지만.

감사하게도 이번에는 요한복음 장편(掌篇) 주석의 핸드북(Handbook)이 출간된다. 이는 두께면에서 1/3이다. 더 놀라운 것은 핸드북(Handbook)이 요한복음 장편(掌篇) 주석의 키(Key)라는 사실이다. 이 책은 시험을 앞둔 학생들에게 주는 마치 잘 정리된 요약노트 같기도 하고 친절한 안내서 같기도 하다.

저자와 공저자는 요한복음을 4파트, 21챕터로 나누어 각각에 소제목들을 달아 놓았다. 놀랍게도 그 제목들은 각 장 내용의 핵심요약에 해당한다. 더 나아가 중요한 이슈가 나오면 표로 정리하여 비교할 수 있게 해두었다. 각 장 끝에는 중요한 핵심사항을 질문을 통해, 은근히 강요하듯, 기억할 것을 요구하고 있다. 감사한 것은 그 질문에 대한 답을 얻기 위해 고민하거나 당황하지 않도록 그 다음 페이지에 보석들을 공개하고 있다는 사실이다.

감사한 것이 많지만 그중에는 해석에 대한 여러 신학적 견해들을 나열하면서 그 중 저자가 선택한 견해와 그 이유에 대해 설명해 주고 있는 것이다. 이는 나의 흥미로움을 자극했는데 마치 독자에게도 내게도 '당신이라면 어떤 선택을 할 것인가'를 묻는 것처럼 다가온다는 사실이다.

약간은 낯선 개념과 더불어 히브리어, 헬라어, 그리고 제법 많은 각주와 설명들이 처음에는 조금 어렵기도 하다. 그러나 한 챕터 한 챕터 거듭하다 보면 계속 반복하여 강조하고 설명하기에 무릎을 치게 한다. 결정적으로 이해와 암기에 부담을 느꼈던 부분은 강청기도를 하다 보면 하나님의 지혜와 인도 속에 어느덧 나의 간구가 되고 만다

나는 이선일 선생님의 멘티이다. 그렇기에 책의 추천사를 쓰는 것이 약간 부담스럽다. 그러나 그를 능가하는 실력 때문에 쓰는 것이 아니라 동참하며 공부하고자 하는 마음 때문이다. 그의 열정을 흡수하고자 함이다.

원저자이신 성령님!

기록자인 사도 요한, 그리고 이선일 선생님, 이성진 전도사님, 안요셉 목사님을 마음껏 축복하고 싶다. 그들 모두가 원하는 것은 나 또한 예수님의 제자로서 동역자로서 성경교사가 되라는 것일 게다.

여지껏 회피해왔지만 머지않아 그런 현실이 다가오면 나는 거침없이 요한복음 장편(掌篇) 주석과 그 핸드북(Handbook)을 교재로 삼아 가르칠 것이다. 그런 의미에서 성경교사를 꿈꾸는 모든 이들에게 이 책을 적극 추천하고 싶다.

'예수, 그리스도, 생명' 이심을 확실히 알고 믿게 하는 길잡이

최영일 교수/고신의대, 외과학 교실, 간이식센터

2022년 여름!

미국 연수 준비로 한창 바쁠 때였다. 항공 탑승시 짐의 양이 한정되다 보니 갖고 갈 짐을 선택하는 것도 만만치 않았다. 몇 번이고 넣었다 뺐다를 반복했다. 처음에는 선생님의 장편(掌篇) 주석들을 몽땅 넣었다. 미국에 가면 그 내용을 통달하고픈 마음에서였다. 그렇게 며칠을 지나다 보니 아직도 가져가야 할 짐이 많았다. 결국 장편(掌篇) 주석들 중 딱 한 권만 남겼다. 그것이 바로 요한복음 장편(掌篇) 주석 《은혜 위에 은혜러라》였다.

미국 대학병원에서의 연수 기간은 18개월이었다. 당시 미국에 거주하던 누나네 가정(5식구)과 우리 가정(4식구+미국 체류 중 하나님의 인격을 선물로 주심)은 거의 매주 가정예배를 드렸다. 그때의 교재가 바로 요한복음 장편(掌篇) 주석 《은혜 위에 은혜러라》였다. 나는 예배 전에 열심히 준비를 한 덕분에 '예수, 그리스도, 생명'에 관해 깊이 묵상할 수 있었고 더불어 사도 요한의 예수 사랑에 대해 감동이 있었다.

사도 요한은 예수님께서 갈보리 언덕 위의 십자가에 달리신 그때에도 곁을 지켰던(요 19:27) 제자였다. 그랬던 그는 예수님의 죽음 후 부활의 그 현장에 베드로와 갔었고(요 20:1-10) 부활 후 나타나신(요 20:19, 26) 예수님을 목격했던 제자였다. 디베랴 바닷가에서 고기를 잡던 7명의 제자 가운데 그가 있었다. 그곳에 나타나신 예수님을 "주님이시라"고 말하며 가장 먼저 알아본(요 21:7) 제자가 그였다.

나는 사도 요한을 추종하려는 것이 아니다. 그의 예수님 사랑에 반한 것이다. 동시에 나 또한 그러고 싶은 열망 때문이다. 이런 연유로 나는 요한복음 장편(掌篇) 주석 《은혜 위에 은혜러라》를 집중하여 탐독하고 정독해왔다. 감사한 것은 이번에 요한복음 장편(掌篇) 주석 《은혜 위에 은혜러라》의 핸드북이 출간되는 것이다. 이 책은 요한복음의 전체 흐름과 더불어 핵심 내용들을 요약, 정리해 놓았다.

내가 이 책을 권하는 이유는 뚜렷하다. 나의 경험 때문이다. 내가 감히 추천사를 쓰는 이유는 분명하다. 나의 감동 때문이다. 이 책을 통해 '예수(Jesus, 이에수스, Ἰησοῦς), 그리스도(Christ, 크리스토스, Χριστός), 생명(조엔 아이오니온 ζωὴν(Life) αἰώνιον(Eternal))'을 확실히 알게 되길 간절히 소망한다.

선생님과 성경공부를 한 지도 어언 4년의 시간이 흘렀다. 처음에는 모든 것이 생소했다. 모태신앙이었던 나의 무지를 보았던 순간이다. 세월이 흐르며 나는 '예수, 그리스도, 생명'이심을 확실히 알고 믿게 되었다. 맛에 이어 감동까지…….

우리 모두는 너나 할 것 없이 제한되고 유한된 직선 인생을 살아가며 장차 누리게 될 미래형 하나님나라를 소망한다. 나 또한 그렇다. 바라기는 선생님의 멘티로서 함께 말씀을 연구하고 나누는 시간이 오래오래 지속되었으면 하는 것이다. 독자들 또한 요한복음 장편(掌篇) 주석 《은혜 위에 은혜러라》와 핸드북을 통해 저자와의 교제가 이어지고 '예수, 그리스도, 생명'이심을 확실히 알고 믿게 되길 바라며 이 책을 적극 권하고 싶다.

프·롤·로·그

2023년 10월!

초고가 끝이 났다. 유난히도 더웠던, 엊그제 같은 여름이 지나더니 이제는 슬그머니 가을이 된 듯 조석으로 선선하다. 뺨 가에 와 닿는 바람이 정겹다.

2024년 3월!

퇴고를 했다. 영육 간에 몹시 추웠던 겨울이 가고 있다. 여기 저기 반가운 꽃망울이 보이기는 하나 아직은 계절의 변동으로 춥기는 매한가지이다.

점점 더 시간이 빨리 가는 듯하다. 유독 나만 그런지는 모르겠으나 백발이 성성해지는 것에 초조함이 더해지는 것을 뿌리치기가 힘들다. 아직 하고픈 일도, 해야 할 일도 많은데…….

나는 점점 더 〈탄노가(嘆老歌)〉가 자주 떠오르며 마음에 와 닿는 부분이 넓어지고 이해마저 깊어지려고 한다.

김천택이 1728년에 엮은 고시조집인 청구영언에는 "한 손에 막대 들고, 또 한 손에 가시를 쥐어 늙는 길 가시로 막고, 오는 백발 막대로 치렷더니 백발이 제 먼저 알고, 주럼길로 오매라"고 했다. 막대로도 가시로도 막을 수 없는 백발은 어느덧 나의 것이 되었다.

고려 후기의 유학자였던 우탁(1262-1342, 역동선생)은 "춘산(春山)에 눈 녹인 바람 건듯 불고 간 데 없다. 져근 듯 비러다가 마리 우희 불니고져 귀 밋에 해 묵은 서리를 녹여 볼가 하노라(봄 산에 쌓인 눈을 녹인 바람이 잠깐 불고 어디론지 간 곳이 없다. 잠시동안 (그 봄바람을) 빌려다가 머리 위에 불게 하고 싶구나. 귀 밑에 여러 해 묵은 서리(백발)을 다시 검은 머리가 되게 하여 녹여볼까 하노라)"고 했다. 봄바람에 눈 녹듯이 귀 밑에 여러 해 묵은 흰 서리같은 백발 또한 녹였으면 좋겠다고 했다. 바로 나의 마음이다.

조선 후기 충남 예산에서 활동했던 문신 신계영(1577-1669, 동부승지, 조선시대 승정원에 속한 정3품 관직)은 "아이 적 늙은이 보고 백발을 비웃더니 그동안에 아이들이 날 웃을 줄 어이 알리 아이야 하 웃지 마라 나도 웃던 아이로다 사람이 늙은 후에 거울이 원수로다 마음이 젊었으니 옛 얼굴만 여겼더니 센 머리 씽건 양자보니 다 죽어만 하아랴 늙고 병이 드니 백발을 어이하리 소년행락이 어제론듯 하다마는 어디가 이 얼굴 가지고 옛 내로다 하리요"라고 했다.

마구 돌진해오는 세월 막을 수 없어 당황스럽다. 냉정하게 돌아서 '쌩' 가버리는 세월 잡을 수 없어 더욱 당황스럽다.

그렇게 달음박질하듯 날아가는 세월을 바라만 보아야 하니 약간은 무기력하게 느껴지기도 한다. 죽음이 손짓하는 것이 조금씩 더 선명해지고 있다. 가끔씩은 손에 잡힐 듯하다.

지난 정부(문민정부도 아니었고 문정부라는 말도 정확한 워딩은 아니다)의 5년은 엄혹했다.

COVID-19(Coronavirus disease)마저 부풀려질대로 부풀려져 개개인(호모 사케르, Homo Sacer)의 삶을 옥죄고 옥죄었다. 기독교는 아예 대놓고 무시와 멸시를 받았다. 거기에다가 악한 영적 세력들과 그 추종 세력들의 준동(蠢動, be active, stir, show wriggling)마저 거셌다.

한국 교회의 아킬레스건을 건드리며 영혼을 낚아채 가는 이단 사이비의 기승을 보면서는 끓어오르는 분노로 인해 가쁜 숨을 거칠게 몰아쉬곤 했다. 설상가상(雪上加霜) 세상의 윤리 도덕은 곳곳에서 속절없이 무너져 갔다. 정치가들의 상식은 낡은 천 마냥 제대로 갈기갈기 찢기어져 갔다. 정치, 경제, 사회, 문화, 언론, 과학, 노동 등등 모든 분야에서 리더십들의 몰염치와 악다구니(acrimony)는 도를 넘어 일상이 되었고 이제는 그렇게 하는 것이 마치 대단한 영향력이라도 되는 듯이 치부되고 있다. 심지어는 종교지도자들마저…….

온 세상이 왁자지껄하다. 기도하며 간구하며 가슴을 치다가 그대로 엎어졌다. 눈을 떠 보면 바위 위에 엎드러져 있곤 했다.

감람산 승리제단

지난날부터 나는 감람산 기도원의 승리제단에 자주 가곤 했다. 한 사람이 들어갈 수 있는 바위 위의 움막에 들어가면 일단 고래고래 고함을 지르며 대상이 없는 허공에 대고 삿대질과 더불어 괴성을 지르다가 이내 곧 나 자신의 허물과 실수, 죄악들에 대해 눈물로 회개를 하곤 한다.

"듣고 기록하라. 그리고 써 내려가라."

최근에는 이 소리조차 잘 들리지 않는 듯했다. '이젠 귀까지 먹게 되었나'라고 생각하기에 이르렀다. 몸도 말을 듣지 않았다. 마음은 저만치 앞서가는데 몸이 따라가지를 못하고 있는 것이다. 손도 움직이려 하지 않았다.

그래서 제법 긴 시간 동안 아예 손을 놓고는 나가 떨어져 버렸다. 그렇게 허송세월(虛送歲月, idle away)을 보냈다. 마치 아빠와 어린아이가 실갱이(실랑이, tussle, skirmish)라도 하듯이…….

얼마 지나지 않아 좋으신 아버지 하나님은 나의 옆구리를 쿡 찔렀다. 모른 척했다. 그러자 계속하여 나를 자극했다. 영리한 나는 얼른 웃으며 일어났다. 이런 나 스스로를 칭찬하는 이유는 분명하다. 나는 괜한 고집을 부리다가 두 대 맞는 것을 싫어하기 때문이다. 한때는 고집을 부리다가 엄청 두들겨 맞기도 했다. 그러나 더는 아니다.

얼른 글을 써 나갔다. 기쁨과 감사함으로…….

요한계시록 장편(掌篇) 주석 《예수 그리스도 복음의 계시라》의 Handbook이 출간되었다. 이제 요한복음 장편(掌篇) 주석 《은혜 위에 은혜러라》의 Handbook 출간을 기대하고 있다.

문맥의 일천함은 여전하나 최선을 다해 크리스천 청년들을 대상으로 하는 장편(掌篇) 주석의 핸드북을 공저자의 도움을 받아 썼다. 당연히 장(掌)이다. 손바닥 만한 지식의 '얕고 넓은 강의'라는 의미이다.

마치 장풍(掌風)의 허풍(虛風)처럼······.

요한복음은 21장, 879구절로 되어있는데 나와 공저자는 4부로 나누어 전체의 흐름을 잡았다. 곧 프롤로그(1:1-18), 표적의 책(The Book of Signs, 1:19-12:50), 영광의 책(The Book of Glory, 13:1-20:31), 에필로그(21:1-25)이다.

1부의 프롤로그(1:1-18)에서는 예수님의 하나님 되심과 태초(םדֶקֶ, 올람, םדֶקֶ, 케뎀, 아르케, ἀρχή)부터 존재하셨던 삼위일체 하나님, 태초(תישׁאר, 레쉬트, 게네시스, γένεσις)에 공동으로 천지를 창조하신 삼위일체 하나님, 그리고 예수, 그리스도, 생명이신(요 20:31) 초림의 예수님에 대해 기술할 예정이다. 1부의 프롤로그를 마무리하며 요한복음을 쉽게, 바르게 이해함과 동시에 반드시 숙지해야 할 것들을 Araw's TIP을 통해 핵심을 요약(휘포밈네스코, ὑπομιμνήσκω & 디다스코, διδάσκω) 하고 강청기도로 단락을 맺었다.

2부는 표적들의 책(The Book of Signs)으로 1장 19절에서 12장 50절까지를 말한다. 이곳에서는 7개(쉐바←솨바, 언약, 약속, 맹세, 완전수)의 표적들과 7번의 에고 에이미(나는~나다, p38 표 참고)를 통해 예수님은 하나님이시며 예수님의 신인양성을 강조했다.

표적(σημεῖον, nn, a sign)이란 예수님이 곧 삼위일체 하나님이심을 알려주는 표지판(indication, mark)이라는 말이다. 즉 공생애 동안에 행하셨던 수많은 표적들(요 20:30, 21:25) 중 7가지 표적을 통해 예수님이 누구신지, 왜 예수를 믿어야 하는지, 그 예수를 믿으면 어떻게 되는지를 갈릴리 근처의 4개 표적들(1st, 2nd, 4th, 5th Sign)과 예루살렘 근처의 3개의 표적들(3rd, 6th, 7th Sign)을 통해 드러냈다. 2부 표적들의 책을 마무리하며 요한복음을 쉽게, 바르게 이해함과 동시에 반드시 숙지해야 할 것들을 Araw's TIP을 통해 핵심을 요약(휘포밈네스코, ὑπομιμνήσκω & 디다스코, διδάσκω) 하고 강청기도로 단락을 맺었다.

3부는 영광의 책(The Book of Glory)으로 13장 1절에서 20장 31절까지이다. 이곳은 13장의 세족식(예수님의 십자가 죽음과 부활 상징)을 시작으로 14장의 미래형 하나님나라(장소, 처소 개념), 그리고 15장의 이를 소망하게 된 성도들은 농부이신 하나님, 포도나무이신 예수님을 믿고 모시고 그 나무(JC)에 붙어있는 가지(교회 곧 성도)로서 그 뿌리의 진액을 공급받아 살아가되 아버지 하나님(농부)의 돌보심에 의존하며 살아가야 함을 강조했다. 16장에서는 그렇게 종말 시대의 한 부분을 살아가는 동안 내주하시는 주권자 성령님의 통치, 질서, 지배 하에서 죄(자범죄)에 대하여 지적받은 후 회개하고, 의(義이신 예수 그리스도)에 대하여 정확하게 배우며(요 14:26, 디다스코, 휘포밈네스코), 심판(최후 심판 곧 백보좌심판)을 생각하며 지금 성령충만함으로 살아가야 할 것을 강조했다. 17장에는 그 유명한 예수님의 대제사장적 기도(1-5: 당신 자신을 위한, 6-19: 제자들을 위한, 20-26: 성도들을 위한)가, 18장은 예수님의 수난, 19장의 예수님의 십자가 죽음에 이어 20장에는 예수님의 부활이야기를 기록하고 있다.

결국 3부 영광의 책에서는 그리스도의 승귀(Ascension of Christ)를 전제하며 말씀하고 있는 것이다. 주목할 것은 영광의 책 마지막 구절인 20장 31절이다. 이 구절에서 사도요한은 요한복음을 기록한 목적을 분명하게 밝히고 있다. 곧 '예수, 그리스도, 생명'이다. '그 예수님이 바로 하나님(딛 2:13, 사 9:6, 미 5:2, 슥 13:7, 시 110:1, 2:7, 요 1:1-2, 14, 34, 5:21-23, 8:58, 10:30, 14:9)'이라는 것이다. 3부인 영광의 책을 마무리하며 요한복음을 쉽게, 바르게 이해함과 동시에 반드시 숙지해야 할 것들을 Araw's TIP을 통해 핵심을 요약(휘포밈네스코, ὑπομιμνήσκω &

디다스코, διδάσκω 하고 강청기도로 단락을 맺었다.

마지막 4부는 에필로그로서 요한복음 21장(1-25)을 말하며 결론 부분에 해당한다. 구원자이신 예수님만이 성부하나님의 유일한 기름부음 받은 자 곧 그리스도 메시야이신데 그 예수님을 통해 진정한 생명(영생)을 얻었기에 이제 후로 사도와 제자 된 우리는 예수 그리스도의 명령인 '내 양을 먹이라, 내 양을 치라, 내 양을 먹이라'에 매진하라는 것이다. 결국 요한복음의 기록 목적(예수, 그리스도, 생명)인 복음을 대대로 전하라는 것이다. 이는 한 번, 일회, 유한되고 제한된 직선 인생을 살아가는 교회 된 우리가 해야 할 가장 시급하고 중요한 일을 가르쳐 주신 것으로 '그리스도인답게' 정체성대로 살아갈 것을 말씀하신 것이다. 4부의 에필로그를 마무리하며 요한복음을 쉽게, 바르게 이해함과 동시에 반드시 숙지해야 할 것들을 Araw's TIP을 통해 핵심을 요약(휘포밈네스코, ὑπομιμνήσκω & 디다스코, διδάσκω)하고 강청기도로 단락을 맺었다.

나는 성경을 해석할 때마다 항상 나름대로의 대원칙을 정해 놓고 일관

되게 해왔다. 지금까지 모든 저술에서 그러했고 앞으로도 그럴 것이다. 강해 설교자 박영선 목사의 저서[1] 〈생각하는 신앙〉이라는 책의 '성경을 어떻게 해석할 것인가'라는 부분의 내용과 많이 맞닿아 있기도 하다.[2]

가장 먼저는 문자를 면밀하게 세심히 살피는 것이다. 주로 개역한글판으로 묵상하지만 개역개정이나 공동번역조차도 터부시하지는 않는다. 더하여 표준 새번역성경, 킹 제임스성경, 유진 피터슨의 메시지성경도

---

1 자연주의(신신학(新神學, New Theology), 자유주의 신학)와 근본주의(율법주의적 근본주의, 정당한 근본주의)
구약의 '사건', 그리고 신약의 '설명'
비유(parable, 1차 개념 전달): 선한 사마리아인의 비유(눅 10장), 씨 뿌리는 비유(마 13장), 과부의 기도 비유(눅 18장), 불의한 청지기의 비유(눅 16장), 밤중에 찾아와 떡을 달라고 강청하는 친구의 비유(눅 11장)
우화(allegory): 아비멜렉 사건에 대한 요담의 우화(삿 9장)
성경신학적 접근과 조직신학적 접근(prove text(성경증거구절-)부작용: 문서설) → ∴성경신학적 접근이 선행되고 그 위에 조직신학적 접근이 서야 한다.
성경의 거짓말=하나님 편을 들지 않는 것(하나님 반대편에 선 것)
〈생각하는 신앙〉, 박영선, 포이에마, 2023, p123-179 참조

2 성경 해석에 있어서의 전제조건:
(1) 성경은 가장 과학적이나 과학으로 모든 것을 증명(설명)할 수 없다.
(2) 성경은 가장 역사적이나 역사로 모든 것을 설명할 수가 없다.
(3) 정당한 근본주의(예수님은 역사적 인물이다. 하나님의 아들이다. 부활하셨다 등등)는 필요하나 율법주의적 근본주의(안식일 논쟁(막 2)), 이혼증서(마 5장), 율법의 근본 취지는 보지 못하고 껍데기만 지키려는 태도 등등)나 자연주의(신신학, 자유주의, 사실은 아니나 윤리 도덕적으로 가치가 있다 등등)는 온전히 배제해야 한다.
(4)개혁주의적(성경신학이 선행되고 그 위에 조직신학적 접근(prove text의 부작용으로 인한 문서설도 주의)이 이루어져야 함) 해석이 필요하다. 그래서 나는 지난날부터 나의 책(프롤로그)에서 밝혀왔듯이 성경을 해석할 때 항상 5가지 대원칙을 정해왔다. 물론 성경이 말하면 말하고 침묵하면 침묵하며 걸어가면 뒤따라가고 멈추면 그 자리에서 즉시 멈추는 전제를 둔다. '가오'가 죽더라도 절제하며 하나님보다 앞서지 않으려고 몸부림을 친다.

참고한다.

그런 다음, 단락(Text, 본문)을 연결하여 몇 번이고 반복하여 읽음으로 전후 맥락(Context)을 놓치지 않으려고 몸부림친다. 그리고는 왜 지금 이 사건을 그 부분에 기록했는지를 고민하며 이전 사건과 이후 사건의 연결고리(Inclusio기법)를 파악하려고 애를 쓴다. 동시에 성경의 다른 부분을 찾아 해석(구약이 그림이라면 신약은 실체이다. 정경은 정경으로 해석해야 한다)하려고 노력한다.

셋째는 말씀이 상징(symbolically)하고 의미하는 바나 예표(typologically)하는 바가 무엇인지를 살핀다. 비유(parable)인지 우화(allegory)인지를 구분하려고 노력한다.

넷째는 배경(background)을 살피는데 특히 역사적 배경이나 문화적 배경을 찾아 성경의 원저자이신 성령님께서 당시의 기록자들을 통해(유기영감, 완전영감, 축자영감) 말씀하시고자 하셨던 말씀의 원(본래) 뜻을 파악하려고 노력한다.

종국적으로는 성경의 원저자이신 성령님께 무릎 꿇고 가르쳐 주시고 깨닫게 해주시라(요 14:26, 디다스코, 가르치다: 휘포밈네스코, 기억나다, 생각하다, 분별하다, 깨닫다)고 엎드려 기도한다. 그리하여 아버지 하나님의 마음을 바르게 알게 해 달라고 간구한다.

결론적으로 나는 함께 살아가는 이 땅의 교회들과 복음과 십자가에 대해 궁금히 여기는 모든 사람들, 특히 크리스천 청년들에게 요한복음《은혜 위에 은혜러라》장편(掌篇)주석의 Handbook을 통해 하나님의 마음을 명료하게 소개하고자 하는 것이다.

요한복음은 한 마디로 "예수 그리스도 생명(요 20:31)"임을 드러내는 복음서로 진정한 복음을 드러낼 뿐만 아니라 복음과 십자가의 소중함을 다시 일깨우는 정금과 같은 정경이다. 그런 요한복음 장편(掌篇) 주석 《은혜 위에 은혜러라》의 Handbook을 쓰게 하신 하나님을 찬양한다. 그저 감사할 뿐이다.

자주 밝혔지만 어눌한 표현과 문맥의 미숙함, 그리고 일천한 지식은 여전하다. 그럼에도 불구하고 글을 쓰는 이유는 분명하다. 나 같은 사람도 시도하고 도전하며 고민한다는 것을, 부끄러움을 무릅쓰고 보여주고 싶은 것이다.

어차피 나는 디딤돌, 마중물의 역할이기 때문이다.

오직 말씀!

오직 복음!

오직 예수!

'다시 말씀'으로 돌아가자!

오늘에 이르기까지 암 투병 속에서도 끝까지 의연하게 대처해 주었고 오히려 나를 격려해주며 이제는 추대작가(대한민국 현대조형미술대전, 2021, 서양화, 장려상/대한민국 현대여성미술대전, 2022년, 서양화, 장려상/대한민국 현대여성미술대전, 2022년, 서양화, 특별상/대한민국 현대여성미술대전, 2023년, 서양화, 특별상)로서 자신의 길을 묵묵히 걷고 있는 소중한 아내 김정미 선교사에게 감사와 사랑, 그리고 존중을 전한다. 특별히 그녀의 마음씀씀이는 나를 지탱해 온 큰 힘이다. 그녀(Sarah)는 내가 답답해 할 때마다 격려와 용기를 아끼지 않았던 내 영혼의 친구(Soulmate)이다. 그가 했던 말이 늘 귓가에 쟁쟁하다.

'당신은 영적 싸움을, 나는 암과의 싸움을.'

사랑하는 아내에게 감사와 사랑, 그리고 존중을 전하며 이 책을 헌정한다. 아내 김정미 선교사를 아는 모든 사람들은 그런 그녀에 대해 나의 말을 자신있게 증언할 것이다.

아울러 외동딸 성혜(LIVIM대표, 국제기독영화제 위원장, 히브리서 공저자)와 사위 의현(이롬글로벌 사장, 갈라디아서 공저자, 전도사)에게, 공저자인 큰아들 성진(전도사, 요한계시록, 요한복음, 기독교의 3대 보물 공저자, 침신대 M.Div), 막내 성준(사도행전 공저자)에게 감사와 사랑을 전한다. 특히 이번 요한복음 Handbook에서는 큰 아들 이성진 전도사와 멘티 안요셉 목사(방어진제일교회)가 공저자로서 첨삭과 문맥을 잡느라 땀을 많이 흘렸다.

지금까지 모든 집필에 도움을 준 특별한 사람 곧 내게 글쓰는 재미를 가르쳐 준 나의 벗 조창인 작가(《가시고기 우리 아빠》의 저자)와 매번 출간을 담당해 왔던 도서출판 산지의 김진미 대표에게도 감사를 전한다.

추천사와 함께 따끔한 충고도 아끼지 않은 여러 동역자들과 멘티들에게 감사를 전한다. 음으로 양으로 도움을 준 모두에게도 동일한 마음을 전한다.

  샬롬!

  오직 하나님께만 영광!

울산의 소망정형외과 진료실에서

Dr. Araw 이선일
hopedraraw@hanmail.net

목차

추천사 . . .8

프롤로그 . . .22

Part I 프롤로그(Prologue)

레마 이야기 1. 말씀이 육신이 되어. . .42
*핵심 요약(휘포밈네스코, ὑπομιμνήσκω & 디다스코, διδάσκω)

Part II The Book of Signs

레마 이야기 2. 가나 혼인잔치(1st sign) . .72
*핵심 요약(휘포밈네스코, ὑπομιμνήσκω & 디다스코, διδάσκω)

레마 이야기 3. 아, 니고데모. . .80
*핵심 요약(휘포밈네스코, ὑπομιμνήσκω & 디다스코, διδάσκω)

레마 이야기 4. 나는 사마리아 여인이었다. . .86
왕의 신하의 아들을 살리심(2nd sign): 죄와 사망의 법→생명의 성령의 법
*핵심 요약(휘포밈네스코, ὑπομιμνήσκω & 디다스코, διδάσκω)

레마 이야기 5. 38년 된 병자(3rd sign) . .95
*핵심 요약(휘포밈네스코, ὑπομιμνήσκω & 디다스코, διδάσκω)

레마 이야기 6. 유월절...102
　5병(餠) 2어(魚) 4th sign –생명의 떡, 산 떡, 참 떡
　물 위를 걸으신 예수님→배로 영접→건너편 땅(5th sign)
　*핵심 요약(휘포밈네스코, ὑπομιμνήσκω & 디다스코, διδάσκω)

레마 이야기 7. 초막절(σκηνοπηγία: the feast of tabernacles)...111
　생수의 강
　*핵심 요약(휘포밈네스코, ὑπομιμνήσκω & 디다스코, διδάσκω)

레마 이야기 8. 초막절...123
　세상의 빛, 생명의 빛
　진리가 너희를 자유케 하리라
　*핵심 요약(휘포밈네스코, ὑπομιμνήσκω & 디다스코, διδάσκω)

레마 이야기 9. 날 때부터 소경 된 사람(6th sign)...131
　*핵심 요약(휘포밈네스코, ὑπομιμνήσκω & 디다스코, διδάσκω)

레마 이야기 10. 나는 양의 문이라, 나는 선한 목자라...139
　*핵심 요약(휘포밈네스코, ὑπομιμνήσκω & 디다스코, διδάσκω)

레마 이야기 11. 나사로가 잠들었도다
그러나 내가 깨우러 가노라(7th sign)...147
　*핵심 요약(휘포밈네스코, ὑπομιμνήσκω & 디다스코, διδάσκω)

레마 이야기 12. 향유 옥합 도유 이야기...155
　비유(parable): 헌금 이야기(진정한 헌신과 섬김에 대한 이야기)
　우화(allegory): 장례(葬禮) 이야기(인자가 들려야 하리라, 요 12:32-34), 복음 이야기
　*핵심 요약(휘포밈네스코, ὑπομιμνήσκω & 디다스코, διδάσκω)

Part III The Book of Glory

레마 이야기 13. 세족식...168
　이미 목욕한 자는 발 밖에 씻을 필요가 없느니라
　*핵심 요약(휘포밈네스코, ὑπομιμνήσκω & 디다스코, διδάσκω)

레마 이야기 14. 미래형 하나님나라...177
　*핵심 요약(휘포밈네스코, ὑπομιμνήσκω & 디다스코, διδάσκω)

레마 이야기 15. 관계와 교제(농부, 포도나무, 가지)...187
　삼위일체 하나님, 교회의 머리이신 예수 그리스도, 그리고 교회
　내 기쁨이 너희 안에 있어
　*핵심 요약(휘포밈네스코, ὑπομιμνήσκω & 디다스코, διδάσκω)

레마 이야기 16. 성령님의 사역(죄, 의, 심판에 대하여 세상을 책망)...196
　세상에서는 너희가 환난(일곱 재앙+악한 영적 세력의 준동)을 당하나(33)
　*핵심 요약(휘포밈네스코, ὑπομιμνήσκω & 디다스코, διδάσκω)

레마 이야기 17. 예수님의 대제사장적 기도...209
　*핵심 요약(휘포밈네스코, ὑπομιμνήσκω & 디다스코, διδάσκω)

레마 이야기 18. 예수님의 십자가 수난...223
　*핵심 요약(휘포밈네스코, ὑπομιμνήσκω & 디다스코, διδάσκω)

레마 이야기 19. 예수님의 십자가 대속 죽음...233
    다 이루었다(테텔레스타이)
    *핵심 요약(휘포밈네스코, ὑπομιμνήσκω & 디다스코, διδάσκω)

레마 이야기 20. 예수님의 부활...245
    어찌하여 울며 누구를 찾느냐
    *핵심 요약(휘포밈네스코, ὑπομιμνήσκω & 디다스코, διδάσκω)

Part IV 에필로그(Epilogue)

레마 이야기 21. 나를 더(플레이온) 사랑하느냐...264
    *핵심 요약(휘포밈네스코, ὑπομιμνήσκω & 디다스코, διδάσκω)

에필로그(나가며)...278
참고도서...283

⋯▶ **일러두기**

본문에 사용한 성경은 개역한글판으로 현재의 맞춤법을 무시하고 성경의 본문 그대로 인용했습니다.

'하나님나라', '하나님언약', '하나님심판', '아버지하나님', '사단나라'는 저자의 의도에 의해 일반적인 띄어쓰기 규칙을 적용하지 않은 하나의 명사로 취급했습니다.

'어린 양'과 '어린양' 둘 다 맞는 표현이므로 예수님을 예표할 때 '어린양' 혹은 '어린 양'으로 혼용해서 사용했습니다.

성경이나 학자들의 의견에서 인용한 단어 및 문장은 큰따옴표로 처리하였습니다. 저자가 강조할 때에는 작은따옴표를 사용했습니다.

요한복음(예수, 그리스도, 생명: 요 20:31) 21장 879구절			
프롤로그 Prologue	표적들의 책 Book of Signs	영광의 책 Book of Glory	에필로그 Epilogue
1:1~18	1:19~12:50	13:1~20:31	21:1~25
복음(예수, 그리스도)과 생명 성육신하신 J : 성부Q의 독생자의 영광, 은혜와 진리 충만, 은혜 위에 은혜 세상 죄를 지고 가는 Q의 어린양(대속주, 기능론적 종속성) Q의 어린 양(존재론적 동질성) 삼위일체 하나님 말씀 빛	1) 가나 혼인잔치(2) 2) 가버나움 신하의 아들 살리심(4) 3) 베데스다 못 곁의 38년 된 병자 고침(5) 4) 벳새다 광야의 5병 2어(6) 5) 갈릴리 바다의 폭풍 다스림 & J를 배 위로 영접→건너편 땅(미래형 하나님나라)에 이르게 됨(6) 6) 맹인의 눈: 뜨게 하심(9) 7) 죽은 나사로를 살리심(11)	세족식(J의 죽음과 부활)(13) Q나라(14) Q과의 관계와 교제(농부, 포도나무, 가지) (15) 성령님의 사역(16) J의 대제사장적 기도(17) J의 수난(18) J의 †죽음(19) J의 부활(20)	정체성 회복 마지막 당부 플레이온 먹이라 치라 먹이라
	*에고 에이미 1) 생명의 떡(6) 2) 세상의 빛, 생명의 빛(8) 3) 양의 문(10) 4) 선한 목자(10) 5) 부활, 생명(11) 6) 길, 진리, 생명(14) 7) 포도나무(15)		

괴짜의사 Dr. Araw의
쉽고 바르게 읽는 요한복음 장편(掌篇)강의 (Handbook)

은혜 위에 은혜러라

Part I

프롤로그 (Prologue)

레마 이야기 1. 말씀이 육신이 되어

요한복음은 사도 요한이 밧모섬으로 유배되었다가 풀려나 그곳에서 환상으로 보았던 것을 에베소에서 기록('예수의 사랑하시는 그 제자', 요 21:20, 24)한 것으로 알려져 있다. 나와 공저자 역시 그렇게 생각하지만 정확한 저작 장소와 연대는 알 수가 없다. 참고로 신학자로서 초대 교부였던 에우세비우스(Eusebius, 263-339, 팔레스타인의 카이사레아(Kaisareia) 출생)는 AD 90-95년경으로 추정했다.

요한복음은 공관복음서(마, 막, 눅)와는 달리 기록 방식이나 기록 시기, 관점, 전달하려는 메시지 등에서 차이를 보인다.

사복음서(마, 막, 눅, 요) 중 마태복음은 유대인을 대상으로, 마가복음은 로마인, 누가복음은 헬라인(헬레네스, Ἕλληνες are opposed to Jews, the primary reference is to a difference of religion and worship)을 예표하는 이방인, 요한복음은 모든 민족을 대상으로 기록한 것이다. 곧 예루살렘과 온 유대와 사마리아와 땅끝까지의 택정함을 입은 자들(카데마이)을 위한 말씀이다.

그런 사복음서에는 각각의 별명도 있다. 마태복음(왕으로 오신 예수님)은 사자복음, 자색(존귀, 위엄, 부귀) 복음이라고 한다. 핵심구절은 5장 17절로서 "내가 온 것은 율법이나 선지자를 폐하러 온 것이 아니요 완전케 하려 함"이라고 하셨다.

마가복음(종으로 오신 예수님)은 소 복음, 홍색(피, 십자가 보혈) 복음이다. 핵심구절은 10장 45절로서 "내가 온 것은 섬김을 받으려 함이 아니라 섬기려 하고 많은 사람(만세 전에 택정함을 입은 자)의 대속물로 주려 함"이라고 하셨다.

누가복음(인자, 인성으로 오신 예수님, 역사상 유일한 의인이신 예수님)은 인자 복음, 흰색(승리-죽음 이기시고 부활, 성결, 의인) 복음이다. 핵심구절은 19장 10절로서 "내가 온 것은 잃어버린 자(만세 전에 택정함을 입은 자)를 찾아 구원하려 함"이라고 하셨다.

요한복음(신성, 예수는 하나님이시다)은 독수리 복음, 청색(푸른 하늘의 색, 하나님나라로부터 오신) 복음이다. 핵심구절은 20장 31절로서 "예수, 그리스도, 생명"이심을 강조하고 있다.

흥미로운 것은 사복음서의 별명이 4가지 색(자색, 홍색, 백색, 청색)으로 주어져 있다는 것이다. 이는 초림으로 오신 예수님의 '메시야, 그리스도'로서의 역할(왕, 종, 인자, 하나님의 아들)을 예표한 것으로 구약(출애굽기)의 3가지에 들어있는 4가지 색을 통해 상징적으로 이미 보여주셨던 것이다.

	사복음서의 별명: 4가지 색(자색, 홍색, 백색, 청색) 초림으로 오신 J의 '메시야, 그리스도'로서의 역할(왕, 종, 인자, 하나님의 아들) 예표 구약(출애굽기)의 3가지에 4가지 색 사용: JC의 예표(상징)	
1	구약의 제사장 옷 에봇	초림의 예수님은 '하나님과 인간의 중보자로서 대제사장(히 3:1, 4:14)으로 오심'을 나타낸 것
2	성막 덮개	초림의 신인양성의 예수님(인자: 백색 복음, 하나님의 아들: 청색 복음)께서 성육신하셔서 땅(인간의 죄을 덮으심, 종: 홍색 복음)을 상징 → 예수 그리스도의 십자가 보혈를 예표
3	성소와 지성소를 구분하는 휘장	예수님 자신 혹은 십자가 상징 →1)중보자 되신 JC로 말미암아 하나님과 우리 사이에 막힌, 죄로 인한 담이 허물어졌고(십자가 상에 운명하시면서 휘장이 찢겨진 것) → 2)이후 휘장이신 J을 통해 Q 품으로 들어갈 수 있게 됨

첫째, 구약의 제사장 옷 에봇을 지을 때에는 4가지 색의 실들이 사용(출 28:6)되었다. 이는 초림의 예수님은 하나님과 인간의 중보자로서 대제사

장으로 오심³을 나타낸 것이다.

둘째, 성막 덮개⁴⁽하늘로부터 내려와 땅을 덮은 존재⁾에도 4가지 색의 실들이 사용⁽출 26:1-30⁾되었는데 이는 초림의 신인양성의 예수님⁽인자: 백색 복음, 하나님의 아들: 청색 복음⁾께서 성육신하셔서 땅⁽인간의 죄⁾을 덮으심⁽대속, 종: 홍색 복음⁾을 상징하는 것으로 예수 그리스도의 십자가 보혈을 예표하고 있다.

셋째, 성소와 지성소를 구분하는 휘장⁽פָּרֹכֶת, 파로케트, The Veil, 26:31-37⁾에도 4가지 색의 실들이 사용되었는데 '휘장'은 예수님 자신 혹은 십자가를 상징한다. 그렇기에 중보자 되신 예수님으로 말미암아 하나님과 우리 사이에 막힌, 죄로 인한 담이 허물어졌고 보혈을 지나 이후 휘장이신 예수님을 통해 하나님 품으로 들어갈 수 있게 된 것이다.

공관복음이 복음 그 자체이신 예수 그리스도의 '역사적 사실'에 관한 것이라면 요한복음은 복음과 교리라는 '영적 해석'에 기초한 것이다.

마태복음에는 왕으로 오신 예수님을 묘사하였기에 왕에게 경배하러 오는 동방박사 이야기가 나온다.

마가복음은 성부하나님의 기름 부음을 받아 이 땅에 '섬김의 종'으로 오신 예수님을 묘사하였기에 탄생 이야기가 없다. 대신 곧장⁽immediately⁾

---

3 대제사장이란 하나님과 인간 사이의 중보자⁽Moderator, Peacemaker⁾로서 대제사장이신 예수님은 왕⁽자색 복음⁾이시고 하나님의 아들⁽청색 복음, 인자: 백색 복음⁾이심을 말한다. 그는 구약 성전의 번제단에서 희생제물⁽대속 제물, 화목 제물되신 예수님, 종: 홍색 복음⁾이 되셨고 그 제사를 집행하기도 하셨다.

4 성막 덮개는 하늘로부터 내려와 땅을 덮은 존재라는 상징적 의미를 가지고 있다. 이는 그룹들⁽Cheruvim⁾로 수를 놓은 앙장⁽세마포 휘장⁾과 염소털로 짠 덮개⁽염소털 휘장⁾, 수양 가죽 휘장, 그리고 해달 가죽 덮개로 구성되어 있다. 세마포 휘장은 예수님의 신성⁽성품⁾을 찬양하는 것이고 염소털은 인간의 죄성⁽거친 언행심사⁾을 상징한다. 수양가죽 휘장은 십자가 보혈과 희생을 상징한다. 해달 가죽 덮개는 태양이나 비바람을 막아주는 예수님의 신성을 드러내고 있다.

세례 받으심과 시험받으심, 하나님나라 전파, 귀신 축출을 비롯한 치유 사역이 나온다.

누가복음은 인자(역사상 유일한 의인이시자 완전한 인간)로 오신 예수님을 묘사하고 있다. 그러므로 동방박사의 이야기는 없으나 탄생 과정과 목자들의 방문 과정, 인자로서의 결례[5](Purification)와 할례(circumcision)를 받으시는 장면, 소년의 때(12세 경, 눅 2:41-42)에 유월절에 성전으로 올라가는 모습이 그려져 있다.

이렇듯 공관복음은 예수에 관한 역사적 사실과 천국 복음, 대속 죽음인 십자가의 길에 관해 다양하게 기술하고 있다.

반면에 요한복음은 예수의 성육신과 공생애를 해석하고 영적 의미를 강조하는 등 교리 중심의 메시지로 구성되어 있다. 사도 요한은 요한복음을 통해 하나님의 아들로 오신 구원자 예수님만이 성부하나님의 유일한 기름부음 받은 자이신 메시야, 그리스도라는 것과 그 예수를 믿음으로만 오직 구원(생명 혹은 영생) 얻게 됨을 강조하고 있다. 그러므로 사도 요한은 인성으로 오신 예수님에 대한 언급은 생략하고 곧장 말씀이 육신이 되신 그 예수님만이 하나님이시라고 강조하고 있다.

따라서 공관복음과는 달리 요한복음에는

1) 예수님의 탄생 사건 언급이 없다.

2) 시험받으심이 없다.

3) 변화산 사건 기사가 없다.

4) 세족식(예수님의 십자가 죽음과 부활 상징)을 보다 더 강조(요 13 장) > 최후의 만찬

---

5 결례는 카다리스모스(Purification: καθαρισμός: nm, cleansing, purifying, purification)이고 할례는 페리템노 (circumcision: περιτέμνω: to cut around, circumcise: מול, 물; v, to circumcise)이다.

5) 긴(13-16장까지) 강화(講話, Narrative)설교 > 짧고 간결한 비유(比喩: Parable)

6) 예수님의 사역지: 유대지역(3, 6, 7번 표적)에 집중 > 공관복음(마, 막, 눅)의 갈릴리(1, 2, 4, 5번 표적) 지역

7) 3차례(요 2:13(첫번째 유월절), 23; 요 5:1(유대인의 명절=유월절, 두 번째로 볼 수 있음); 요 6:4; 11:55, 12:1, 13:1, 18:28, 39, 19:14) 유월절 언급(공관복음에 의하면 요 2:13~6:4--2년의 기간): 예수님의 공생애[6](The Public Life of Jesus, 30세, 눅 3:23: 시작의 해=은혜의 해(사 61:1-3, jubilee))가 3.5년이었음을 알려준다.

---

[6] 예수님은 제자들과 4번의 유월절(니산월(1월) 14일)을 가졌다(3년). 예수님의 사역은 희년 선포(대속죄일, 7째달 10일, 티시리월, 레 25:8-10)로 시작된다. 도식으로 나타내면 희년--6개월--유월절(1st)--유월절(2nd)--유월절(3rd)--유월절(4th)이다. 그러므로 공생애 기간은 3년 6개월이 된다.

마태복음 28/1071 왕 유대인	마가복음 16/678 종 로마인	누가복음 24/1151 인자 헬라(이방)인	요한복음 21/879 하나님 아들 모든 민족
5:17	10:45	19:10	20:31
사자 복음 자색 복음	소 복음 홍색 복음	인자 복음 흰색 복음	독수리 복음 청색 복음
동방박사 언급O	예수 탄생 언급X 세례 받으심 시험 받으심 하나님나라 전파 귀신 축출을 비롯한 치유사역	동방박사 언급X 예수 탄생 과정 목자들 방문 인자로서의 결례와 할례 소년의 때에 유월절에 성전으로 올라가는 모습	인성의 예수님, 예수 탄생, 시험 받으심, 변화산 사건: 언급X 말씀이 육신이 되신 그 예수님만이 하나님이심을 강조 2장: 가나 혼인잔치 3장: 니고데모 이야기 4장: 사마리아 여인 이야기 11장: 죽은 나사로를 살리는 이야기 13장: 세족식 이야기 13-16장: 긴 강화(講話, Narrative)설교 > 비유(比喩, Parable, 짧고 간결) 대신에 유월절: 3차례 언급 →예수님의 공생애가 3여 년
	복음이신 예수 그리스도의 역사적 사실, 천국 복음, 대속 죽음인 십자가의 길에 관해 기술. 사역지: 주로 갈릴리		복음과 교리라는 영적 해석: 예수의 성육신과 공생애 해석, 영적 의미 강조 →교리 중심의 메시지로 구성 사역지: 주로 유대 지역

"예수, 그리스도, 생명"

사도 요한은 요한복음의 기록 목적을 다음과 같이 20장 31절에서 분명히 밝히고 있다.

"오직 이것을 기록함은
너희로 **예수**께서 하나님의 아들 **그리스도**이심을 믿게 하려 함이요
또 너희로 믿고 그 이름을 힘입어
생명을 얻게 하려 함이니라" _요 20:31

사도 요한은 이 구절에서 요한복음의 핵심 주제 3단어를 "예수, 그리스도, 생명"이라고 분명하게 밝히고 있다. 구원자이신 예수님만이 성부 하나님의 유일한 기름부음 받은 자로서 그리스도요 메시야라는 것이다. 그 예수님만이 길이요 진리요 생명이시며 예수님으로 인해서만 구원(생명)을 얻어 지금 현재형 하나님나라를 누리게 되고 장차 아날뤼시스(육신적 죽음, 이동 혹은 옮김) 후에는 미래형 하나님나라에 들어갈 수 있음을 말씀하고 있다.

결국 요한복음은 예수님의 신성, 곧 하나님의 아들이심을 줄곧 강조하고 있다. 그렇기에 "나는~다(I am~: Ἐγώ εἰμι: 에고 에이미)"라는 자기 선언을 일곱(7, 쉐바←솨바, 맹세, 언약, 약속, 완전수 /떡; 빛; 양의 문; 선한 목자; 부활이요 생명; 길, 진리, 생명; 포도나무)번이나 하셨던 것이다. 이는 출애굽기 3장 14절의 "나는 스스로 있는 자(I am who I am)"라는 말씀과 상통하고 있다.

참고로 초대교회에는 영지주의(Gnosticism)가 횡행했다. 당시 대표적인 나스티시즘(Gnosticism, 영지주의)의 교부가 케린투스(Cerinthus, AD 100, 꿀샘의 꿀, 정제하지 않은 꿀이라는 뜻)였는데 그는 예수의 신격(神格)을 부정하였고 가현설을 주장했다. 가현설(Doketismus)이란 성육신하신 예수는 실제로 시공간적 한계에 묶인 육체와 인성(人性)을 지니지 않았다는 것이다. 그렇기에 유대인으로 오신 예수님은 단지 그림자 혹은 환영(幻影)처럼 유령의 몸을 갖고 이 땅에 임하셨다고 가르쳤던, 복음과 진리를 심대하게 훼손했던 이단 사상이었다.

사복음서 중 요한복음에만 등장하는 독특한 사건들이 있다. 2장의 가나 혼인잔치, 3장의 예수를 한밤중에 방문한 니고데모 이야기, 4장의 유대를 지나 갈릴리로 갈 때 사마리아를 통과하며 만난 여인에 관한 이야기, 11장의 죽은 나사로를 살리는 장면 등이다.

한편 '태초'라는 단어는 정경 66권 중 단 3곳인 창세기(γένεσις or πρῶτος)와 요한일서(ἀρχή), 그리고 요한복음(ἀρχή)의 각 1장 1절에 나타난다. 창세기의 태초[7]가 역사의 시작점(בְּרֵאשִׁית, 베레쉬트)이라면 요한복음과 요한일서의 태초는 우리가 알지도 상상치도 못하는 근원적 태초(קֶדֶם, aforetime, 케뎀, 미 5:2, עוֹלָם, antiquity, 올람)를 말한다. 그렇기에 요한복음과 요한일서의 태초는 '처음, 누가 이 세상에 존재했느냐'에 방점을 두지만 창세기의 태초는 '역사의 시작점에 무슨 일이 일어났느냐'에 방점을 둔다.

한편 '태초(시간의 처음(first))'라는 단어에는 3중적인 의미가 있다. 곧 '가장 중요하고도 본질적인 것(chief)', '진정한 것', '새롭고도 최고의 것'이다.

태초(first, 시간의 처음)		
1	Chief	가장 중요하고도 본질적인 것
2	Real	진정한 것
3	New & Best	새롭고도 최고의 것

구약 히브리 정경(TNK, 24권)을 시작하는 모세오경의 첫 권인 창세기의 '태초(בְּרֵאשִׁית, in the beginning, 창 1:1)'라는 단어에는 삼위일체 하나님의 공동 천지창조와 더불어 예수님의 선재성(先在性)과 영원성(永遠性)이 내포(베이트+레쉬트=부활의

---

[7] 창세기의 태초가 역사의 시작점(בְּרֵאשִׁית, in the beginning, 창 1:1, 우주 공간이나 역사의 시간이 시작된 이 세상의 시작점, 베레쉬트)이라면 요한복음과 요한일서의 태초는 우리가 알지도 상상치도 못하는 근원적 태초(קֶדֶם, aforetime, 케뎀, 미 5:2, עוֹלָם, antiquity, 올람, 만물이 있기 전의 영원 즉 시간과 공간이 창조되기 전인 근원)를 말한다.

첫 열매(레 23:10, 고전 15:20)이신 예수님으로 말미암아 8)되어 있다. 동시에 창세기 1장 1-2절에는 '다른 하나님, 한 분 하나님'이신 삼위일체 하나님의 기능론적 종속성과 존재론적 동질성이 전제되어 있다. 그런 삼위일체 하나님은 창조주, 전능주, 역사의 주관자 하나님으로서 태초부터 함께 하셨고 지금도 앞으로도 영원히 함께 하신다.

"태초에 하나님이 천지를 창조하시니라
땅이 혼돈하고 공허하며
흑암이 깊음 위에 있고
하나님의 신은 수면에 운행하시니라" 창 1:1-2

"베레쉬트 바라 엘로힘 에트 하쇼마임 브에트 하아레츠
베하아레츠 하예타흐 토후 바보후
베호세크 알 페네 테홈
베루아흐 엘로힘 메라헤페트 알 페네 함마임" 창 1:1-2

---

8 '베이트'는 명사와 전치사로 쓰인다. 명사로는 '집'이라는 의미(베들레헴은 떡집이라는 의미이고 베데스다는 사랑, 자비, 인애, 긍휼의 집)이다.
한편 접두어로서 전치사(비분리 전치사에는 베이트(ב), 카프(כ, ך), 라메드(ל))로도 쓰이는데 이때에는 '~안에(in), ~에 의하여, ~로 말미암아, ~로 인하여, ~와 함께(with)'라는 의미이다. 참고로 카프는 ~처럼(like, as), ~에 따르면(according to)이며 라메드는 ~에게(to), ~를 위하여(for), ~에게 속한(belong to)이라는 의미(『핵심 성경히브리어』 김진섭, 황선우 지음, 백석, 2012)이다.
레쉬트(רֵאשִׁית, reshith, nf, beginning, chief)는 첫 것 혹은 첫 열매(first of fruits: 레 23:10)라는 뜻으로 중의적인 의미가 있다. 여성명사인 레쉬트는 로쉬라는 남성명사(רֹאשׁ, rosh, head)에서 파생되었다. 로쉬는 시작(beginning), 처음(first), 첫 열매(first fruits)라는 의미이다. 그렇기에 '레쉬트'는 첫째, 잠자는 자들의 첫 열매로서 부활의 첫 열매(고전 15:20)가 되신 예수 그리스도를 의미한다. 둘째, 만물의 으뜸, 근본, 머리로서 교회의 머리요 죽은 자들 가운데서 먼저 나신 자이신 예수 그리스도(골 1:18)를 뜻한다. 결국 레쉬트는 예수님을 의미한다.
연결하면 베레쉬트는 '예수 그리스도로 말미암아, 예수 그리스도로 인하여, 예수 그리스도에 의하여, 예수 그리스도와 함께'라는 의미이다.

프롤로그에서도 간략하게 밝혔지만 다시 강조하건대 요한복음은 크게 네 부분으로 나누면 일목요연(一目瞭然)하게 이해할 수가 있다.

1부인 프롤로그는 요한복음 1장 1-18절까지로서 책의 서문에 해당하며 요한복음에서 하고자 하는 말, 곧 예수(Ἰησοῦς, nm, The Savior), 그리스도(Χριστός, nm, the Anointed one), 생명(ζωή, nf, eternal life)에 관해 잘 압축해 놓았다.

태초부터 '말씀'으로 계셨던 성자예수님은 '말씀'으로 성부하나님과 함께 성령하나님과 더불어 공동으로 천지를 창조하셨고 지금까지 그리고 앞으로도 영원히 역사를 운행하신다고 '말씀'하셨다. 그 '말씀'이 육신이 되신 하나님이 바로 예수님이시다. 예수님은 존재론적 동질성의 삼위일체 하나님이시자 기능론적 종속성의 삼위일체 하나님이시다.

진정한 생명이신 예수님은 이 땅에 빛(생명)으로 오셔서 어두움(사망, 죄악의 굴레)을 몰아내셨다. 그 일에 증인으로 세례 요한을 쓰셨다. 세례 요한은 성육신하신 예수님보다 6개월 먼저 이 땅에 태어났다. 그는 '참 빛이신 예수님'을 증거하기 위해 사도(보내심을 받은 자: ἀπόστολος: 아포스톨로스: nm, a messenger, an apostle)로 부르심과 보내심을 받았다. 그런 그는 '세상의 빛, 생명의 빛(요 8:12)'이신 예수를 증거하며 예수를 영접하는 자 곧 그 이름을 믿는 자는 하나님의 자녀가 될 것(요 1:12)이라고 증거하였다. 말씀이 육신이 되신 예수님은 은혜와 진리가 충만(요 1:14, 은혜 위에 은혜)하신 하나님이시다.

지난 구약시대에 성부하나님은 당신의 크신 은혜로 중보자인 모세에게 율법을 신탁하셨다. 그 율법을 통해 인간들에게 죄 인식(갈 3:19)과 더불어 메시야의 절대 필요성을 알리셨다. 좋으신 하나님은 율법을 통해 짐승의 피로 비록 불완전하기는 하나 죄사함(하나의 죄에 대해 짐승 한 마리를 희생, 히 9:11-

12, 레 4:1-5:13)을 얻도록 해 주셨다. 그러므로 율법을 주신 것은 죄로 인해 영 죽을 수밖에 없었던 인간을 향한 하나님의 은혜였다.

문제는 율법에 의거한 희생 제사를 드려 죄사함을 얻기는 했으나 일시적이고 불충분했을 뿐만 아니라 제한적이었기에 늘 불안했다. 그렇기에 율법을 완성(롬 10:4)하실 그리스도, 메시야가 반드시 오셔야만 했고 그래서 목메어 기다렸던 것이다.

때가 되매 그리스도 메시야이신 예수님이 오셔서 율법을 완성하셨다. 이제 후로는 더 이상 율법에 얽매이지 않고 예수를 믿기만 하면 죄사함(의롭다 칭함 곧 칭의) 의화(義化, RCC)을 얻게 되는 것이다. 이는 말로 다할 수 없는 하나님의 은혜이다. 그렇기에 요한복음 1장 16절에는 "은혜(율법) 위에 은혜(예수 그리스도)러라"고 말씀하셨다.

한편 레마이야기 1에서는 요한복음 전체를 요약하는 핵심 메시지인 프롤로그[9](1:1-18)와 더불어 예수님이 나다나엘(바돌로매)에게 하셨던 말씀[10](1:50-51)이 있다.

1장의 전반부인 프롤로그에서는 예수님이 누구신지(요 1:1-5, 9-11, 14, 18)에 관해 말씀하셨고 그 예수님을 영접하는 자만이 하나님의 자녀가 되고(요 1:12-13) 그 예수님이 바로 은혜 위에 은혜(요 1:16)로 오신 하나님이심을 말

---

[9] 예수님은 요한복음 본문의 두 기둥(The Book of signs & The Book of Glory)중 하나인 7가지 표적들(요 2:1-12:50, The Book of signs)을 통해 당신만이 "예수, 그리스도, 생명"임을 보여주셨으며 프롤로그에서는 이를 요약했다.

[10] 요한복음 1장 50-51절의 나다나엘에게 하셨던 말씀은 하나님이 지난날 벧엘에서 야곱에게 꿈에 보여주셨던 사닥다리(창 28:12) 즉 하늘과 땅의 '영적 가교(대속 제물, 화목 제물)'가 바로 예수님 당신 자신임을 알려주신 것이다.

씀하고 있다.

그러나 후반부인 29절에는 예수님은 구속주로서 "세상 죄를 지고 가는 하나님의 어린 양"이시며 36절에는 "하나님의 어린 양" 곧 예수님이 바로 창조주 하나님이요 역사의 주관자 하나님이심을 드러내고 있다. 이는 전자(29절)가 삼위일체 하나님의 기능론적 종속성을 드러낸 것이라면 후자(36절)는 삼위일체 하나님의 존재론적 동질성을 보여주신 것이다.

1장 35-49절에는 예수님께서 공생애 사역을 시작하시면서 함께 할 제자들을 부르시는 장면들을 보여주고 있다.

2부인 표적들의 책(The Book of Signs)은 요한복음 본문의 두 기둥(The Book of signs & The Book of Glory)중 첫 번째로 1장 19절~12장 50절까지이다. 이곳에서는 7(약속, 언약, 맹세, 완전수, 쉐바←쇠바)개의 표적들(signs)을 소개하며 '예수, 그리스도, 생명'이심을 드러내고 있다. 독특한 것은 모든 표적은 예수님의 '때' 즉 십자가 죽음에 맞추어져 있다는 것이다.

첨언할 것은 표적이란 사인 혹은 표지판(세메이온, σημεῖον, nn, a sign, indication, mark)으로 예수님은 7가지 표적을 통해 당신이 누구신지, 이 땅에 오셔서 무엇을 행할 것인지를 보여주신 것이다. 주의할 것은 예수님의 행하신 표적들이 초현실적이라고 하여 그 기적(τέρας, nn, a wonder, portent, marvel) 자체에만 지나치게 관심을 두는 것에는 극히 조심해야 한다는 것이다. 우리는 예수님이 행하셨던 기적들을 통해 성령하나님께서 말씀하고자 하셨던 본래의 의도 곧 '예수, 그리스도, 생명'에만 집중해야 한다.

첫째 표적인 '가나 혼인잔치'는 초림과 재림의 관점에서 중의적으로 해석해야 한다. 초림의 경우, 잔치의 주체는 '구속주이신 예수님'이며 십자가 죽음을 통해 흘리게 될 피(보혈)를 상징하는 포도주로 인해 잔치에서의 기쁨(죄사함, 자유함)이 배가되는 것을 보여주셨다. 이는 '예수, 그리스도, 생명'임을 선명하게 보여주고 있는 것이다. 곧 그리스도, 메시야이신 예수님의 피로 인해 죄와 허물로 영 죽을 뻔했던 죄인들이 살아남으로 인해 주어질 기쁨을 보여주신 것이다. 재림의 경우, 잔치의 주체는 '심판주이신 예수님'이며, 마지막 그날에 신원 후 우리가 미래형 하나님나라에서 영원히 살게(영생을 누리게) 될 기쁨을 포도주(기쁨을 상징)로 연결시키고 있다. 이 또한 '예수, 그리스도, 생명'이다.

뒤이어 계속되는 가버나움에서의 왕의 신하 아들의 병고침(2nd sign), 38년 된 베데스다 병자의 고침(3rd sign), 벳새다 광야의 5병 2어(4th sign), 큰 바람으로 인해 풍랑이 몰아치는 갈릴리 바다 위를 걸으심과 예수님을 배로 영접하였더니 건너편 땅(미래형 하나님나라)에 이르게 된 것(5th sign), 세상의 빛, 생명의 빛이신 예수께서 맹인의 눈을 뜨게 하신 것(6th sign)을 거쳐 마지막 일곱 번째 표적인 예수님에 의해 나사로가 죽음에서 다시 살아난 것까지를 보여주고 있다. 이들은 모두 다 '예수, 그리스도, 생명'이심을 드러내는 것으로 7개의 표적들은 초림의 구속주이신 예수님의 '때' 즉 십자가 보혈에 맞추어져 있다.

이제 상기 일곱 가지 표적들을 보다 더 자세하게 묵상하며 유한되고 제한된 한 번의 인생 동안 '예수, 그리스도, 생명'이심을 늘 기억할 수 있기를…….

첫째(1st sign), 가나 혼인잔치(2:1-12)는 앞서 언급했지만 예수님의 초림과 재림 모두를 상징(초림이 더 가깝기는 하지만)하는 천국 잔치이다. 그렇기에 잔치의 주체는 '오직 예수님'으로 초림의 경우가 '구속주'라면 재림의 경우는 '승리주, 심판주'이신 것만이 다를 뿐이다. '포도주'는 기쁨을 상징하는 것으로 초림의 경우 '십자가 보혈(Justification, 칭의 & 성화, Sanctification 곧 참 기쁨)'을 상징하나 재림의 경우에는 '미래형 하나님나라에의 입성과 영생(영화, Glorification, 영원한 기쁨)'을 상징한다.

둘째(2nd sign), 왕의 신하의 아들을 고치신 예수님(4:43-54)은 죄와 허물로 죽었던 우리가 '예수' '그리스도'를 믿음으로 죄와 허물의 멍에와 굴레 곧 죄와 사망의 법으로부터 해방되어 생명의 성령의 법 아래서 자유롭게 살게 될 것을 말씀하고 있다. 결국 왕의 신하의 아들이 온전히 치유(죄와 사망의 법에서 해방)되어 건강하게 살아가듯이 우리 또한 새로운 피조물로 거듭나서 의롭다 칭함을 받는 자로 지금 살아나서(첫째 부활, 영적 부활) 현재형 하나님나라를 누리게 되었으며 장차 육신적 죽음을 통과하며 부활체로 부활(둘째 부활)하여 미래형 하나님나라에서 '영생(생명)'하게 될 것을 보여주신 것이다.

셋째(3rd sign), 38년 된 병자를 고치신 예수님(5:1-15)을 통하여는 율법적 행위가 아닌 '오직 믿음'으로, 예수 그리스도의 말씀의 능력으로만 치유 가능함을 드러내고 있다. 한편 38년 된 그 병자는 자신의 죄로 인해 질병을 얻게 되었다고 생각하고 있었다. 그렇기에 '질병 치유'라는 '죄 사함'을 얻으려면, 율법(레 4:1-5:15)에 의거한 희생 동물의 피 제사가 있어야 하듯, 무엇(행위, 공덕)인가를 해야만 한다고 생각했다. 그렇기에 그는 자신의 병을 고치기 위해 물(간헐천)이 동하면(솟구쳐오를 때) 율법적 행위로서 가장 먼저 들어가는 '그 행위'를 통해 병이 낫기만을 고대했다. 그랬던 그였기에 38년 동안이나 마음 속으로 단단히 준비를 하며 기회만 엿보고 있었다. 문제는 그 주변에 있었던 수많은 병자들 또한 동일한 마음이었다는 것이다. 그들 모두는 자신들이 먼저 들어가고 싶어도 다른 이들이 먼저 들어가 버리면 그 다음 다시 물이 동할 때까지 무작정 기다려야만 했다. 그러다 보니 38년 된 그 병자의 마음에는 세월의 흐름과 더불어 원망과 불평이 가득했을 것 같다. 그의 처지가 일견 충분히 이해가 된다.

그러던 어느 날 예수님이 찾아오셨다. "낫고자 하느냐"라는 생뚱맞은 질문을 받았다. 내심 대꾸하기도 싫었겠지만 어이없다는 듯 혹은 귀찮다는 듯 "물이 동할 때에 나를 넣어줄 사람이 없고 내가 들어가려 하면 다른 사람이 먼저 들어가 버린다"며 원망과 불평이 가득찬 퉁명스러운 말을 내던졌다.

간단하게 '네' 하면 될 것을…….

예수님은 이미 38년 된 그 병자의 짙은 병색(病色, sallow, pasty, look very sick)을 알아보시고 긍휼히 여기셔서 먼저 다가가셨는데…….

이후 "일어나 네 자리를 들고 걸어가라"고 하셨다. 상기의 사건을 찬찬히 들여다보면 38년 된 병자는 자신의 병 치유에 있어 기여한 일이 하나도 없는 것을 알 수 있다. 그럼에도 불구하고 하나님의 무조건적 은혜로 예수 그리스도로 말미암아 질병 치유와 더불어 구원까지 누리게 된 것이다.

'오직 은혜'이다. 할렐루야!

진정 '예수, 그리스도, 생명'이시다. 그 예수님이 바로 유월절 어린 양으로 오신 참 구원자이시다.

더 나아가 세 번째 이 표적을 통하여는 예수님은 하나님이시며 바로 그 예수님만이 진정한 안식일의 주인이심을 보여주셨다.

넷째(4th sign), 오병이어(五餠二魚) 기적(6:1-15)을 통하여는 5,000명을 먹이심으로 지난날 출애굽 후 광야에서 장정 60여만 명의 양식을 매일같이 허락하셨던, 만나의 기적을 연상시키셨다. 그뿐 아니라 그 기적의 참 의미인 예수님만이 하나님의 떡(요 6:33)이요 하늘로서 내려온 산 떡(요 6:32, 41, 50, 51, 58)이시며 생명의 떡(요 6:35, 48)이심을 드러내셨다. 바로 '예수, 그리스도, 생명'이다.

다섯째(5th sign), 물 위를 걸으신 예수님(5:16-24)을 통하여는 자연계를 운행하시고 천지만물의 창조 질서를 주장하시는 역사의 주관자 하나님, 만유의 주, 만왕의 왕 예수님을 보여 주고 있다. 이에 더하여 6장 21절에는 또 하나의 놀라운 진리를 보여주고 있다. 그것은 큰 바람으로 인해 풍랑이 몰아치는 바다 위로 걸어오신 예수를 기뻐하며 배로 '영접(하나님의 자녀)'하였더니 그 배는 '가려던 땅(미래형 하나님나라)'에 '도달'하게 되었다는 것이다. 이는 한 번 인생의 고해(苦海)라 할지라도 예수 그리스도를 영접하면 미래형 하나님나라(땅, 거룩한 성 새 예루살렘)에 들어갈 수 있음을 상징적으로 보여주신 것으로 곧 '예수, 그리스도, 생명'이심을 드러낸 것이다.

여섯째(6th sign), 날 때부터 맹인 된 병자를 고치신 표적을 통하여는 세상의 빛, 생명의 빛으로 오신, 빛 그 자체이신 예수님(9:1-41)을 보여주고 있다. 요한복음 8장 12절에서 예수님은 "나는 세상의 빛, 생명의 빛이다"라고 말씀하셨다. 빛[11] 되신 예수님은 어둠(사망, 죽음, 죄악의 굴레)에 사로잡혀 있던 소경의 눈을 뜨게 하셔서 빛(생명, 해방과 자유함)을 보게 하셨다. 이는 질병으로서의 육적인 어둠(굴레)에서 해방된 것을 의미하기도 하나 실상은 영적인 어둠(사망, 죄악의 굴레)에서 빛(생명, 자유함)으로 옮겨진 것을 의미하는 것으로 곧 '예수, 그리스도, 생명'이시다.

일곱 번째(7th sign), 죽은 나사로를 살리신 예수님(11:1-57)을 통하여는 사망을 이기시고 부활하신, 생명의 원천이시자 부활이요 생명이신 예수를 믿는 자는 "죽어도 살겠고 살아서 믿는 자는 영원히 죽지 않을 것(요 11:25-26)"을 말씀하고 있다. 이 사건에 동원된 나사로는 죽은 지 이미 4일이 지났다. 그렇기에 아예 가망이 없던 나사로를 살리심으로 그 예수님만이 그리스도 메시야이시요 세상에 오시는 하나님의 아들이심(요 11:27)을 드러낸 것이다. 곧 '예수, 그리스도, 생명'이시다.

요약하면 상기 7개의 표적들은 모두 다 '예수, 그리스도, 생명'이심을 드러내며 그 예수님이 바로 하나님이심을 말씀하고 있다. 우리는 종말(교회) 시대를 살아가는 동안 예수 그리스도로 말미암아 하나님의 은혜로 구원을 받았다. 장차 '종말의 끝날(마지막 그날, 재림의 날)'에는 "거룩한 성 새(New & Best) 예루살렘"인 미래형 하나님나라에 들어가 우리 모두(거룩한 성 예루살렘인)는 '어린 양의 혼인잔치'에 참예하게 될 것이다. 이때 천국 잔치의 주체는 '예수님'이시다. 우리는 표적들의 책(The Book of Signs)을 통해 하늘로서

---

11 '빛'이라는 헬라어는 2가지가 있다. 첫째, 포스(φῶς, nn/אוֹר, 오르, 참 빛(a source of light), 사 9:2)는 '스스로 빛을 발하는 발광체'라는 의미이다. 결국 예수를 가리키는 "그 빛"이란 모든 빛의 근원이자 참 빛으로서 진정한 세상의 빛(요 1:5-9; 9:5)이라는 말이다. 반면에 세례 요한은 그 빛을 받아 반짝이는 등불(계 21:11, 포스테르(φωστήρ, 발광체(태양, 달, 별)), 뤼크노스, λύχνος, nm, 요 5:35)로서 그 빛을 증거하는 자였다.

내려온 산 떡, 참 떡, 생명의 떡이신 예수; 역사의 주관자이신 예수; 세상의 빛, 생명의 빛이신 예수; 생명의 근원이신 예수를 바라볼 수 있어야 한다.

3부인 영광의 책(The Book of Glory)은 요한복음 13장 1절~20장 31절까지로서 그리스도의 승귀(Ascension of Christ)를 잘 보여주고 있다. 특히 요한복음 13-16장에서는 긴 강화설교를 통해 예수님의 자기 백성에 대한 안타까움과 사랑(관심)을 세족식, 하나님나라, 하나님과의 바른 관계와 친밀한 교제, 또 다른 보혜사 성령님의 사역을 통해 세세하게 보여주고 있다.

13장의 세족식(또는 최후의 만찬)을 통하여는 예수님의 죽음과 부활을 드러내셨다. 14장은 예수님을 통해 미래형 하나님나라(지금은 비가시적이어서 볼 수 없으나 분명한 장소임)에서 영생을 누리게 될 것을 말씀하고 있다. 15장에서는 예수님은 포도나무요 우리는 가지인데 농부이신 성부하나님께서 가지를 들어올려 햇빛을 받게 해주시고 악한 곁가지는 제거해 주심으로 보호해 주시며 쓸모없는 잔 가지는 가지치기를 통해 제거하심으로 우리로 하여금 풍성한 열매를 맺게 해 주실 것을 약속하고 있다. 16장에서는 성령님이 오셔서 죄와 의와 심판에 대하여 세상을 책망(세상과 책망의 이중적 의미가 해석에 도움)하시겠다고 말씀하고 있다. 17장에는 예수님의 대제사장적 기도(intercessional prayer, 1-5 당신을 위한, 6-19 제자들을 위한, 20-26 성도들을 위한)가, 18장에는 예수님의 십자가 수난을, 19장에는 십자가 대속 죽음을, 20장에는 죽음을 이기시고 부활하신 예수님을 보여주고 있다. 특히 20장 31절은 요한복음의 기록 목적을 기술한 부분으로 '예수, 그리스도, 생명'이심을 선명하게 드러내고 있다.

사도 요한은 요한복음의 주제(예수, 그리스도, 생명)를 보다 더 강조하기 위해 3부인 영광의 책(The Book of Glory)에서 '그리스도의 승귀(Ascension of Christ)'를 근저에 깔고 있다. 사실 1)예수님의 탄생(성육신, Incarnation), 2)예수님의 십자가 대속 죽음과 부활, 3)예수님의 승천, 4)예수님의 재림은 기독교의 골간(骨幹)이기도 하다. 그리스도의 승귀 중 첫 세 부분(1-3)이 예수 그리스도 새 언약의 '성취'라면 마지막 부분(4)은 예수 그리스도 새 언약의 '완성'에 해당한다.

성육신하신 신인양성의 예수님, 그리스도(크리스토스, Χριστός), 메시야(מָשִׁיחַ, 마쉬아흐)이신 초림의 예수님에 대하여는 예수님 오시기 수백 년 전부터 구약[12]의 네비임(Nebiim, 선지서)을 통해 메시야닉 사인[13]으로 반복하여 말씀해 주셨다. 사복음서에서 예수님은 공생애 동안, 특별히 치유사역(Healing ministry)을 통해 당신 스스로 메시야이심을 일관되게 드러내셨다. 왜냐하면 예수님의 치유사역은 메시야닉 사인(Messianic sign) 그 자체였기 때문이다. 더 나아가 예수님은 십자가 죽음과 부활, 승천을 통해 역사 속에서 영원한 구세주(Savior, 이에수스, Ἰησοῦς)로서 메시야(מָשִׁיחַ, 마쉬아흐)로 오셨음을 보여주셨다. 그런 예수님은 승천하시면서 반드시 다시 오실(재림하실, ἔρχομαι, 에르코마이) 것을 말씀

---

12 구약의 히브리정경(Hebrew Bible)을 타나크(TNK)라고 한다. 곧 토라(모세오경, 5권), 네비임(선지서: 전 선지서(=역사서 4권; 여호수아, 사사기, 사무엘기, 열왕기)), 후 선지서(=예언서 4권; 이사야, 예레미야, 에스겔, 12소선지서)), 케투빔(11권, 메길롯(5축: 아가서, 룻기, 에스더서, 예레미야 애가, 전도서), 역사서(에스라-느헤미야, 다니엘, 역대기), 시가서(시편, 잠언, 전도서))으로 분류하며 24권으로 되어 있다.

13 구원자(Savior)이신 예수님(이에수스, Ἰησοῦς)만이 성부하나님의 유일한 기름부음 받은 자(מָשִׁיחַ, 마쉬아흐, 크리스토스, Χριστός)로서, 신인양성의 하나님으로 성육신하셨다. 완전하신 하나님이심에도 불구하고 공생애 전까지 '순종하심으로 배워가셨다'. 이를 메시야닉 신비(Messianic mystery)라고 하며 공생애 때에는 치유사역(Healing ministry)을 통해 당신 스스로 메시야이심을 드러내셨다. 이를 메시야닉 사인(Messianic sign, Messianic sign, 이사야 7장 14절, 750여 년 전; 미가 5장 2-4절, 650여 년 전; 스가랴 9장 9절, 520 여 년 전 등등) 이라고 한다.

하셨는데 약속하신 말씀 그대로 아버지 하나님의 정한 때와 시기에 반드시 오실 것이다. 아멘.

4부인 에필로그는 요한복음의 결론이자 부록으로서 21장 1절-25절까지이다. 요한복음에서 예수님은 승천하기 전 제자들에게 세 번(요 20:19: 20:26: 21:14) 나타나셨다. 그리고는 제자들에게, 너희들은 이제 더 이상 '고기 잡는 어부'가 아니라 '사람 낚는 어부'라고 하시며 그들의 정체성(Christian Identity)을 다시 일깨우시고는 당신의 뜻인 지상명령(마 28:19-20)을 전하셨다.

특별히 이곳 에필로그에서 예수님은 제자들을 대표한 시몬 베드로를 콕 집어 당신의 뜻을 강조하시려고 똑같은 질문을 세 번이나(요 21:15-17) 연거푸 하셨다.

"나를 더(플레이온) 사랑하느냐."

이는 '너희들은 세상의 그 어느 것보다 내게 훨씬 더 높은 가치(more higher value)를 둘 수 있느냐'라는 뜻이다. 예수님은 특별히 시몬 베드로를 향해 너희들에게 부여된 사역도 중요하고 사역을 위한 물질(고기를 잡아 선교비에 충당하려는)도 중요하지만 그보다는 '예수님 사랑'이 훨씬 더 높은 가치(Core Value)이며 '말씀 양육(복음 전파)'이 보다 더 우선순위(Priority)임을 가르치신 것이다.

그렇기에,

'내 양을 먹이라, 치라, 먹이라'고 하셨던 것이다.

한편 '예수를 사랑한다'는 것은 예수를 굳게 믿는 것(6:29)과 그 예수를 바르게 아는 것(엡 4:13), 둘 다를 함의하는 말임을 잊어서는 안 된다. 그렇기에 진정 예수를 사랑한다면 그분의 뜻(살전 4:3, 5:16-18)을 바르게 분별한 후 그분만을 믿고(자신은 부인하고) 자기 십자가를 지고 주님을 따라갈 수 있어야(마 10:38-39, 16:24, 막 8:34, 눅 9:23) 한다.

결국 "나를 더 사랑하느냐"라는 물음은 내가 다시 올 때까지 현재형 하나님나라 된 양들(교회들)을 먹이라(가르치라, 마 28:19-20)는 것과, 전략적이고도 적극적인 복음 전파를 통해 그 영역(현재형 하나님나라)을 확장해 나가라는 당부였던 것이다. 그런 예수님은 베드로뿐만 아니라 모든 제자들에게도 동일하게 "내 양을 먹이라, 내 양을 치라, 내 양을 먹이라"고 말씀하셨다(요 21:15-17). 동시에 이 명령은 오늘을 살아가는 우리들에게도 동일하게 주신 예수님의 지상대명령(至上大明令, the Great Commission)이기도 하다.

*핵심 요약 (휘포밈네스코, ὑπομιμνήσκω & 디다스코, διδάσκω)[14]

1. 사복음서 & 각각의 별명과 4가지 색

2. 나는 ~나다(에고 에이미, 7가지)

3. '태초에'로 시작하는 3권의 정경, 그리고 '태초'의 의미

4. 은혜 위에 은혜러라

5. 차이점

   "세상 죄를 지고 가는 하나님의 어린 양(요 1:29)"

   "하나님의 어린 양(요 1:36)"

6. The Book of Signs(7개의 표적)

7. 그리스도의 승귀

---

14   5279 hypomimnḗskō(from 5259 /hypó, "under" and 3403 /mimnḗskō, "remember") - properly, to remember because prompted
1321 didáskō(from daō, "learn") - to teach (literally, "cause to learn"): instruct, impart knowledge (disseminate information). In the NT, 1321 /didáskō ("teach") nearly always refers to teaching the Scriptures (the written Word of God). The key role of teaching Scripture is shown by its great frequency in the NT, and the variety of word-forms (cognates)

*강청기도

성부하나님을 찬양합니다. 성자하나님을 찬양합니다. 성령하나님을 찬양합니다. 삼위일체 하나님 한 분 만으로 만족하겠습니다. 삼위일체 하나님께만 영광 돌리겠습니다. 태초부터 존재하신 삼위일체 하나님께서 태초에 공동으로 천지를 창조해 주심에 감사드립니다. 이후 우리 죄인들을 위하여 은혜로 율법을 허락해 주셔서 죄를 깨닫게 하셨고 메시야의 절대 필요성을 인식하게 하셨음에 감사드립니다. 때가 되매 초림하셔서 "세상 죄를 지고 가는 하나님의 어린 양(요 1:29)", "하나님의 어린 양(요 1:36)"으로 새 언약의 성취를 이루셨습니다. 더 나아가 요한복음을 통해 7가지 '에고 에이미'를 밝혀 주시고 그 예수님만이 그리스도, 메시야, 생명이심을 The Book of 7 Signs와 The Book of Glory(Ascension of Christ)를 통해 드러내셨음에 감사드립니다. 그 초림의 예수님을 붙잡고 재림의 예수님을 갈망하며 살아가는 우리가 되게 하옵소서. 모든 영광 하나님께 올려드립니다. 감사드리며 예수 그리스도의 이름으로 기도드립니다. 아멘.

*핵심 요약 (휘포밈네스코, ὑπομιμνήσκω & 디다스코, διδάσκω) 해석

1. 사복음서

마태복음 28/1071 왕 유대인	마가복음 16/678 종 로마인	누가복음 24/1151 인자 헬라(이방)인	요한복음 21/879 하나님 아들 모든 민족
5:17	10:45	19:10	20:31
사자 복음 자색 복음	소 복음 홍색 복음	인자 복음 흰색 복음	독수리 복음 청색 복음
동방박사 언급O	예수 탄생 언급X 세례 받으심 시험 받으심 하나님나라 전파 귀신 축출을 비롯한 치유사역	동방박사 언급X 예수 탄생 과정 목자들 방문 인자로서의 결례와 할례 소년의 때에 유월절에 성전으로 올라가는 모습	언급X: 인성의 예수님, 예수 탄생, 시험 받으심, 변화산 사건 말씀이 육신이 되신 그 예수님만이 하나님이시다 라고 강조 2장: 가나 혼인잔치 3장: 니고데모 이야기 4장; 사마리아 여인 이야기 11장: 죽은 나사로를 살리는 이야기 13장: 세족식 이야기 13-16장: 비유(比喩; Parable, 짧고 간결) 대신에 긴 강화(講話, Narrative)설교 유월절: 3차례 언급 →예수님의 공생애가 3여 년
복음이신 예수 그리스도의 역사적 사실, 천국 복음, 대속 죽음인 십자가의 길에 관해 기술. 사역지: 주로 갈릴리			복음과 교리라는 영적 해석; 예수의 성육신과 공생애 해석, 영적 의미 강조 →교리 중심의 메시지로 구성 사역지: 주로 유대 지역

4가지 색

사복음서의 별명: 4가지 색(자색, 홍색, 백색, 청색) 초림으로 오신 J의 '메시야, 그리스도'로서의 역할(왕, 종, 인자, 하나님의 아들) 예표 구약(출애굽기)의 3가지에도 4가지 색 사용: JC의 예표(상징)		
1	구약의 제사장 옷 에봇	초림의 예수님은 '하나님과 인간의 중보자로서 대제사장으로 오심'을 나타낸 것
2	성막 덮개	초림의 신인양성의 예수님(인자, 백색 복음, 하나님의 아들, 청색 복음)께서 성육신하셔서 땅(인간의 죄)을 덮으심(대속하실, 종, 홍색 복음)을 상징 →예수 그리스도의 십자가 보혈을 상징
3	성소와 지성소를 구분하는 휘장	예수님 자신 혹은 십자가를 상징 →중보자 되신 JC로 말미암아 하나님과 우리 사이에 막힌, 죄로 인한 담이 허물어졌고(십자가 상에서 운명하시면서 휘장이 찢겨진 것) 이후 보혈을 지나 Q 품으로 들어갈 수 있게 됨

2. "나는~나다(I am~: Ἐγώ εἰμι: 에고 에이미)"

: 자기 선언이 일곱(7, 쉐바, 쏴바, 맹세, 언약, 약속, 완전수 /떡, 빛, 양의 문, 선한 목자, 부활이요 생명, 길, 진리, 생명, 포도나무) 번 나온다. 이는 출애굽기 3장 14절의 "나는 스스로 있는 자(I am who I am)"라는 의미

3. '태초'

1) 정경 66권 중 3곳→창세기(γένεσις or πρῶτος), 요한일서(ἀρχή), 요한복음(ἀρχή)의 1장 1절

2) 창세기의 태초: 역사의 시작점(בְּרֵאשִׁית, in the beginning, 창 1:1, 우주 공간이나 역사의 시간이 시작된 이 세상의 시작점, 베레쉬트)→'역사의 시작점에 무슨 일이 일어났느냐'

3) 요한복음과 요한일서의 태초: 우리가 알지도 상상치도 못하는 근원적 태초(מִקֶּדֶם, aforetime, 케뎀, 미 5:2, עוֹלָם, antiquity, 올람, 만물이 있기 전의 영원 즉 시간과 공간이 창조되기 전인 근원)→ '누가, 처음, 이 세상에 존재했느냐'

*'태초'라는 단어의 중의적인 의미

	태초(first, 시간의 처음)	
1	Chief	가장 중요하고도 본질적인 것
2	Real	진정한 것
3	New & Best	새롭고도 최고의 것

4) 구약 히브리정경(TNK, 24권)을 시작하는 모세오경의 첫 권인 창세기의 '태초(בְּרֵאשִׁית, in the beginning, 창 1:1)'라는 단어: 삼위일체 하나님의 공동천지창조와 더불어 예수님의 선재성(先在性)과 영원성(永遠性)이 내포(베이트+레쉬트=부활의 첫 열매(레 23:10, 고전 15:20))이신 예수님으로 말미암아[15] 되어 있다. 동시에 창세기 1장 1-2절에는 '다른 하나님, 한 분 하나님'이신 삼위일체 하나님의 기능론적 종속성과 존재론적 동질성을 잘 드러내고 있다. 곧 삼위일체 하나님은 창조주, 전능주, 역사의 주관자 하나님으로 태초부터 함께 하셨고 지금도 앞으로도 영원히 함께 하신다고 하셨다.

4. 율법-은혜/예수 그리스도-은혜 위에 은혜(은혜와 진리)

5. "세상 죄를 지고 가는 하나님의 어린 양(요 1:29)": 예수님은 구속주→기능론적 종속성

---

15 '베이트'는 명사와 전치사로 쓰인다. 명사로는 '집'이라는 의미(베들레헴은 떡집이라는 의미이고 베데스다는 사랑, 자비, 인애, 긍휼의 집)이다.
한편 접두어로서 전치사(비분리 전치사에는 베이트(ב), 카프(כ, ך), 라메드(ל))로도 쓰이는데 이때에는 '~안에(in), ~에 의하여, ~로 말미암아, ~로 인하여, ~와 함께(with)'라는 의미이다. 참고로 카프는 ~처럼(like, as), ~에 따르면(according to)이며 라메드는 ~에게(to), ~를 위하여(for), ~에게 속한(belong to)이라는 의미(『핵심 성경히브리어』 김진섭, 황선우 지음, 백석, 2012)이다.
레쉬트(רֵאשִׁית, reshith, nf, beginning, chief)는 첫 것 혹은 첫 열매(first of fruits: 레 23:10)라는 뜻으로 중의적인 의미가 있다. 여성명사인 레쉬트는 로쉬라는 남성명사(רֹאשׁ, rosh, head)에서 파생되었다. 로쉬는 시작(beginning), 처음(first), 첫 열매(first fruits)라는 의미이다. 그렇기에 '레쉬트'는 첫째, 잠자는 자들의 첫 열매로서 부활의 첫 열매(고전 15:2)가 되신 예수 그리스도를 의미한다. 둘째, 만물의 으뜸, 근본, 머리로서 교회의 머리요 죽은 자들 가운데서 먼저 나신 자이신 예수 그리스도(골 1:18)를 뜻한다. 결국 레쉬트는 예수님을 의미한다. 연결하면 베레쉬트는 '예수 그리스도로 말미암아, 예수 그리스도로 인하여, 예수 그리스도에 의하여, 예수 그리스도와 함께'라는 의미이다.

"하나님의 어린 양(요 1:36)": 예수님이 바로 창조주 하나님이요 역사의 주관자 하나님→삼위일체 하나님의 존재론적 동질성

6.

			The Book of Signs(7, 예수, 그리스도, 생명)
1st	가나 혼인잔치 (2:1-12)	갈릴리 서편	포도주: '기쁨' 상징 1)초림→십자가 보혈(Justification, 칭의 & 성화, Sanctification 곧 참 기쁨) 2)재림→미래형 Q나라에의 입성과 영생(영화, Glorification, 영원한 기쁨)
2nd	가버나움 왕의 신하의 아들을 고치신 예수님 (4:43-54)	갈릴리 서편	죄와 허물로 죽었던 우리가 '예수' '그리스도'를 믿음으로 죄와 허물의 멍에와 굴레 곧 죄와 사망의 법으로부터 해방되어 생명의 성령의 법 아래서 자유롭게 살게 될 것→결국 왕의 신하의 아들이 온전히 치유(죄와 사망의 법에서 해방)되어 건강하게 살아가듯 우리 또한 새로운 피조물로 거듭나 의롭다 칭함을 받은 자로 지금 살아나서(첫째 부활, 영적 부활) 현재형 하나님나라를 누리게 되며 장차 육신적 죽음(아날뤼시스)을 통과하며 부활체로 부활(둘째 부활) 후 미래형 하나님나라에서 '영생(생명)'하게 될
3rd	38년 된 병자를 고치신 예수님 (5:1-15)	예루살렘	(1)율법적 행위<'오직 믿음' 곧 예수 그리스도 말씀의 능력으로만 치유 가능 (2)안식일의 주인은 예수님
4th	벳새다 오병이어 (五餠二魚) 기적 (6:1-15)	갈릴리 동편	예수님만이 하나님의 떡(요 6:33)이요 하늘로서 내려온 산 떡(요 6:32, 41, 50, 51, 58)이시며 생명의 떡(요 6:35, 48)이심
5th	물 위를 걸으신 예수님 (5:16-24)	갈릴리 바다	(1)자연계를 운행하시고 천지만물의 창조 질서를 주장하시는 역사의 주관자 하나님, 만유의 주, 만왕의 왕 (2)예수 그리스도를 통해야만(영접) 미래형 하나님나라(땅)에 들어갈 수 있음
6th	날 때부터 맹인 된 병자를 고치신 예수님(9:1-41)	예루살렘	세상의 빛, 생명의 빛으로 오신, 빛 그 자체이심→빛 되신 예수님은 어둠(사망, 죽음, 죄악의 굴레)에 사로잡혀 있던 소경의 눈을 뜨게 하셔서 빛(생명, 해방과 자유함)을 보게 하셨다. 이는 질병으로서의 육적인 어둠에서 해방된 것을 의미하기도 하나 실상은 영적인 어둠(사망, 죄악의 굴레)에서 빛(생명, 자유함)으로 옮겨진 것
7th	죽은 나사로를 살리신 예수님(11:1-57)	예루살렘	사망을 이기시고 부활하신, 생명의 원천이신, 부활이요 생명이신 예수를 믿는 자는 "죽어도 살겠고 살아서 믿는 자는 영원히 죽지 않을 것(요 11:25-26)"→죽은 지 나흘이나 되어 아예 가망없던 나사로를 살리심으로 그 예수님 만이 그리스도 메시야이시요 세상에 오시는 하나님의 아들이심(요 11:27)을 드러내신 것

7. '그리스도의 승귀(Ascension of Christ)': 기독교의 골간(骨幹)

예수그리스도 새 언약의 성취: 1)예수님의 탄생(성육신, Incarnation)→ 2)예수님의 십자가 죽음과 부활→ 3)예수님의 승천

예수 그리스도 새 언약의 완성: 4)예수님의 재림

괴짜의사 Dr. Araw의
쉽고 바르게 읽는 요한복음 장편(掌篇)강의 (Handbook)

은혜 위에 은혜러라

Part II

The Book of Signs

Part II The Book of Signs
레마 이야기 2. 가나 혼인잔치(1st sign)

예수님은 공생애 가운데 엄청나게 많은 표적을 행하셨다(요 20:30, 21:25). 그렇기에 그 행적을 낱낱이 기록한다면 이 세상이라도 그 기록된 책을 다 두기에 부족할 것이다.

요한복음은 가나의 혼인잔치(The Marriage Feast at Cana)에서 물로 포도주를 만드는 사건을 첫 표적이라고 말씀하고 있다. 그러나 마태복음은 베드로 장모의 열병 치유 사건(마 8:14- 15)을, 마가복음과 누가복음은 귀신들린 자를 고치는 사건(막 1:21-28: 눅 4:32-37)을 첫 표적으로 기록하고 있다. 나와 공저자는 예수님이 행하셨던 표적들의 순서에는 그다지 관심이 없다. 오히려 표적들을 주신 의미와 상징, 그리고 예표하는 바에 관심이 있을 뿐이다.

요한복음은 7가지 표적들(The Book of Signs)을 1장 19절에서 12장 50절까지 기록하고 있다. 그리고 그 표적들(signs, not miracle)을 통해 20장 31절에서는 요한복음의 기록 목적인 "예수, 그리스도, 생명"이심을 드러내고 있다.

이곳 2장에는 예수님이 행하신 많은 표적 중 첫 번째 표적, 곧 가나의 혼인잔치 이야기가 나온다.

가나 혼인잔치: 물→포도주(하나님나라 잔치의 기쁨, 희락 상징) 주체: 신랑 되신 예수님 수혜자: 신부인 교회	
(1)현재형 하나님나라	(2)미래형 하나님나라
포도주=예수 그리스도의 십자가 보혈	포도주= 부활체로서 미래형 Q나라 입성과 영생
→현재형 하나님나라에서의 누림 구속 후 구원의 기쁨	→미래형 하나님 나라에서 삼위일체 하나님과 '더불어, 함께' 영생을 누림

    당연히 잔치의 주인공은 어린 양이신 신랑 예수님과 그 신부 된 교회인 우리들이다. 그리고 잔치에 꼭 필요한 것은 '기쁨'을 상징하는 포도주이다. 가나의 혼인잔치에서는 자칫하면 그 기쁨의 상징인 포도주가 떨어져 엉망이 될 뻔했다. 그러자 예수님은 이내 곧 물로 포도주를 만드셨다. 그럼으로써 가나 혼인잔치는 계속하여 기쁨의 잔치를 누릴 수 있었다. 여기서 '포도주'는 우리를 위해 흘리신 예수 그리스도의 십자가 보혈을 상징(초림의 경우/재림의 경우-천국 입성과 영생)한다.

    가만히 묵상해 보면 예수께서 보여주셨던 '포도주'는 중의적인(초림과 재림) 의미임을 알 수 있다. 왜냐하면 만약 가나의 혼인잔치(신랑 되신 예수님, 신부인 교회)가 예수님의 초림을 상징한다면 '포도주'는 당신께서 우리를 위해 흘리셨던 십자가 보혈을 가리킨다. 그렇다면 포도주로 인한 기쁨은 현재형 하나님나라에서의 누림을 상징한다. 반면에 만약 가나의 혼인잔치(신랑 되신 예수님, 신부인 교회)가 예수님의 재림을 상징한다면 '포도주'는 장차 미래형 하나님나라에의 입성과 영생을 가리킨다. 그렇다면 포도주로 인한 기쁨은 미래형 하나님나라에서 삼위일체 하나님과 더불어, 함께 누림을 상징한다.

한편 하늘나라(미래형 하나님나라)에 처소(οἰκία, nf: μονή, nf: τόπος: ὅπου, adv)를 마련하신 신랑 예수님께서 재림하시는 이유는 신부인 우리를 그 나라에 데려가기 위함이다(요 14:2-4). 이는 유대인의 결혼 풍습을 생각하면 쉽게 이해할 수 있다.

유대 사회에서의 결혼은 먼저 청혼으로 시작한다. 신부 아버지에게 허락받은 이후 일정 기간이 지나면 신랑은 신부를 데리러 신부의 집을 방문한다. 그 '때와 시기'에 대한 권한은 전적으로 신랑의 아버지에게 있다. 신부는 신랑이 올 때까지 시대의 가풍 등등 모든 것을 잘 준비하며 기다렸다가 신랑을 맞이한다. 이는 신부인 우리들이 한 번 살아가는 인생에서 재림의 예수님을 기다리며 어떻게 그리고 무엇을 준비하고 살아야 할 것인지를 알려주는 소중한 교훈이다.

한편 혼인잔치에 있어서 포도주란 필요필급(必要必急)한 것으로 잔치에서의 포도주는 '기쁨과 희락'을 상징한다. 그렇기에 한창 잔치가 무르익어 갈 때 포도주가 떨어지게 되면 흥은 깨어져 버리게 된다.

죄인 된 우리 인생에서의 포도주는 신랑 되신 예수님의 십자가 보혈이다. 만약 우리 인생에서 복음 곧 십자가 보혈이 없다면 인간의 삶은 아무런 의미가 없게 되고 그저 깜깜할 뿐이다. 십자가 보혈이 있기에 지금 우리는 풍성한 삶을 누리고 있으며 뚜렷한 소망을 붙들고 미래를 향해 달려갈 수 있는 것이다. 즉 예수 그리스도의 십자가 보혈이라는 포도주로 인해 신부 된 우리는 지금 현재형 하나님나라라는 '기쁨과 희락'의 잔치를 누리게 되었고 장차 '기쁨과 희락'을 상징하는 미래형 하나님나라 곧 에

덴(17ע, a luxury, dainty, delight)으로 가게 되는 것이다.

성육신하신 초림의 예수님은 십자가 보혈로 성부하나님의 구속 계획을 다 이루셨다. 만세 전에 아버지 하나님의 은혜로 택정함을 입은, 그리하여 때가 되매 택정함을 받은 각인에게 복음이 들려져 예수를 믿어 구원을 얻게 된 우리는 '십자가 보혈이라는 포도주'로 인해 현재형 하나님나라라는 '기쁨과 희락'의 잔치를 누리게 된 것이다. 동시에 종말 시대(교회시대, 초림~재림)를 지나는 동안 맞닥뜨리게 될 일곱 재앙(인, 나팔, 대접 재앙)과 악한 영적 세력들의 준동이 아무리 힘들고 어렵다 할지라도 당신께서 이미 흘려 주신 보혈(포도주, 곧 기쁨과 희락)로 능히 이기게 하신다. 이후 신랑 되신 재림의 예수를 맞이하는 '그날(마지막 날, 최후 심판의 날)'에는 미래형 하나님나라에의 입성과 영생이라는 기쁨의 절정에 다다르게 될 것이다.

그러므로 '가나 혼인잔치'를 통하여는 신랑 되신 예수님의 초림으로 십자가 보혈이라는 포도주를 통해 신부인 교회에게 기쁨(예수, 그리스도, 생명)을 주셨다면 예수님의 재림 때에는 미래형 하나님나라에의 입성과 영생이라는 포도주를 통해 신부인 교회에게 기쁨(예수, 그리스도, 생명)이 주어질 것을 상징적으로 보여주신 것이다.

하나님나라 잔치는 십자가 대속을 통해 '이미(already)' 이루어졌지만 재림을 통한 영원한 기쁨의 잔치는 '아직(not yet)'이기에 교회는 종말 시대를 지나는 동안 예수 믿음과 하나님의 계명을 붙들고 지속적으로 십자가를 의지하며(예수 믿음과 하나님의 계명을 붙들고) 다시 오실 예수님을 갈망해야 한다. 당연히 혼인잔치의 진정한 주인공은 지금도 앞으로도 영원히 신랑 되신 예수님이심을 잊지 말아야 한다.

한편 가나 혼인잔치에는 돌 항아리가 6개 있었다. 6은 사람의 수이고 7(세바, 쇼바)은 언약의 수이다. 당시 돌 항아리 하나에는 약 70-100리터의 물이 들어갔다. 문제는 6개의 돌 항아리에 물은 아예 없고 모두 다 '하나같이 텅 비어 있었다'는 것이다. 이는 생명력 없는 형식주의(formalism), 의식주의(ritualism), 외식(外飾)주의에 빠져 있던 유대인의 실상을 폭로하고 있는 것이다. 게다가 완전수인 일곱 번째 돌 항아리는 보이지도 않았다. 그렇기에 일곱 번째 돌 항아리는 반드시 오실 '재림의 예수님'을 상징한다. 결국 가나 혼인잔치에는 예수님의 초림과 반드시 다시 오실 예수님의 재림이 내재되어 있는 것이다. 일곱은 언약(약속, 맹세)의 완성(일곱 번째 돌 항아리)을 뜻하는 것으로 재림의 예수님이 오시면 예수 그리스도 새 언약이 완성된다는 의미이다.

이후 2장 13-22절에는 당신만이 진정한 성전이심을 드러내는 '성전 실체 등장 사건' 혹은 '헤롯 성전을 허무는 사건' 또는 '헤롯 성전의 더러움 척결 사건' 이야기가 나온다.

구약 성전의 중요성은 지성소에 하나님의 임재(법궤)가 있다고 여겼던 때문이다. 그렇기에 모든 것의 중심은 하드웨어적 성전(Temple, 히에론, ἱερόν)이었다. 그러나 성전의 실체이신 예수님이 오신, 초림 이후로는 그 성전이 히에론에서 나오스(2:21, ναός, 예수 그리스도와 성령을 주인으로 모신 신부인 우리들)로 바뀌었다. 그렇기에 돌로 지은 성전을 이용하여 자신들의 탐욕을 채우고 있던 저들[16]을 진정한 성전이신 예수님은 채찍으로 쫓아내셨던 것이다(요 2:14-16).

---

16 당시 성전에서 제사에 쓰이던 모든 짐승들은 제사장이 관리했고 성전 화폐(성전세로 반 세겔, 노동자의 2일치 품삯)를 바꾸는 환전사업에는 산헤드린 공회원들(71명=70명 + 의장 1명)이 개입했다. 《은혜 위에 은혜러라》 참조

또한 진정한 성전이신 예수는 구속주로서 우리를 위하여 대신 죽으실 것과 죽음을 이기시고 다시 살아날 것을 천명하셨다(요 2:19, 21).

*핵심 요약 (휘포밈네스코, ὑπομιμνῄσκω & 디다스코, διδάσκω)

1. 가나 혼인잔치에서의 '포도주'의 상징적 의미

2. 가나 혼인잔치의 6개 돌 항아리

3. 구약의 성전과 신약의 교회

*강청기도

성부하나님을 찬양합니다. 성자하나님을 찬양합니다. 성령하나님을 찬양합니다. 삼위일체 하나님 한 분 만으로 만족하겠습니다. 삼위일체 하나님께만 영광 돌리겠습니다. 앞서 프롤로그를 통해 당신의 실체, 곧 말씀이신 예수님은 그리스도 메시야로서 복음(생명) 그 자체이심을 밝혀 주셨습니다. 이후 Book of Signs의 첫번째 사인(가나 혼인잔치)를 통해 기쁨의 근원이신 당신으로 인하여 우리가 현재형 하나님나라를 누리게 되었고 미래형 하나님나라를 누리게 될 것을 가르쳐 주셨습니다. 유한된 한 번 인생 동안에 일곱 재앙의 어려움과 악한 영적 세력들의 훼방이 있을 지라도 그 예수님을 끝까지 붙들게 하옵소서. 모든 영광 하나님께 올려드립니다. 감사드리며 예수 그리스도의 이름으로 기도드립니다. 아멘

*핵심 요약 (휘포밈네스코, ὑπομιμνῄσκω & 디다스코, διδάσκω) **해석**

1.

가나 혼인 잔치: 물→포도주(하나님나라 잔치의 기쁨, 희락 상징) 주체: 신랑 되신 예수님 수혜자: 신부인 교회	
현재형 하나님나라	미래형 하나님나라
포도주=예수 그리스도의 십자가 보혈 →현재형 하나님나라에서의 누림 구속 후 구원의 기쁨	포도주= 부활체로서 미래형 Q나라 입성과 영생 →미래형 하나님 나라에서 삼위일체 하나님과 '더불어, 함께' 영생을 누림

2. 가나 혼인잔치: 6개의 돌 항아리(돌 항아리 하나 약 70-100리터의 물)

6: 사람의 수, 7(세바, 쉬바): 언약의 수, 완전수

6개의 돌 항아리에 물은 없고 '하나같이 모두 다 비어 있었다: 생명력 없는 형식주의(formalism), 의식주의(ritualism), 외식(外飾)주의에 빠져 있던 유대인의 실상

완전수인 일곱 번째 돌 항아리(재림의 예수님을 상징) 보이지 않음→재림의 그날에 나타나심

가나 혼인잔치: 예수님의 초림과 재림이 내재됨→일곱(7, 세바, 쉬바)은 언약(약속, 맹세)의 완성(일곱 번째 돌 항아리)을 뜻하는 것으로 재림의 예수님이 오시면 예수 그리스도 새 언약이 완성된다는 의미

3. 구약의 성전: 지성소에 하나님의 임재(법궤)가 있었기에 모든 것의 중심은 하드웨어적 성전(Temple, 히에론, ἱερόν) →성전의 실체이신 예수님이 오신, 초림 이후(신약)로는 그 성전이 히에론에서 교회인 나오스(2:21, ναός, 예수 그리스도와 성령을 주인으로 모신 신부인 우리들)로 바뀜

Part II The Book of Signs
레마 이야기 3. 아, 니고데모

3장에는 당대 최고의 스펙을 지녔던 니고데모(Νικόδημος, nm/νῖκος, victory+δῆμος, the people assembled)의 이야기가 나온다. 그는 바리새인(פָּרָשׁ, to make distinct, declare, 파라쉬, Φαρισαῖος, nm, Separatist & Purist)으로서 산헤드린 공의회[17] 의원(71명, 의장-대제사장)이었고 유대인의 지도자였으며 랍비였고 구리온 가문 하시딤(말 3:16, Hasidim, 경건한 사람들, חסידים) 혈통의 유명인사였다.

예수님을 만나기 전까지 그는 자신의 구원은 '따 놓은 당상(堂上)'이라고 여겼던 전형적인 유대주의적 사고와 율법주의적 사고를 지닌 자였다. 예수님은 그런 니고데모를 향해 물(말씀이신 예수 그리스도)과 성령으로 거듭나지 아니하면 하나님나라를 볼 수도 들어갈 수도 없다고 청천벽력(靑天霹靂, a bolt from the blue)의 말씀을 하셨다. 구원은 화려한 스펙으로 얻을 수 없다

---

17 당시 산헤드린 공회(71명=70명 + 의장 1명)가 성전 화폐 관리를 장악하고 있었다. 공의회는 의장이 대제사장이었고 70명으로 구성된 공회원은 바리새인, 사두개인(제사장 그룹을 독점), 서기관, 장로들이었다. 그들은 로마 화폐를 성전 화폐로 바꾸는 환전 과정에서 이득을 취하며 그들의 배를 불렸다. 당시 반 세겔(성전세)은 노동자의 2일치 품삯이었다. 로마 동전화폐에는 처음 주조 시에 가이사 황제의 얼굴이 각인되어 있었다. 동전의 가장자리에는 '가이사는 나의 하나님, 나의 주인이십니다'라는 글까지 새겨져 있었다. 그러다 보니 유대인들은 이런 화폐를 사용하려 하지 않았고 더 나아가 목숨 걸고 항의하며 반대까지 했다. 그러다 보니 성전에서는 사용할 수가 없어 성전 화폐로 환전 후 성전에 드렸던 것이다. 나중에 로마 정부는 유대인들의 저항을 무마하기 위해 가이사의 초상화 대신에 갈대(마 11:7, 눅 7:24)를 그려 넣었다.

는 것이었다. 구원은 오직 하나님의 은혜로 주어지고 그 어떤 것도 구원에 하등의 영향을 미칠 수 없으며 오직 물과 성령으로만 거듭난다고 말씀하셨다.

'물'은 '말씀이신 예수 그리스도(요 1:14)'와 '물과 피로 임하신 예수 그리스도(요일 5:6)', '생수의 근원이신 예수 그리스도(렘 17:13, 요 7:38)'를 의미하며 '성령'은 다른 하나님, 한 분 하나님이신 기능론적 종속성과 존재론적 동질성을 만족하는 삼위일체 하나님을 가리킨다. 그렇기에 '물과 성령으로 거듭난다'는 것은 성부하나님의 유일한 기름부음 받은 자 곧 그리스도, 메시야이신 구원자 예수님과, 그 예수님만이 그리스도이심을 가르쳐 주시고(디다스코) 깨닫게 하시는(휘포밈네스코, 기억, 생각나다, 분별하다), 그리하여 우리에게 믿음(피스티스)을 선물로 주시는 성령님으로 인해서만 거듭나게 된다는 것을 가리키고 있다. 이후 성령님은 우리를 하나님의 자녀로 인(印) 쳐주셔서 미래형 하나님나라에 들어가게 하신다.

그러므로 당연히 '예수와 성령'에 의하지 않고는 하나님나라에 들어갈 수가 없는 것이다.

3, 7절(사람이 거듭나지 아니하면 하나님 나라를 볼 수 없느니라)에는 '거듭나다'라는 '겐네데 아노덴(γεννηθῇ ἄνωθεν, be born from above, from beginning)'이라는 말이 나온다. 헬라어 겐네데는 '위로부터 거듭나다'라는 의미로서 거듭남의 '기원(위로부터)'을 말한다면 아노덴은 '새롭게 거듭나다'라는 의미로 거듭남의 '본질(새롭게)'을 가리킨다. 결국 '거듭남'은 오직 성부하나님의 은혜로 허락된 만세 전의 택정하심과 성자예수님의 십자가 보혈, 성령하나님의 인(印) 쳐주심으로만 가능하다. 다시 말하면 구원은 내가 할 수 있는 범위가 아니라 위로

부터 주어지는 은혜임을 선명하게 말씀하고 있는 것이다.

거듭나다(γεννηθῆναι ἄνωθεν, be born from above, from beginning)		
겐네데(γεννηθῇ) (be born from above)	'위로부터' 거듭나다 하나님의 은혜에 의한 택정함	거듭남의 기원 '위로부터'
아노덴(ἄνωθεν) (be born from beginning)	'새롭게' 거듭나다 새로운 피조물(내주 성령) 아담 네페쉬	거듭남의 본질 '새롭게'
*구원 : 내가 할 수 있는 영역이 아니라 위로부터 아무 대가 없이, 아무 공로 없이, 값없이 주어지는 무한하신 하나님의 은혜 : 결국 '거듭남'은 오직 성부하나님의 은혜로 허락된 만세 전의 택정하심과 성자예수님의 십자가 보혈, 성령하나님의 인 쳐주심으로만 가능		

그리스도, 메시야로 이 땅에 오신 예수님(BC 4년)은 공생애(AD 26-30년 중 반) 동안 천국 복음(하나님나라 복음)만을 전하셨다. 때가 되매 우리의 저주와 수치를 몽땅 안고 '수치와 저주'를 상징하는 '나무 십자가'에서 우리를 '대신하여' 죄의 대가를 지불(속량제물이 되심)하셨다.

그 예수님이 바로 우리의 구속주(Savior)이시다.

예수님은 십자가에서 '다 이루었다'고 말씀하신 후 운명하셨는데 그 예수로 인해 우리는 구원(3:13-18, 34-36)이 성취되었다. 죽은 지 3일 후, 부활하신 예수로 말미암아(롬 15:13) 우리는 소망(엘피스)을 갖게 되었다. '소망'이란 미래형 하나님나라에로의 입성과 영생을 가리킨다.

*핵심 요약 (휘포밈네스코, ὑπομιμνήσκω & 디다스코, διδάσκω)

1. 니고데모

2. 산헤드린 공의회

3. 유대주의적 율법주의

4. 물과 성령으로 거듭나지 아니하면 Q나라에 들어갈 수 없다.

5. 거듭나다(겐네데 아노덴)

*강청기도

성부하나님을 찬양합니다. 성자하나님을 찬양합니다. 성령하나님을 찬양합니다. 삼위일체 하나님 한 분 만으로 만족하겠습니다. 삼위일체 하나님께만 영광 돌리겠습니다. 이곳 3장에서는 당시 최고의 스펙을 지녔던 니고데모를 통해 지난날 가졌던, 그릇된 세계관으로 자리 잡혔던, 지독한 오만함을 버리게 해 주셔서 감사드립니다. 모태신앙이었으며 기독교 신앙의 가문에 태어났다고 은근히 자랑스러워했습니다. 하나님나라 윗목은 나의 차지일 것이라고 건들거렸습니다. 그러나 '겐네데 아노덴'을 통해 거듭남의 기원(위로부터)과 본질(새롭게)을 깨달은 후 겸손함, 자유함과 더불어 충만한 기쁨을 허락해 주심에 감사드립니다. 이 모든 일을 이루신 삼위일체 하나님을 유한된 한 번 인생 동안 끝까지 붙들게 하옵소서. 모든 영광 하나님께 올려드립니다. 감사드리며 예수 그리스도의 이름으로 기도드립니다. 아멘

*핵심 요약 (휘포밈네스코, ὑπομιμνήσκω & 디다스코, διδάσκω) **해석**

1. 니고데모(Νικόδημος, nm/νῖκος, victory+δῆμος, the people assembled):

1) 바리새인(פָּרַשׁ, to make distinct, declare, 파라쉬, Φαρισαῖος, nm, Separatist & Purist)

2) 산헤드린 공의회 의원(71명, 의장-대제사장)

3) 유대인의 지도자

4) 랍비

5) 구리온 가문 핫시딤(말 3:16, Hasidim, 경건한 사람들, חסידים) 혈통의 유명인사

2. 산헤드린 공의회(71명=70명 + 의장 1명): 성전 화폐 관리(로마 화폐를 성전 화폐로 바꾸는 환전 과정에서 이득을 취함)

의장: 대제사장 + 70명으로 구성된 공회원은 바리새인, 사두개인(제사장 그룹을 독점), 서기관, 장로들

성전세: 당시 반 세겔은 노동자의 2일치 품삯

로마 동전화폐: 처음 주조 시, 가이사 황제의 얼굴 각인+동전 가장자리에 '가이사는 나의 하나님, 나의 주인이십니다'라는 글이 새겨짐→유대인들의 저항→가이사의 초상화 대신에 갈대(마 11:7, 눅 7:24)를 그려 넣음→유대인들은 로마 화폐를 성전 화폐로 환전 후 성전에 예물로 드림

3. 유대주의적 사고: 혈통 강조(할례)/율법주의적 사고: 율법이 지고지선(토라)

4. 예수님은 니고데모를 향해 물(말씀이신 예수 그리스도)과 성령(다른 하나님, 한 분 하나님이신 기능론적 종속성과 존재론적 동질성을 만족하는 삼위일체 하나님)으로 거듭나지 아니하면 하나님나라를 볼 수도 들어갈 수도 없다: 구원은 화려한 스펙으로 얻을 수 없다. 그 어떤 것도 하나님의 은혜의 구원에 하등의 영향을 미칠 수 없다. 오직 물과 성령으로(고전 12:3) 거듭나야 한다→성부하

나님의 유일한 기름부음 받은 자 곧 그리스도, 메시야이신 구원자 예수님과, 그 예수님만이 그리스도이심을 가르쳐 주시고(디다스코) 깨닫게 하시는(휘포임네스코. 기억. 생각나다. 분별하다), 그리하여 우리에게 믿음(피스티스)을 선물로 주신 성령님으로 인해 거듭난다→이후 성령님은 우리를 하나님의 자녀로 인(印) 쳐주셔서 미래형 하나님나라에 들어가게 하신다.

5. 3절(사람이 거듭나지 아니하면 하나님 나라를 볼 수 없느니라)의 '거듭나다': 헬라어는 겐네데 아노덴 (γεννηθῇ ἄνωθεν, be born from above, from beginning)

거듭나다 (γεννηθῇ ἄνωθεν, be born from above, from beginning)		
겐네데 (γεννηθῇ) (be born from above)	'위로부터' 거듭나다 하나님의 은혜에 의한 택정함	거듭남의 기원 '위로부터'
아노덴 (ἄνωθεν) (be born from beginning)	'새롭게' 거듭나다 새로운 피조물(내주 성령) 아담 네페쉬	거듭남의 본질 '새롭게'
*구원 : 내가 할 수 있는 영역이 아니라 위로부터 아무 대가 없이, 아무 공로 없이, 값없이 주어지는 무한하신 하나님의 은혜 : 결국 '거듭남'은 오직 성부하나님의 은혜로 허락된 만세 전의 택정하심과 성자예수님의 십자가 보혈, 성령하나님의 인 쳐주심으로만 가능		

Part II The Book of Signs

레마 이야기 4. 나는 사마리아 여인이었다
왕의 신하의 아들을 살리심(2nd sign): 죄와 사망의 법→생명의 성령의 법

4장에는 최악의 스펙을 지녔던 사마리아 여인(γυνὴ ἐκ τῆς Σαμαρείας, a woman out of Samaria)이 등장한다. 이는 최고의 스펙을 지녔던 3장의 니고데모(Νικόδημος, νῖκος(victory)＋δῆμος(a district or country, the common people, the people assembled))와는 정 반대의 부류이다. 사도 요한은 극명하게 다른 이들을 통해 그 어떤 것도 그 무엇도 '구원에는 하등의 영향을 미치지 못한다'는 것을 적나라하게 드러내고 있다.

4장에 등장하는 사마리아 여인은 비록 현실적으로나 인간적으로 보기에는 험악한 삶을 살고 있었으나 실제로는 성부하나님의 은혜로 만세 전에 택정함을 입었던, 행복한 자였음에 틀림없다. 그런 그녀였기에 하나님의 섭리(providence)와 경륜(administration), 예정(predestination)과 작정(decree)에 따라 '때가 되매' 예수님을 만나게 된 것이다. 그런 그녀는 '주신 믿음(피스티스, πίστις)'으로 '허락하신 믿음(피스튜오, πιστεύω)'에 이르게 되어 구원자 예수를 통해 성부하나님의 '믿음(하나님의 미쁘심, 신실하심, 피스토스, πιστός)'으로 만세 전에 택정하심을 따라 구원이 된 것이다.

이후 그녀는 열정적인 복음전도자가 되었다(요 4:28-29).

구원받은 그녀의 놀라운 변화(변신)는 우리의 구원이 하나님의 택정하심을 따른 전적인 은혜임을 보여주는 또 하나의 실례이다.

사마리아 여인과의 이야기에서 예수님은 그녀와의 첫 접촉점으로 물(음료)을 사용하셨다. '문자적인 물(음료)'은 육체에 필수적이고 '상징적 의미의 물(말씀)'은 영혼에 필수적이다. 그렇기에 그리스도인들은 성경에 물(요 3:5 예수 그리스도, 7:38 생수의 강)에 대한 언급이 나올 때마다 상기의 중의적 의미를 묵상하면 풍성한 은혜와 더불어 말씀에의 갈망과 결단이 더욱더 강하여지리라 생각된다.

제 육시(오늘의 12시 정오)경 예수님은 사마리아를 지나게 되었다. 그곳에는 야곱의 우물(사마리아의 한 성읍인 수가18에 위치)이 있었는데 마침 물을 길러 왔던 한 여인이 있었다. 예수님은 그 여인에게 물을 좀 달라고 하시며 대화의 물꼬를 텄다.

참고로 당시 우물물을 길어 올리던(야곱의 우물은 깊이가 100 피트) 두레박(bucket, 물동이, 4:28)은 상징적 의미를 담고 있다. 곧 사마리아 여인의 '가시적(可視的, visible) 두레박'이 율법(모세오경, 율법주의)을 상징한다면 앞서 니고데모의 '비가시적(非可視的, invisible) 두레박'은 유대교(율법, 혈통 즉 선민, 유대주의)를 상징하고 있다.

---

18 "수가(쉬카르, Συχάρ)"는 히브리어로 쉐카르(שֵׁכָר, nm, intoxicating drink, drunkards, 술에 빠진 자의 성, 사 28:1, 거짓 성, 합 2:18)인데, 동사 솨카르(שָׁכַר, v, to be or become drunk or drunken)에서 왔는데 '값을 치르고 사다(גָּאַל, v, 가알, to redeem, act as kinsman), 구속(גְּאֻלָּה, nf, 게울라흐, redemption) 혹은 대속(פָּדָה, v, 파다흐, to ransom)'에서 파생되었다. 한편 수가는 세겜 땅에서 동남쪽으로 2마일 떨어진(Talmud, Eusebius) 세겜과 가까운 동네로서 이 두 단어는 같은 의미로 쓰였다. 수가성 근처의 야곱의 우물은 깊이가 100 피트나 되는 '고여있는 오아시스였다'고 한다.

우물물을 길어 올리던(야곱의 우물은 깊이가 100 피트) 두레박(bucket, 물동이, 4:28)		
사마리아 여인	'가시적(可視的, visible)' 두레박	율법(모세오경, 율법주의)을 상징
니고데모	'비가시적(非可視的, invisible)' 두레박	유대교(율법, 혈통 즉 선민, 유대주의)를 상징

이후 예수님은 자연스럽게 '영적 갈증'이라는 주제로 갈아탔다. 어떻게 보면 그 여인의 입장에서는 다소 엉뚱하게 여겨지는 '생수[19]'에 관한 이야기였다. 이 말인즉 갈증이 난다고 하며 자신에게 물(휘도르, ὕδωρ)을 좀 달라고 하던 이가 자기 스스로를 생수(휘도르 존, ὕδωρ ζῶν, living water)라고 얘기한다는 것은 참으로 생뚱맞을 뿐만 아니라 황당하기까지 한 것이다.

남자가, 그것도 유대인 남자가 사마리아 여인에게…….

그러나 예수님은 현실적인 것에는 아예 신경 쓰지 않으셨다. 또한 그런 엉뚱하리만치 황당한 앞뒤의 상황들에도 전혀 개의치 않으셨다. 예수님은 계속하여 육체적 갈증과 영적 갈증에 대해 말씀하셨다(요 4:14). 사실 예수님은 갈증을 해결하는 육체적인 물(음료)에는 관심이 없으셨고 영적인 물(말씀)에만 관심이 있으셨다. 진정한 물(요 3:5 예수 그리스도, 7:38 생수의 강)이시자 길이요 진리요 생명이신 당신을 알리고 싶으셨던 것이다.

이후 계속된 대화는 다시 '육체적 갈증'의 여러 대상 즉 갈증으로 타는 목마름을 해결하기 위한 '음료(남편의 상징적 의미)'나 당시 능력 없던 아내들(여인들)에게 든든한 의지가 되었던 '남편(음료의 상징적 의미)'을 화제로 올리셨다. 그

---

[19] 학자에 따라서는 '생수'를 세례(Justin, Martyr), 신앙(Lucke), 구원(Tholuck), 그리스도 자신(Meyer, Olshausen), 영생(Wescott, Godet), 성령(Calvin, Luthardt, Bernard, Morris)으로 해석하기도 했다.

리고는 진정으로 영적, 육체적 갈증을 해결할 '영생토록 솟아나는 샘물', 곧 '생수'에 대해 말씀을 이어 가셨다.

한참을 묵묵히 듣고 있던 여인이 조금씩 반응하자 예수님은 그 여인을 향해 뜬금없이 '남편을 데려오라'고 했다. 여인으로서는 순간적으로 당황스러웠을 듯하다. 그러나 예수님은 아랑곳하지 않고 계속 말씀을 이어 가셨다. 그리고는 '갈증'을 온전히 해결할 수 있는 것은 현실적 의지의 대상인 남편도 아니요 육체적인 갈증을 일시적으로 해소해 주는 우물물도 아니라고 하셨다.

예수님은 계속하여 하나님을 찬양하고 경배하는 '예배'에로 화제를 이어 가셨다. '예배'는 교회의 본질이요 목숨 걸고 지켜야 할 가장 소중한 것 중의 하나이다. 그러므로 예배를 방해하는 세력은 악한 영적 세력들이거나 그들의 사주를 받은 사람들임에 틀림없다. 결국 예수님은 예배의 중요성과 예배를 통해서만 영적 갈증을 해결할 수 있음을 말씀해 주신 것이다.

참고로 당시 여인들에게 '남편의 존재'란 의식주와 복지에 대한 갈증을 해결해주는 든든한 배경이었다. 곧 육체적 갈증해결에 물이 있다면 의식주와 복지에의 갈증 해결은 남편이었던 것이다.

한편 사마리아 여인의 사정은 기구했다. 그녀는 그동안 갈증 해결을 위해 이제까지 다섯 명의 남편을 두었으나 든든하지 않았다. 지금의 여섯째 남편(또는 내연남) 또한 갈증 해결에는 전혀 도움이 되지 않았던 듯하다. 그러므로 여인은 '남편을 데려오라'는 예수님의 말씀에 "남편이 없다"고 했다. 즉 '갈증을 해결해주는 남편'은 어디에도 없다고 대답한 것이다.

예수님은 여인의 그런 절규에 진정한 갈증(영적, 육체적)을 해결해 줄 수 있는 남편은 바로 '예배'라고 하셨다.

그러자 여인은 그런 예배를 '어디서 드리게 되냐'고 물었다. 왜냐하면 당시 사마리아인들은 에발산이 아닌 그리심산[20]에서 드리는 예배가 진짜인 줄 알고 있었기 때문이다. 예수님은 특정한 장소인 '어디서'가 아니라 그리스도인들은 어디서든지, 장소에 상관없이, '신령과 진정(πνεύματι καὶ ἀληθείᾳ, Spirit and Truth)'으로 하나님께 드리는 것이 진정한 예배[21]라고 말씀하셨다. 그렇다고 하여 '무교회주의(無敎會主義, Non-Congregationalism, Quakers or Darbyites)'를 지향하라는 것은 전혀 아니다.

'신령'이란 성령(רוּחַ, 루아흐, 프뉴마, πνεῦμα)이라는 의미이고 진리(알레데이아, ἀλήθεια)는 '말씀'이시자 길이요 진리요 생명이신 예수 그리스도를 의미한다. 그러므로 '신령과 진정으로 드리는 예배'란 하나님이 기뻐하시는 '산(living) 예배' 곧 '바른 예배'를 가리키는 것으로 말씀을 가르쳐 주시고(디다스코, διδάσκω) 깨닫게 하시는(희포밈네스코, ὑπομιμνήσκω, 기억, 생각나게 하다, 분별하게 하다) 진리의 영이신 성령님에 의해 '오직 말씀(Sola Scriptura, 오직 예수)'을 중심으로 삼위일체 하

---

20 참고로 세겜(שְׁכֶם," ridge", a district in Northern Palestine, also a son of Hamor)은 '어깨(shoulder)'라는 의미의 남성명사이다. 이는 세겜을 기점으로 북쪽에는 에발산(925m, 바위, 돌 산, 저주 상징)이, 남쪽에는 그리심산(867m, 숲, 축복 상징)이 있었는데 그 골짜기의 지형이 어깨와 비슷하다고 하여 그렇게 불리어진 것이다. 신명기 12장 10-14절에는 '한 곳에서만 예배를 드리라(신12:11)'고 하셨다. 사마리아인들은 나름대로 그 구절을 인용(아브라함: 창 12:6-8, 야곱; 창 33:18-20, 여호수아: 수 8:30-35)하면서 그리심산이 바로 그 '한 곳'이라고 생각 했다. 왜냐하면 지도자였던 여호수아가 가나안 땅을 분배한 후에 그리심산 근처의 실로에 성막을 정착하게 했기 때문이다(수 18:1).
21 "예배하다(프로스퀴네오, προσκυνέω, v)"의 헬라어 프로스퀴네오는 프로스(πρός)와 퀴네오(κυνέω)의 합성어로서 '~을 향하여 키스하다'라는 의미를 가지고 있다. 한편 "예배하다"에 해당하는 영 단어 worship을 분석하면 그 의미가 더욱 선명해진다. worship은 worth(가치가 있는~)와 ship(어떤 상태나 특질을 나타내는 접미사)의 합성어로서 '가치가 있는 것, 하나님이 기뻐하시는 거룩한 산 제사가 예배'라는 의미이다.

나님께만 찬양과 경배 올리는 것(Soli Deo Gloria)을 말한다.

4장의 후반부인 43-54절부터는 두 번째 표적인 왕의 신하의 아들의 치유를 보여주고 있다. 50절에는 "믿고 갔더니 외아들이 살아났다"고 기록되어 있다. 이는 3장 36절의 말씀이 그대로 이루어진 것이다.

"아들을 믿는 자는 영생이 있고
아들을 순종치 아니하는 자는
영생을 보지 못하고 도리어 하나님의 진노가 그 위에 머물러 있느니라" _요 3:36

결국 자신의 아들이 나을 것을 믿고 되돌아갔던 그 신하는 죽어가던 아들이 살아나는 현장은 직접 보지 못했으나 결과적으로 살아난 아들은 얻게 되었다.

'믿음으로.'

믿음	
람바노 (λαμβάνω, v, 요 1:12)	데코마이 (δέχομαι, v, 막 13:22-23, 계 13:13-14, 요 4:45)
진정한 믿음을 따라 영접	가짜 믿음(기적, 초월)을 따라 영접
예수의 이름을 믿는 것(오직 예수) 오직 말씀(오직 복음)	기적이나 능력(기사)을 좇음 가시적 현상(표적)에 집중

"믿음은
바라는 것들의 실상이요
보지 못하는 것들의 증거니
선진들은 이로써 증거를 얻었느니라" _히 11:1-2

*핵심 요약 (휘포밈네스코, ὑπομιμνήσκω & 디다스코, διδάσκω)

1. 예수님의 접근 방법

2. 상징적 의미

   1) 사마리아여인의 가시적(可視的) 두레박

   2) 니고데모의 비가시적(非可視的) 두레박

   3) 믿음으로 영접

*강청기도

성부하나님을 찬양합니다. 성자하나님을 찬양합니다. 성령하나님을 찬양합니다. 삼위일체 하나님 한 분 만으로 만족하겠습니다. 삼위일체 하나님께만 영광 돌리겠습니다. 앞선 3장에서는 당시 최고의 스펙을 지녔던 니고데모를 통해, 이곳 4장에서는 최악의 스펙을 가졌던 사마리아 여인을 통해 하나님의 구속과 구원을 선명하게 알려주심에 감사드립니다. '택정과 유기'를 알려주셔서 감사드립니다. 하나님의 은혜 앞에서는 그 어떤 것도, 그 무엇도 하등의 영향을 미치지 못함을 확실하게 보여주셨습니다. 이제 후로는 '오직 예수', '오직 은혜', '오직 믿음'만을 붙들게 하옵소서. 그리하여 '오직 말씀'을 사모하며 말씀만을 기준과 원칙으로 삼고 살아가게 하옵소서. 동시에 '삼위일체 하나님께만 영광' 돌리며 살아가게 하옵소서. 모든 영광 하나님께 올려드립니다. 감사드리며 예수 그리스도의 이름으로 기도드립니다. 아멘

*핵심 요약 (휘포밈네스코, ὑπομιμνήσκω & 디다스코, διδάσκω) 해석

1. 사마리아 여인과의 이야기:
1) 예수님과 그녀의 첫 접촉점: 물(음료, 휘도르, ὕδωρ)→영적 갈증(생수, 휘도르 존, ὕδωρ ζῶν, living water)→육체적 갈증(여러 대상 즉 갈증으로 타는 목마름을 해결하기 위한 '음료(남편의 상징적 의미)')→진정으로 영적 갈증을 해결할 '영생토록 솟아나는 샘물', 곧 '생수'에 대해 말씀을 이어가심, 참고로 음료(물)는 육신에도, 음료(말씀, 요 3:5 예수 그리스도, 7:38 생수의 강)는 영혼에도 필수적

2) 한참을 묵묵히 듣고 있던 여인이 반응하자→예수님은 그 여인을 향해 뜬금없이 '남편을 데려오라'고 함→그러면서 그 '갈증'을 온전히 해결할 수 있는 것은 남편(의식주와 복지에 대한 갈증을 해결해주는 든든한 배경)도 우물물도 아니라고 하심

3) 하나님을 찬양하고 경배하는 '예배'에로 화제를 이끌어 가심→'예배'는 교회의 본질(목숨 걸고 지켜야 할 가장 소중한 것)→결국 예수님은 예배의 중요성과 예배를 통해서만 영적 해갈을 얻을 수 있음을 말씀해 주심

4) 그러자 여인은 그런 예배를 '어디서 드리게 되냐'고 물음
당시 사마리아인들은 에발산이 아닌 그리심산에서 드려야 한다고 생각→예수님은 특정한 장소인 '어디서'가 아니라 그리스도인들은 어디서든지, 장소에 상관없이, '신령과 진정(πνεύματι καὶ ἀληθείᾳ, Spirit and Truth)'으로 하나님께 드리는 것이 진정한 예배라고 말씀하심→'신령'이란 성령(רוח, 루아흐, 프뉴마, πνεῦμα)이라는 의미이고 진리(알레데이아, ἀλήθεια)는 '말씀'이시자 길이요 진리요 생명이신 예수 그리스도를 의미

5) 하나님이 기뻐하시는 산 예배 곧 '바른 예배'란, 말씀을 가르쳐 주시고(디다스코, διδάσκω) 깨닫게 하시는(휘포밈네스코, ὑπομιμνήσκω, 기억, 생각나게 하다, 분별하게 하다) 진리의 영이신 성령님에 의해 '오직 말씀(Sola Scriptura)' 중심으로 삼위일체 하나님께만 찬양과 경배를 드리는 것(Soli Deo Gloria).

2. 사마리아 여인의 두레박: 율법(모세오경, 율법주의)을 의미

    니고데모의 두레박: 유대교(율법, 혈통 즉 선민, 유대주의)를 의미

	우물물을 길어 올리던(야곱의 우물은 깊이가 100 피트) 두레박(bucket, 물동이, 4:28)	
사마리아 여인	'가시적(可視的, visible)' 두레박	율법(모세오경, 율법주의)을 상징
니고데모	'비가시적(非可視的, invisible)' 두레박	유대교(율법, 혈통 즉 선민, 유대주의)를 상징

Part II The Book of Signs
레마 이야기 5. 38년 된 병자^(3rd sign)

5장에는 세 번째 표적^(3rd sign) 곧 38년 동안 원망과 불평을 가슴 한가득 안은 채로 살아왔던 한 남자의 이야기가 나온다. 이는 이스라엘 백성이 출애굽 후 38년 동안^(38년 3개월 10일) 바란 광야^{(Wilderness of Paran, 신 광야(Desert of Zin, 민 13:21, 이 광야 내에 가데스바네아(민 20:1)가 있음)의 남쪽)}에서 체류[22]할 때의 원망과 불평 등등 험악하게 살았던 삶을 상징하기도 한다. 또한 종말^(교회) 시대를 살아가는 신자들의 고해^(苦海)같은 인생을 의미하기도 한다.

38년 된 병자는 예수님을 만나지 못했던 지난 세월 동안 치유를 위해 온갖 종류의 엉뚱한 해결책^(자기 의, 율법 등등)으로 안간힘을 다했다. 그러다 보니 세월의 흐름과 함께 해결되지 않았던 참담한 현실 속에서 상처는 점점 더 깊어져 갔고 자신의 소중한 한 번 인생을 불평과 원망으로만 일관했던 듯하다.

그러다가 최종적으로 실제로 치유가 일어난다는 예루살렘의 양문[23] 곁

---

22 당시 이스라엘 백성은 출애굽하여 시내산에서 1년 1개월을 머물렀고 바란 광야에서 38년 3개월 10일을, 모압 평지에서 5개월을 지냈다.

23 "양문"은 예루살렘 성 가장 북쪽에 있던 문으로 제사장들이 가장 먼저 건축^(느 3:1)했는데 이는 '구원, 은혜'를 상징한다. 즉 '양문'이란 '은혜의 문'이라는 말이다. 당시 성벽에는 10개의 문이 있었는데 가장 나중에 지은 것은 함밉갓 문^(느 3:31)으로 '심판'을 상징한다. 곧 하나님의 은혜로 양문 즉 은혜의

에 있는 베데스다[24] 못의 간헐천에 대한 소문을 듣고 그 간헐천 앞에서 물이 동하기만을 기다리며 수많은 병자들 속에서 지독하게 좌절하며 자포자기(自暴自棄)의 삶을 살아왔을 것이다.

그렇게 38년이라는 세월은 하염없이 흘러갔다. 거침없이 가버리는 세월 속에서 그는, '나를 그 못에 넣어 줄 사람이 없구나'라는 아쉬움 속에 내적으로는 외로움(loneliness)과 한(恨), 외적으로는 불평과 불만 속에 자신을 마구 파괴해 왔을 것이다. 이런 경우에 처해진 대부분의 사람들은 모든 것에 왜곡될 가능성이 상당히 많다. 더 나아가 사회나 이웃을 대하여는 적대적(anti-social personality disorder)일 가능성마저 높다.

그런 그에게 예수님께서 먼저 다가오셨다. 처음에 그는 자신을 찾아와 따스하게 말을 걸어오는 그가 누구인지를 알지 못했다. 더 나아가 영안이 어두웠던 그는 예수님이 그리스도, 메시야인 줄은 꿈에도 몰랐다. 오히려 '당신이 나를 단 한 번만이라도 간헐천에 맨 먼저 뛰어들 수 있도록 도와주면 그것으로 족(足)할 텐데'라며 속으로 푸념정도 했을 것이다.

그런 그의 모습은 정작 '구원(치유; 나를 신뢰(가치와 우선순위의 전환)할 수 있느냐)'을 위해 가장 중요한 것은 제쳐 두고 '다른 무엇'을 추구하고자 애쓰는 오늘날의 세상 사람들과 별반 다를 게 없다.

문을 통과한 택정된 인간은 한 번뿐인 인생에서 "때가 되면" 예수를 만나 구원을 얻게 되고 마지막 날에 함밉갓 문에서 백보좌 심판을 받아 신원에 이르게 된다는 상징을 담고 있다. 양문이 초림하신 구속주 예수 그리스도를 예표한다면 함밉갓 문은 심판주이신 재림의 예수 그리스도를 예표하고 있다. 《은혜 위에 은혜러라》 참조

[24] 베데스다(Βηθεσδά)는 '자비의 집(house of kindness)이라는 의미로서 히브리어 베이트(בית, nm, a house)와 헷세드(חסד, nm, goodness, kindness, favor)의 합성어이다. 한편 은혜의 문 곁에 은혜의 집이 있다는 것은 우연이 아니라 하나님의 사랑을 보여주는 것이다.

구원은 전적인 하나님의 주권 영역이며 하나님의 무조건적인 은혜로서 하나님의 선물이다. 문제는 구원자이신 예수님을 나의 구주 나의 하나님으로 마음으로 믿어 의에 이르게 되는 것과 입으로 시인하여 구원에 이르게(롬 10:10) 됨을 알아야 하는 것[25]이다. 그런 사실에 관심이 없거나 모를 때는 '영꽝(나는 우스갯소리로 '영광'의 반의어라고 칭한다)'이다.

어떤 사람도 행위나 노력으로는 결코 구원에 이를 수 없다. 물론 율법을 다 행함으로 구원에 이를 수는 있으나 모든 율법을 다 행할 수 있는 인간은 그 어디에도 없다. 그러므로 행위 구원이란 있을 수 없는 것이다.

38년 된 병자의 이야기를 통하여는 구원을 위한 인간의 어떤 노력도 무익하다는 것을 선명하게 보여주고 있다. 동시에 예수님 없이는 진정한 안식 또한 없음을 확연히 드러내고 있다.

바로 요한복음 5장의 베데스다(בית, 베이트, a house, חסד, favor, goodness, kindness, 헤세드, Bethesda, 자비의 집, 예루살렘 동북쪽 양문 곁) 못 곁의 38년 된 병자 이야기는 안식일[26]의 '진정한 주인'은 누구신지, '진정한 안식'이란 무엇인지를 동시에 보여주고 있는 것이다.

그렇다. 예수님이 바로 안식일의 주인[27]이시다. 그런 예수님 안에서만

---

25 내가 진실로 진실로 너희에게 이르노니 내 말을 듣고 또 나 보내신 이를 믿는 자는 영생을 얻었고 심판(정죄)에 이르지 아니하나니 사망에서 생명으로 옮겼느니라(요 5:24)

26 본래 유대인에게 안식일은 축복과 기쁨의 날이었다. 그러나 그들은 혹시라도 세속화되는 것을 막고자 미쉬나(Mishnah)를 제정하여 구별되게 지키려고 안간힘을 썼다. 세월이 흐르며 안식일은 퇴색되고 의미조차 왜곡되어 버리고 말았다. 예수님은 안식일의 정확한 의미를 다시 가르쳐 주시고 있다.

27 십계명의 제4계명에는 "안식일을 기억하여 그 날을 거룩히 지키라"고 했다. 그렇다면 예수님의 부활을 기념하는 주일(일요일)이 아니라 금요일 저녁부터 토요일 저녁인 안식일을 거룩히 지키라는 것인가? 이에 대하여는 출애굽기 20장과 신명기 5장을 깊이 묵상하면 그 답은 선명해진다. 왜냐하면

진정한 안식과 견고함을 누릴 수가 있다. 그 예수님이 바로 '다른 하나님 (기능론적 종속성), 한 분 하나님(존재론적 동질성)'이신 삼위일체 하나님이시다.

그러므로 공관복음에 나타난 안식일 논쟁에서의 논점은 크게 두 가지이다. 첫째는 선행보다는 생명과 영혼에 대한 사랑의 우월성이고 둘째는 인자가 곧 안식일의 주인이라는 것이다.

참고로 율법주의적 근본주의(안식일 논쟁(막 2), 이혼증서(마 5장), 율법의 근본 취지는 보지 못하고 껍데기만 지키려는 태도)나 자연주의(신신학, 자유주의, 사실은 아니나 윤리 도덕적으로 가치가 있다 등등)는 온전히 배제해야 한다.

출애굽기에는 창조주 하나님을 기억하라는 말씀이 있고 신명기에는 삼위하나님 안에서만 안식을 누리며 쉬라는 말씀이 있기 때문이다. 결국 안식일을 거룩히 지키라는 것은 안식일이 맞냐 주일이 맞냐의 문제가 아니라 창조주 하나님을 기억하고 삼위일체 하나님 안에서만 안식을 누리고 쉬라는 것을 가리킨다.

*핵심 요약 (휘포밈네스코, ὑπομιμνήσκω & 디다스코, διδάσκω)

1. 출애굽 후 광야 40년 여정

2. 예루살렘 성벽 10개의 문

3. 베데스다

4. 안식일

*강청기도

성부하나님을 찬양합니다. 성자하나님을 찬양합니다. 성령하나님을 찬양합니다. 삼위일체 하나님 한 분 만으로 만족하겠습니다. 삼위일체 하나님께만 영광 돌리겠습니다. 이곳 5장에서는 베데스다 못 곁의 38년 된 병자를 통해 행위가 아닌 '오직 믿음'으로 구원 얻음을 보여주셨고 동시에 안식일의 주인은 예수님이심을 알려주셨습니다. 로고스이신 예수님을 바라보며 '다시 말씀'으로 돌아가 '오직 말씀'만을 붙들게 하옵소서. 그리하여 종말 시대를 살아가는 동안 6Sola를 기준과 원칙으로 삼아 유한된 한 번 인생을 그리스도인답게, 하나님의 뜻을 따라 하나님의 기쁨으로 살아가게 하옵소서. 모든 영광 하나님께 올려드립니다. 감사드리며 예수 그리스도의 이름으로 기도드립니다. 아멘

*핵심 요약 (휘포밈네스코, ὑπομιμνήσκω & 디다스코, διδάσκω) **해석**

1. 광야 생활 40년: 원망과 불평 등등으로 험악하게 살았던 그 삶은 종말(교회) 시대의 한 부분을 살아가는 신자들의 고해(苦海)같은 인생을 상징.

1) 출애굽 후 50일 만에 시내산 도착

2) 1년 1개월: 시내산에서 체류

3) 38년 동안(38년 3개월 10일): 바란 광야(Wilderness of Paran, 신 광야(Desert of Zin, 민 13:21, 이 광야 내에 가데스바네아(민 20:1)가 있음)의 남쪽)에서 체류

4) 모압 평지: 5개월

2. 예루살렘 성벽 10개의 문: "양문"은 예루살렘 성 가장 북쪽에 있던 문으로 제사장들이 가장 먼저 건축(느 3:1)했는데 이는 '구원, 은혜'를 상징한다. 즉 '양문'이란 '은혜의 문'이라는 말이다. 당시 성벽에는 10개의 문이 있었는데 가장 나중에 지은 것은 함밉갓 문(느 3:31)으로 '심판(재림 예수의 백보좌 심판)'을 상징한다. 곧 하나님의 은혜로 양문 즉 은혜의 문을 통과한 택정된 인간은 한 번뿐인 인생에서 "때가 되면" 예수를 만나 구원을 얻게 되고 마지막 날에 함밉갓 문에서 백보좌 심판을 받아 신원에 이르게 된다는 상징을 담고 있다. 양문이 초림하신 구속주 예수 그리스도를 예표한다면 함밉갓 문은 심판주이신 재림의 예수 그리스도를 예표하고 있다.

참고로 10개의 문은 양문(요 5:2)→어문(사람 낚는 어부, 마 4:19)→옛문(옛사람을 벗어버리고 새로운 피조물, 고후 5:17)→골짜기문(겸손, 눅 14:11, 빌 2:3-4)→분문(지은 죄 철저 회개 후 거룩한 삶, 고후 7:1)→샘문(생수, 말씀충만, 요 7:38-39)→수문(죄를 씻어 거룩함, 요 15:3)→마문(그리스도의 군사, 엡 6:11-18, 행 3:2)→동문(다시 오실 그리스도 고대, 요 14:1-3, 계 22:12, 21)→함밉갓 문

3. '베데스다'(Βηθεσδά): '자비의 집(house of kindness, 예루살렘 동북쪽 양문 곁)'

히브리어 베이트(בַּיִת, nm, a house)+헷세드(חֶסֶד, nm, goodness, kindness, favourfavor)

한편 은혜의 문 곁에 은혜의 집이 있다는 것은 우연이 아니라 하나님의 사랑을 보여준다.

4. 베데스다 못 곁의 38년 된 병자 이야기: 안식일의 진정한 주인은 누구신지, 진정한 안식이란 무엇인지를 보여주는 것

1) 안식일의 주인은 예수님

2) 예수님 안에서만 진정한 안식과 견고함을 누림→그 예수님이 바로 '다른 하나님(기능론적 종속성), 한 분 하나님(존재론적 동질성)'이신 삼위일체 하나님.

참고로 공관복음의 안식일 논쟁에서의 논점:

  1)선행보다는 생명과 영혼에 대한 사랑의 우월성

  2)인자가 곧 안식일의 주인

본래 유대인들에게 안식일은 축복과 기쁨의 날이었다. 그러나 그들은 혹시라도 세속화되는 것을 막고자 미쉬나(Mishnah)를 제정하여 구별되게 지키려고 안간힘을 썼다. 세월이 흐르며 안식일은 퇴색되고 의미조차 왜곡되어 버리고 말았다. 예수님은 안식일의 정확한 의미를 다시 가르쳐 주시고 있다.

*율법주의적 근본주의: 안식일 논쟁(막 2), 이혼증서(마 5장), 율법의 근본 취지는 보지 못하고 껍데기만 지키려는 태도

*자연주의: 신신학, 자유주의, 사실은 아니나 윤리 도덕적으로 가치가 있다는 태도

십계명의 제4계명에는 "안식일을 기억하여 그 날을 거룩히 지키라"고 했다. 그렇다면 예수님의 부활을 기념하는 주일(일요일)이 아니라 금요일 저녁부터 토요일 저녁인 안식일을 거룩히 지키라는 것인가? 이에 대하여는 출애굽기 20장과 신명기 5장을 깊이 묵상하면 그 답은 선명해진다. 왜냐하면 출애굽기에는 창조주 하나님을 기억하라는 말씀이 있고 신명기에는 삼위하나님 안에서만 안식을 누리며 쉬라는 말씀이 있기 때문이다.

결국 '안식일을 거룩히 지키라'는 것은 안식일이 맞냐 주일이 맞냐의 문제가 아니라 1)창조주 하나님을 기억하고 2)삼위일체 하나님 안에서만 안식을 누리고 쉬라는 것을 가리킨다.

Part II The Book of Signs

레마 이야기 6. 유월절

5병(餠) 2어(魚) 4th sign -생명의 떡, 산 떡, 참 떡
물 위를 걸으신 예수님→배로 영접→건너편 땅(5th sign)

6장에서는 육신을 먹여 살리는 세상의 떡(5병 2어)과 영육을 살리는 '생명의 떡, 참 떡, 하늘로서 내려온 산 떡(예수 그리스도)'을 대조하며 둘의 차이를 설명하는 이야기로 시작한다.

예수님이 산[28]에서 5,000명을 먹이시고 열두 바구니를 남긴 오병이어(五餠二魚) 이야기는 4복음서에 다 나오지만(마 14:13-21; 막 6:30-44; 눅 9:10-17; 요 6:1-14) 4,000명을 먹이시고 일곱 광주리를 남긴 칠병이어(七餠二魚) 이야기는 두 개의 복음서(마 15:32-39; 막 8:1-10)에만 나온다. 한편 오병이어 이야기와 칠병이어 이야기에는 상징적 의미가 담겨 있다.

'7병 2어(4,000명, 7 광주리, σπυρίς, a large basket, 마 15:37)'에서 '7병(餠)'이란 가나안 7족속을 가리키는 이방의 수이며 '2어(魚)'란 증인의 수(참, 진실된, 계 11장)이고 4,000=4×1,000에서의 4는 땅의 수, 1,000(10×10×10)은 '아주 많다, 충만하다'는 의미이다. 7(3+4)광주리는 언약의 수이다. 요약하자면 '7병 2어로

---

28 많은 학자들은 갈릴리 지역의 이 "산"이 갈릴리 바다 북서쪽 골란 고원에 위치한 팔복산(the Mount of the Beatitudes, 마 5:1; 막 3:13; 마 28:16)이라고 추측하고 있다.

4,000명'을 먹이신 숫자에는 헬라어 카데마이(계 14:6, ἐπὶ τοὺς καθημένους ἐπὶ τῆς γῆς)라는 상징적 의미가 담겨있는데 곧 구원받기로 작정된 아무라도 능히 셀 수 없는 '이방인'의 큰 무리라는 말이다(계 7:9). 따라서 7병 2어 이야기는 만세 전에 성부하나님의 은혜로 택정함을 입은 '이방인'에게도 생명의 떡을 먹이시겠다는 예수 그리스도의 새 언약을 보여주는 상징이라 할 수 있다.

5병 2어(5,000명, 12 바구니, κόφινος, a basket, 마 14:20)의 경우 '5병(餠)'이란 모세오경(곧 유대인(선민(選民), 먼저 택함을 받은 백성)을 상징)을 가리키며 '2어(魚)'란 증인의 수(참, 진실된, 계 11장)를 가리킨다. 5,000=5×1,000에서의 5는 2(증인의 수)+3(하늘의 수)으로 하늘의 증인을, '1,000(10×10×10)'은 '아주 많다, 충만하다'는 의미이다. 12 바구니(3×4)는 언약의 수이다. 결국 '5병 2어로 5,000명'을 먹이신 숫자에도 또한 헬라어 카데마이(계 14:6, ἐπὶ τοὺς καθημένους ἐπὶ τῆς γῆς)가 상징적으로 담겨 있다. 곧 구원받기로 작정된 아무라도 능히 셀 수 없는 '유대인'의 큰 무리라는 말이다(계 7:9). 따라서 5병 2어 이야기는 만세 전에 성부하나님의 은혜로 택정함을 입은 '유대인'에게도 생명의 떡을 먹이시겠다는 예수 그리스도의 새 언약을 보여주는 상징이라 할 수 있다.

결국 오병이어나 칠병이어에서 나타난 표적을 통한 하나님의 마음은 귀한 것을 바친 개인에게 축복(prosperity)을 하겠다는 것이 아니다. 그렇기에 이 표적을 통해 자신의 소중한 양식을 바친 소년에게 더 큰 복으로 되돌려주겠다는 것을 강조하는 이야기는 아니라는 것이다. 오히려 이 표적은 '예수는 생명의 떡'이시다는 것과 "예수, 그리스도, 생명"이심을 강조하려 한 것이다.

7병 2어-4,000-7 마 15, 막 8	5병 2어-5,000-12 마 14, 막 6, 눅 9, 요 6
Σπυρίς (스퓌리스, a large basket, a lunch basket, 마 15:37) 7(병) 1)언약, 완전, 맹세의 수 2)가나안 7(7병)족속→이방의 수 4,000명; 4×1,000 1)4; 땅의 수 2)1,000(10×10×10): 아주 많다, 충만하다 곧 7병 2어에서의 4,000이라는 숫자에는 헬라어로 카데마이(계 14:6, ἐπὶ τοὺς καθημένους ἐπὶ τῆς γῆς)라는 상징적 의미→곧 구원받기로 작정 된 아무라도 능히 셀 수 없는 '이방인'의 큰 무리(계 7:9) 7(7광주리); 3+4=7이라는 숫자의 의미인 언약의 수, 약속의 수, 맹세의 수, 완전수→성부하나님의 택정함을 입은 '이방인'에게도 생명의 떡을 먹이시겠다는 예수 그리스도의 새 언약을 보여주는 상징	Κόφινος (코피노스, a basket, carried by Jews for food, 마 14:20) 5(병) 1)2(증인의 수)+3(하늘의 수) 2)모세오경→유대인의 수 5,000명; 5×1,000 1)5: 모세오경 2)1,000(10×10×10): 아주 많다, 충만하다 곧 5병 2어에서의 5,000이라는 숫자에는 헬라어로 카데마이(계 14:6, ἐπὶ τοὺς καθημένους ἐπὶ τῆς γῆς)라는 상징적 의미→곧 구원받기로 작정된 아무라도 능히 셀 수 없는 '유대인'의 큰 무리(계 7:9) 12(12바구니); 3×4=12는 7(3+4=7)이라는 숫자의 의미인 언약의 수, 약속의 수, 맹세의 수, 완전수→성부하나님의 택정함을 입은 '유대인'에게 생명의 떡을 먹이시겠다는 예수 그리스도의 새 언약을 보여주는 상징
*오병이어의 표적 매개→"보리떡과 작은 물고기": 이중적 함의(含意, implication) (1)낮은 자로 오신 예수, 즉 '초림의 구속주 예수님'을 상징 (2)우리가 먹고살기 위해 아둥바둥하며 조금이라도 더 축척하기 위해 땀과 눈물을 쏟는 양식들(재물, 건강, 명예, 권력 등등)은 알고 보면 "보리떡과 작은 물고기"처럼 "하찮은 것" 병(餠, 떡)-살(예수 그리스도의 몸)/어(魚, 생선)-피(예수 그리스도의 보혈) 5병 2어, 7병 2어: 구원에 관한 이야기 1)예수님은 '산 떡', '참 떡', '생명의 떡' 2)"예수, 그리스도, 생명" 강조	

또한 오병이어와 칠병이어의 표적에 사용되었던 "보리떡과 작은 물고

기"²⁹에는 이중적 의미가 내재되어 있다. 첫째는 가장 낮은 자로 오신 예수, 즉 '초림의 구속주 예수님'을 상징하고 있다면 둘째는 우리가 먹고 살기 위해 아등바등하며 조금이라도 더 축척해 보려고 땀과 눈물을 쏟는 양식들(재물, 건강, 명예, 권력 등등)은 알고 보면 "보리떡과 작은 물고기"처럼 실상은 "하찮은 것"이라는 의미를 함의(含意, implication)하고 있다.

결국 오병이어나 칠병이어에 등장하는 "보리떡과 작은 물고기"라는 상징을 통하여는 진정한 생명의 떡이신 예수님으로 말미암아 현재형 하나님나라에서 보다 더 풍성한 생명양식을 공급받은 후 장차 미래형 하나님나라에서 삼위일체 하나님과 '더불어, 함께' 영생을 누리게 될 것을 말씀하고 있는 것이다. 특히 오병이어 이야기는 최후의 만찬과 같이 유월절에 있었던 사건으로 실상은 유월절 어린 양이신 예수의 살과 피에 관한 이야기이기도 하다. 그렇기에 6장의 전반부에서는 5병 2어 이야기를 하다가 후반부인 요한복음 6장 53절 이하부터는 곧장 최후의 만찬 이야기로 이어지고 있는 것이다.

참고로 최후의 만찬 이야기는 마태복음 26장 26-30절, 마가복음 14장 22-26절, 누가복음 22장 15-20절, 고린도전서 11장 23-29⁽²³⁻²⁵⁾절에서도 반복적으로 말씀하고 있다.

신약에서 이루어졌던 예수님의 십자가 죽음과 부활은 구약 유월절(어린 양의 피, 좌우 문설주와 인방, 이후 유월절 식사, 무교병과 쓴 나물)의 종말론적 성취이기에 살과 피

---

29 "보리떡 5개와 물고기 2마리"는 '초라하고 적은 양'을 의미한다. 당시 보리떡은 밀로 된 빵보다 훨씬 값이 저렴했다(왕하 4:42-44; 계 6:6). 또한 소년이 건넨 생선은 제대로 자란 먹음직한 큰 생선인 익투스(ἰχθύς, 요 21:11, fish)가 아니라 살이 별로 없는 자그마한 물고기인 옵사리온(ὀψάριον, a little fish)이었다.

를 언급(요 6:11, 53-57)한 오병이어 이야기와 깊이 연관되어 있다. 그러므로 오병이어와 칠병이어는 구원에 관한 이야기이다. 이는 생명의 떡이신 예수로만 영생을 얻게 되며 큰 바람이 일어 파도가 이는 갈릴리 바다 가운데에서 건너편 땅(미래형 하나님나라)에 도달하려면 십자가에서 피를 흘려 주신 구원자 예수 그리스도를 '영접'해야만 가능(요 6:21)함을 말씀하고 있는 것이다.

그러므로 이곳 6장에서는 '예수, 그리스도, 생명'을 드러내기 위해 연거푸 2개의 표적을 보여주셨다. 첫째는 구원에 관한 이야기로서 '5병 2어 이야기'이고 둘째는 갈릴리 바다[30]를 걸으신 후 제자들이 탔던 배 위에 구원자 예수께서 오르시자 건너편 땅 가버나움[31]에 이르게 되는 미래형 하나님나라에의 입성에 관한 이야기를 상징적으로 보여주셨다.

요한복음은 각 장 대부분의 구절이 상당히 길고 내용 또한 방대할 뿐만 아니라 21장, 879절로 구성되어 있는, 교리와 복음에 대한 총체적인 복음서이다. 특히 이곳 6장은 71절까지로 길이만큼이나 중요도 또한 만만치 않으며 생명의 떡이요 참 떡, 하늘로서 내려온 산 떡이신 예수 그리

---

30 갈릴리 바다는 "디베랴 바다"로도 불리는데(요 21:1) 원래 바다가 아니라 사실은 호수이다. "디베랴(Tiberias; Τιβεριάς, nf)"라는 도시는 헤롯 안디바가 건설했으며 로마의 2대 황제 티베리우스(Τιβέριος, nm)의 이름을 따서 명명한 것이다. 갈릴리 바다 "건너편"이란 벳새다를 가리킨다.

31 "가버나움(Capernaum; Καπερναούμ)"은 '나훔의 마을'이라는 뜻으로 히브리어 카파르(כָּפָר, nm, a village)와 나훔(נַחוּם, an Israelite prophet, consolation)의 합성어이다. 나훔은 나함(נָחַם, v, to be sorry, console oneself, comfort)에서 파생되었다. 즉 가버나움은 '안위, 위로의 마을'이라는 뜻이다. 가버나움은 갈릴리 호수 북부부에 위치한 성읍이며 세리 마태가 부름받은 곳이기도 하다(마 9:9-13). 한편 19절은 바다 위로 걸어오시는 예수님을, 21절은 "예수님을 배로 영접(람바노)하니 곧(즉시로) 저희의 가려던 땅(미래형 하나님나라)에 이르게" 됨을 보여주고 있다. 이는 "길이요 진리요 생명이신(요 14:6) 예수"를 영접함으로 미래형 하나님나라에 도달하게 됨을 말씀해주고 있다.

스도, 그 예수님은 십자가 보혈이라는 대가 지불(속량)을 통해 구원을 성취하신 구속주 곧 '예수, 그리스도, 생명'이심을 선명하게 보여주고 있다.

*핵심 요약 (휘포밈네스코, ὑπομιμνῄσκω & 디다스코, διδάσκω)

1. 5병 2어(상징적 의미)

2. 7병 2어(상징적 의미)

3. 갈릴리 바다

4. 가버나움

***강청기도**

성부하나님을 찬양합니다. 성자하나님을 찬양합니다. 성령하나님을 찬양합니다. 삼위일체 하나님 한 분 만으로 만족하겠습니다. 삼위일체 하나님께만 영광 돌리겠습니다. 초림의 구속주 예수님은 십자가 보혈이라는 대가 지불(속량, 구속)을 통해 구원을 성취하심으로 '예수, 그리스도, 생명'이 되셨음에 감사드립니다. 이후 장차 오실 재림의 승리주, 심판주, 만왕의 왕, 만주의 주이신 예수님을 오매불망 기다릴 수 있게 하심에 감사드립니다. 호 에르코메노스(반드시 오실 예수님)와 마라나타(아멘 주 예수여 어서 오시옵소서) 신앙을 붙들게 하옵소서. 이곳 6장에서는 5병 2어를 통해 예수님만이 생명의 떡이요 참 떡, 하늘로서 내려온 산 떡이심을 보여주셨습니다. 그렇기에 예수를 믿는 자는 영원히 주리지도 목마르지도 않겠다(6:35, 50)고 하셨습니다. 5병 2어 기적 후 갈릴리바다를 걸으시며 제자들이 탄 배 위에 예수께서 오르시자 건너편 땅 가버나움에 이르게 됨도 보여주셨습니다. 그렇기에 19절은 바다 위로 걸어오시는 예수님을, 21절은 "예수님을 배로 영접(람바노)하니 곧(즉시로) 저희의 가려던 땅(미래형 하나님나라)에 이르게" 됨을 보여주시며 예수님만이 "길이요 진리요 생명(요 14:6)"이시기에 예수님을 영접함으로 미래형 하나님나라에 도달하게 됨을 말씀해 주셨습니다. 이제 후로는 '오직 예수'로만 살아가게 하옵소서. 모든 영광 하나님께 올려드립니다. 감사드리며 예수 그리스도의 이름으로 기도드립니다. 아멘

*핵심 요약 (휘포밈네스코, ὑπομιμνήσκω & 디다스코, διδάσκω)

1~2.

7병 2어-4,000-7 마 15, 막 8	5병 2어-5,000-12 마 14, 막 6, 눅 9, 요 6
Σπυρίς (스퓌리스, a large basket, a lunch basket, 마 15:37) 7$^{(병)}$ 1)언약, 완전, 맹세의 수 2)가나안 7$^{(7병)}$족속→이방의 수 4,000명: 4×1,000 1)4: 땅의 수 2)1,000$^{(10×10×10)}$: 아주 많다, 충만하다 곧 7병 2어에서의 4,000이라는 숫자에는 헬라어로 카데마이$^{(계 14:6, ἐπὶ τοὺς καθημένους ἐπὶ τῆς γῆς)}$라는 상징적 의미→곧 구원받기로 작정 된 아무라도 능히 셀 수 없는 '이방인'의 큰 무리$^{(계 7:9)}$ 7$^{(7광주리)}$; 3+4=7이라는 숫자의 의미인 언약의 수, 약속의 수, 맹세의 수, 완전수→성부하나님의 택정함을 입은 '이방인'에게도 생명의 떡을 먹이시겠다는 예수 그리스도의 새 언약을 보여주는 상징	Κόφινος (코피노스, a basket, carried by Jews for food, 마 14:20) 5$^{(병)}$ 1)2$^{(증인의 수)}$+3$^{(하늘의 수)}$ 2)모세오경→유대인의 수 5,000명: 5×1,000 1)5: 모세오경 2)1,000$^{(10×10×10)}$: 아주 많다, 충만하다 곧 5병 2어에서의 5,000이라는 숫자에는 헬라어로 카데마이$^{(계 14:6, ἐπὶ τοὺς καθημένους ἐπὶ τῆς γῆς)}$라는 상징적 의미→곧 구원받기로 작정된 아무라도 능히 셀 수 없는 '유대인'의 큰 무리$^{(계 7:9)}$ 12$^{(12바구니)}$; 3×4=12는 7$^{(3+4=7)}$이라는 숫자의 의미인 언약의 수, 약속의 수, 맹세의 수, 완전수→성부하나님의 택정함을 입은 '유대인'에게 생명의 떡을 먹이시겠다는 예수 그리스도의 새 언약을 보여주는 상징
*오병이어의 표적 매개→"보리떡과 작은 물고기"; 이중적 함의$^{(含意, implication)}$ (1)낮은 자로 오신 예수, 즉 '초림의 구속주 예수님'을 상징 (2)우리가 먹고 살기 위해 아둥바둥하며 조금이라도 더 축척하기 위해 땀과 눈물을 쏟는 양식들$^{(재물, 건강, 명예, 권력 등등)}$은 알고 보면 "보리떡과 작은 물고기"처럼 "하찮은 것" 병(餠, 떡)-살$^{(예수 그리스도의 몸)}$/어$^{(魚, 생선)}$-피$^{(예수 그리스도의 보혈)}$ 5병2어, 7병 2어: 구원에 관한 이야기 1)예수님은 '산 떡', '참 떡', '생명의 떡' 2)"예수, 그리스도, 생명" 강조	

3. 갈릴리 바다: "디베랴 바다(Tiberias: Τιβεριάς, nf, 요 21:1, 헤롯 안디바가 건설, 로마의 2대 황제 티베리우스(Τιβέριος, nm)의 이름을 따서 명명)", 원래 바다 < 호수→"건너편": 벳새다

4. "가버나움(Capernaum: Καπερναούμ)"은 '나훔의 마을'이라는 뜻으로 히브리어 카파르(כָּפָר, nm, a village)와 나훔(נַחוּם, an Israelite prophet, consolation)의 합성어이다. 나훔은 나함(נָחַם, v, to be sorry, console oneself, comfort)에서 파생되었다. 즉 가버나움은 '안위, 위로의 마을'이라는 뜻이다. 가버나움은 갈릴리 호수 북서부에 위치한 성읍이며 세리 마태가 부름받은 곳이기도 하다(마 9:9-13)→'안위, 위로의 마을'이라는 뜻. 가버나움은 갈릴리 호수 북서부에 위치한 성읍이며 세리 마태가 부름 받은 곳(마 9:9-13)

Part II The Book of Signs

레마 이야기 7. 초막절(σκηνοπηγία: the feast of tabernacles)
생수의 강

　6장에는 유월절을 배경으로 네 번째 표적(4th sign)인 '오병이어' 이야기와 다섯 번째 표적(5th sign)인 큰바람이 불어 파도가 몰아치는(요 6:18) 갈릴리 바다 위를 걸으신 것과 제자들이 타고 있는 배로 다가오신 예수님을 그 배 위로 영접하자 건너편 땅(미래형 하나님나라)에 이르게 되는 것을 보여주셨다. 이는 '유월절 어린 양이신 예수 그리스도만이 참 떡, 생명의 떡, 하늘로서 내려온 산 떡'이시라는 것과 '예수님은 대자연을 다스리시는 역사의 주관자 하나님이심'과 '구속주이신 예수님을 영접해야만 미래형 하나님나라에 들어갈 수 있음'을 보여주신 것이다.

　이제 시작되는 7~10장까지의 넉 장은 한 묶음으로 '그리스도, 메시야이신 예수님'을 드러내며 예수님만이 생수(7:38)이시며 세상의 빛이자 생명의 빛(8:12)이심을 말씀하고 있다.

　참고로 6장이 유월절[32]을 배경으로 구원을 성취(그리스도 예수의 초림과 그로 인한 새

32　유월절(Passover)은 초실절(유월절 후 3일째, 예수님의 십자가 죽음 후 3일째인 부활의 날, 부활의 첫 열매이신 예수님), 무교절(유월절 후 7일째)이라고도(출 12장) 한다. 한편 칠칠절은 맥추절(출 23:16), 오순절(민 28:26, 신 16:10)이라고도 하는데 유월절 후 첫 안식일 다음날인 밀의 첫단을 드리는 초실절로부터 50일째되는 날(출 34:22)을 가리킨다. 이날은 모든 노동을 중단하고 이스라엘 모든 남자들이 하나님께 나아가 성회로 모여 제사(소제,

^{언약의 성취)}하신 생명의 떡이신 예수를 강조했다면 7~8장에서는 초막절³³을 배경으로 진정한 생수이시고 세상의 빛이자 생명의 빛으로 구원을 성취하러 오신 예수를 부각시키고 있다. 9장에서는 빛^{(낮(생명), 9:4-5)} 되신 예수로 인해 맹인^{(밤(사망)이 물러감, 9:4)}의 눈이 보게 됨^(6th sign)을 보여주시며 그런 예수님은 세상의 빛, 생명의 빛이심을 드러내고 있다. 10장에서는 그 예수님만이 진정한 양의 문^(10:7-10)이요 선한 목자^(10:11)이심을 밝히고 있다. 그와 동시에 유대인의 잘못된 민속 메시야관^(觀) 혹은 민속 메시야 사상^(정치적 자유, 경제적 풍요, 사회적 평등, 군사적 강력한 힘을 가진 메시야를 대망)을 폭로하며 참된^(선한) 목자와 거짓^(삯군) 목자를 적나라하게 폭로하고 있다.

우리는 출애굽 사건을 통해 역사의 주관자 하나님은 시작과 과정을 인도하시고 그 결과^(완성)까지도 도출^(導出, draw, deduce)하시는 신실하신 삼위일체 하나님이심을 목도했다. 삼위일체 하나님이란 '다른 하나님, 한 분 하나님^(구분되나 분리되지 않는 하나님)'으로 기능론적 종속성과 존재론적 동질성의 하나님을 말한다.

앞서 가시며 인도하시는 나하흐의 성부하나님.

번제, 속죄제, 화목제 등)를 드렸다^(레 23:15- 22). 전승에 의하면 바로 이날에 시내산에서 율법을 받았다^(메러디스 클라인 교수, Meredith G. Kline, 웨스트민스터 & 고든콘웰 신학교, 구약학)고 한다.

33   "초막절^{(스케노페기아}, σκηνοπηγία; the feast of tabernacles)"은 유대인의 3대 명절 중 하나이다^(신 16:1-17). 이는 "풀로 장막을 만든다"라는 뜻으로 장막절^(장막을 짓는 절기; σκηνή, a tent + πήγνυμι to make fast, 스케네+페그뉘미), 수장절^(추수 후 감사절의)이라고도 한다^(출 23:16; 34:22; 레 23:34-36; 39-44; 민 29:12-40; 신 16:13). 초막절은 유대력으로 7월 15일부터 1주간 진행하도록 제정되었다. 이스라엘 백성은 7일 동안 광야에 초막을 짓고 매일 화제를 드리다 8일째 날^(왕상 8:2, 11, 13, 62-66)에 대성회로 마감을 한다^(레 23:39). 풍성한 곡식을 주신 것은 하나님의 공급하심 때문임을 알고 가을 추수 후 감사하는 절기이다. 더 나아가 미래형 하나님 나라에서의 풍성한 삶을 예표하는 것이기도 하다.

늘 우리 곁에서 손 잡아 주시고 함께 하시는 에트의 성자하나님.

유한되고 제한된 한 번 인생길의 올바른 방향을 정해주시고 바른 길을 꾸준히 가도록 뒤에서 밀어주시며 동행하시는 할라크의 성령하나님.

그리스도인 된 우리는 유한되고 제한된 한 번의 직선 인생을 살아가며 오직 삼위일체 하나님께만 찬양과 경배, 감사를 올려 드려야 한다. 왜냐하면 우리는 예수 그리스도의 십자가 보혈로 인해 죄와 사망의 법에서 벗어나 생명의 성령의 법 안에서 진정한 자유함과 해방, 그리고 샬롬[34]이라는 평안을 누리게 되었기 때문이다.

아더 핑크는 하나님의 진노로부터(사 42:7; 61:1; 롬 8:1-2), 사단의 권세로부터(행 26:18; 골 1:13; 히 2:14-15), 정죄와 죄의 속박으로부터(롬 6:14, 18; 갈 5:1, 13), 하나님이 아닌 자들이나 율법의 형벌로부터의(갈 2:16-21; 4:8-9) 구원을 '그리스도인의 자유' 곧 '영적인 자유'라고 했다.

	그리스도인의 자유 (그리스도인의 영적인 자유 by 아더 핑크)
1	하나님의 진노로부터의 자유 (사 42:7; 61:1; 롬 8:1-2)
2	사단의 권세로부터의 자유 (행 26:18; 골 1:13; 히 2:14-15)
3	죄의 정죄, 죄의 속박으로부터의 자유 (롬 6:14, 18; 갈 5:1, 13)
4	하나님이 아닌 자들, 율법의 형벌로부터의 자유 (갈 2:16-21; 4:8-9)

---

[34] '샬롬'(샬롬이 아님, 일물신의 이름)이란 4가지 주요한 의미를 가진다. 첫째, 하나님과의 바른 관계와 친밀한 교제; 둘째, 하나님 안에서만 안식과 견고함을 누림; 셋째, 평안, 화평; 넷째, 번영(Prosperity)등이다. 반면에 세상이 주는 평안(요 14:27)은 'PAX'라고 하는데 이는 정치 군사적 안정, 경제적 번영, 사회적 안정을 말한다.

결국 우리는 하나님의 은혜로 출애굽(해방과 자유함)을 누리게 되었음에 감사하면서 앞에서 인도하시며 뒤에서 보호하시는 하나님의 인도하심(불기둥과 구름기둥)을 끝까지 따라가야 한다. 그리하여 험악하고도 험난한 광야 같은 인생(유한되고 제한된 한 번의 직선 인생)을 맞닥뜨린다 할지라도 인내하면서 영적 싸움에 당당히 임하며 나아가야 한다. 마지막 종착지 가나안(미래형 하나님나라)에 입성 및 정착하여 영생을 누리게 될 그 순간까지.

모든 그리스도인들의 소망은, 삼위일체 하나님을 찬양하고 경배하며 '더불어, 함께' 살아가게 될 미래형 하나님나라에의 입성과 영생이다.

이곳 7장을 통하여는 유월절(초실절/부활절, 무교절), 오순절(칠칠절, 맥추절/성령강림절), 초막절(수장절, 장막절/추수감사절)을 주신 아버지 하나님의 마음을 바르게 읽어내는 것이 중요하다. 참고로 절기를 요약하면 다음과 같다.

유월절(희생제물, 어린 양)-3일-초실절(부활의 첫 열매)-7일-무교절(세상 속에서 거룩함으로 살아가라)-초실절의(부활 후) 40일-예수님의 승천-10일 후-오순절(성령강림)-현재형 하나님나라(내주 성령: 주권, 통치, 질서, 지배/already-not yet, 거룩한 성 예루살렘)-육신직 죽음(아날뤼시스, 이동, 즉시 부활체로)-미래형 하나님나라(장소, 거룩한 성 새 예루살렘)

유월절에는, 출애굽기 12장 1-20절, 레위기 23장 4-8절에 의하면, 성회로 모이라고 했다. 특히 출애굽기에서는 쓴 나물과 무교병을 먹고 양고기는 남기지 말고 전부 다 먹으라고 했다.

여기서 '쓴 나물'이란 우리가 지은 죄와 애굽에서의 고난과 수치를 상징한다. 그런 쓴 나물을 먹는다는 것은 그 쓴 나물을 대신 짊어지신 예수님과 그곳에서 건져 주신 하나님의 은혜를 감사하고 깊이 생각하라는 의미이다.

애굽	출애굽	홍해	광야	요단강	가나안
세상	택정함	물세례	지금 안식	육신적 죽음	남은 안식 나중 안식
초림-예수 그리스도 새언약의 성취					재림-완성
육신(already~not yet) 죄: 지을 수 있다, 안 지을 수 없다				아날뤼시스	부활체 (고전 15:42-44) 죄: 지을 수 없다
유월절 // 3 days // 초실절		무교절-거룩함 쓴나물 무교병 띠, 신, 지팡이: 긴박, 긴급 칠칠절(맥추절, 오순절) 장막절-감사 1)1주: 초막 2)실로암 물-금 주전자 -성전 제단 흘러 넘치게 3)성전 안팎-촛불 밝힘 -세상의 빛, 생명의 빛		이동 (현재형→미래형 하나님나라에로의 움김) 죽는(육신적 죽음) 즉시 부활체로 영광스러운 몸 강한 몸 썩지 아니할 몸 신령한 몸	새 하늘과 새 땅 거룩한 성 새 예루살렘 생명나무 실과 생명수의 강

'무교병'이란 발효(죄, 세상)하지 않은 떡으로, 이를 먹으라는 것은 발효해서 먹을 시간이 없으니 급박함과 긴박감을 가지라(유한되고 제한된 일 회 인생을 알차게 살라)는 의미이다. 더하여 무교병은 신령한 떡이라는 의미로 죄에서 건짐을 받은 후 무교병(無酵餠)화(化) 되어 거룩함으로 살아가라(카다쉬의 삶)는 것이기도 하다. 고린도전서 5장 7-8절에는 순전함과 진실함으로 '누룩 없는' 자로서의 삶(누룩없는 떡)을 살라고 하셨다. 그런 우리는 "점도 없고 흠도

없는(딤전 6:14, 벧후 3:14)" 자 곧 그리스도인(행 11:26, Χριστιανός)으로서 참 떡(6:32), 생명의 떡(6:35, 48)이신 예수를 먹음으로(하나 됨으로) 예수 그리스도 안에서 '참 무교병'이 되어 누룩 없는 자로 거룩하게 살아가야만 한다.

'양고기'는 전부 다 불에 구워 먹고 하나도 남기지 말고 혹시라도 남으면 모두 다 태워버리라고 했다. 이는 유월절 어린 양 되신 예수 그리스도의 수난을 통한 온전한 죽음과 함께 복음의 통전성(通典性, integrity, 온전함, 완전한 상태)을 상징한다. 당시 희생되어질 어린 양은 식구들과 10~14일 동안 함께 했다. 그런 후 14일(출 12:6)에는 그 식구들을 대신하여 죽임을 당했다. 그 양의 피는 양을 먹을 집의 문 좌우 설주(柱, a side post)와 인방(引枋, lintel)에 발랐다(출 12:7). 그날 밤에 고기는 날 것이나 삶아서 먹지 말고 반드시 구워 먹되 무교병과 함께 쓴 나물과 아울러 먹고 아침까지 남은 것은 다 태우라(출 12:10)고 했다. 이때 이스라엘 백성은 허리에 띠를 띠고(엡 1:13, 6:14) 발에 신을 신고(엡 6:15) 손에 지팡이를 잡고(막 6:8) 급히 먹어야만(출 12:11) 했다. 유월절 어린 양의 죽음은 우리 위해 대신(휘페르) 죽으신 예수 그리스도의 십자가 죽음(요 1:29)을 예표한다.

한편 이스라엘은 초막절에 다음의 3가지를 순종해야 했다.

첫째, 일주일 간 '초막(장막)'을 지어 그 안에서 생활해야 했다. 이는 출애굽 후 광야에서 장막 생활하던 그때의 삶을 기억하라는 뜻이 담기어져 있다.

'초막'이란 '장막'을 가리키는 것으로 이는 '하나님의 보호하심, 지키심, 돌보심'을 상징한다(계 8:15, 21:3). 곧 삼위일체 하나님의 함께(에트)하심, 인도(나하흐)하심, 동행(할라크)하심을 가리킨다. 한편 요한복음 1장 14절에는 "거하시매(스케노우: σκηνόω, I dwell as in a tent)"라는 말씀이 나오는데 바로 '장막을 치다, 품어서 보호하다'라는 뜻이다. 동일한 의미의 히브리어가 창세기 1장 2절의 '운행하다(רחף, 라하프)로서 '암탉이 알을 품다'라는 의미이다.

장막	
: 삼위일체 하나님의 보호하심, 지키심, 돌보심을 상징(계 8:15, 21:3)	
나하흐의 성부하나님 → 앞서가시며 인도하심 에트의 성자하나님 → 늘 곁에서 손 잡아 주시며 함께하심 할라크의 성령하나님 → 매사 매 순간 뒤에서 밀어주시며 동행하심	
1)거하시매 (스케노우, σκηνόω, I dwell as in a tent, 요 1:14)	장막을 치다 암탉이 병아리를 보호하다(품어 안다)
2)운행하다(רחף, 라하프, 창 1:2)	암탉이 알을 품다

둘째, 장막절에는 제사장이 금 주전자를 들고 실로암 못(요 9:7, 아랫못, 사 22:9/왕의 못 느 2:14/기혼샘 즉 윗못과 연결)의 '물'을 길어와 성전의 번제단에 부어 성전 바닥에 홍건하도록 흘러 넘치게 했다. 제1~6일까지는 하루에 한 번, 7일째에는 7번 물을 부었다(여리고 성 함락 이야기와 묘하게 상통하고 있다). 이는 광야에서 넘쳐 흐르는 물로 이스라엘 백성들을 마시게 했던 사건(민 20장, 출 17장)을 기억하라는 것이다. 동시에 에스겔서 47장의 성전에서 흘러나온 생명수를 가리키는 것으로서 이는 진정한 생수(복음)이신 예수를 통해 풍성한 은혜가 공급될 것을 예표한 것이다.

셋째, 당시 장막절기에는 성전 문 밖에 큰 '촛대'와 성전 실내에 '촛불'을 환하게 밝혔는데 이는 광야에서 불기둥과 구름기둥(이는 둘이 아닌 하나. 낮과 밤에 제각각의 역할을 한 것, 출 14:24)으로 앞서가며 약속의 땅으로 인도하신 하나님께 감사하라는 의미이다. 동시에 큰 빛(사 9:1-2)이신 예수님; 세상의 빛, 생명의 빛이신 예수님(요 8:12); 이방의 빛(사 42:6-7)이신 예수님께서 소경의 눈을 밝혀 주시며 요한복음 9장의 날 때부터 맹인 된 사람 등등 영안이 어두운 사람들에게 빛을 허락하실 것을 예표한 것이다.

	초막절(장막절)	
	해야 할 일	예표
1	일주일 간 '초막(장막)'을 지어 그 안에서 생활	출애굽 후 광야에서 장막 생활하던 그때의 삶을 기억하라
2	제사장이 금 주전자를 들고 실로암 못(요 9:7, 아랫못, 사 22:9/왕의 못 느 2:14/기혼샘 즉 윗못과 연결)의 '물'을 길어와 성전의 번제단에 부어 성전 바닥이 흥건하도록 흘러 넘치게→ 제1-6일: 1회/D, 7일째: 7회/D	1)광야에서 넘쳐 흐르는 물로 이스라엘 백성들을 마시게 하셨던 사건(민 20장, 출 17장) 기억하라 2)에스겔 47장: 성전에서 흘러나온 생명수 →진정한 생수(복음)이신 예수를 통해 풍성한 은혜가 공급될 것을 예표
3	성전 문 밖: 큰 '촛대' 성전 실내: '촛불' 환하게 밝힘	1)광야에서 불기둥과 구름기둥(이는 둘이 아닌 하나. 낮과 밤에 제각각의 역할을 한 것, 출 14:24)으로 앞서서 약속의 땅으로 인도하신 하나님께 감사하라 2)큰 빛(사 9:1-2)이신 예수님, 세상의 빛, 생명의 빛이신 예수님(요 8:12), 이방의 빛(사 42:6-7)이신 예수님께서 소경의 눈을 밝혀 주시며 요한복음 9장의 날 때부터 맹인 된 사람 등등 영안이 어두운 사람들에게 빛을 허락하실 것을 예표

참고로 7장 53절~8장 11절까지는 '현장에서 간음하다가 잡힌 여인 이야기'가 나온다. 이 구절은 AD 400년 이전의 사본에는 없었던 부분이기

에 괄호를 해 놓았다. 이 부분은 AD 5C 베자사본(codex Bezae, 사본기호 D)에 처음으로 나타난다.

오래되고 중요한 사본인 시내산 사본(ℵ), 알렉산드리아 사본(A), 바티칸 사본(B), 에브라임 사본(C), 레기우스 사본(L), 프리얼 사본(W) 들에서는 상기의 본문이 발견되지 않는다. 그러다 보니 일부 학자들은 본문의 사건을 배제해야 한다고 주장하고 있다.

나와 공저자의 경우는 이 이야기의 전후를 묵상해 볼 때 본문으로 받아들여야 한다고 생각한다. 이 장면 전에는 '생수'이신 당신을 드러내시며 "누구든지 목마르거든 내게로 와서 마시라"고 했다. 이 장면 후에는 '세상의 빛', '생명의 빛'이신 당신을 드러내시며 "나를 따르는 자는 어두움에 다니지 아니한다"고 했다. 그러므로 '현장에서 간음하다가 잡힌 여인 이야기'는 예수님이 누구시며(에고 에이미) 그 예수님을 믿고 따름으로 흑암의 권세를 벗어나 영생을 얻게 됨을 말씀하고 있는 것이다. 결국 이 부분은 간음에 대한 이슈(issue)라기보다는 예수님의 공의와 사랑을 드러낸 부분이기에 본문으로 받아들여야 한다는 Augustin, St. Jerome, Hendriksen의 생각에 동의하기에 배제할 필요가 없다.

*핵심 요약 (휘포밈네스코, ὑπομιμνήσκω & 디다스코, διδάσκω)

1. 6-10장까지의 요약

2. 유대인의 민속 메시야 사상

3. 그리스도인의 자유 (by 아더 핑크)

4. 7대 절기

*강청기도

성부하나님을 찬양합니다. 성자하나님을 찬양합니다. 성령하나님을 찬양합니다. 삼위일체 하나님 한 분 만으로 만족하겠습니다. 삼위일체 하나님께만 영광 돌리겠습니다. 앞서 6장에서는 5병 2어를 통해 예수님만이 생명의 떡이요 참 떡, 하늘로서 내려온 산 떡이심을 보여주셨습니다. 그렇기에 그 예수를 믿는 자는 영원히 주리지도 목마르지도 않겠다(6:35, 50)고 하셨습니다. 이곳 7장에서는 초막절을 배경으로 진정한 생수이신 예수님을 통해 "누구든지 목마르거든 내게로 와서 마시라 나를 믿는 자는 성경에 이름과 같이 그 배에서 생수의 강이 흘러나리라"고 하셨습니다. '에고 에이미(나는~나다)'를 붙들게 하옵소서. 예수님을 바로 알고 바로 믿게 하옵소서. 그리하여 이제 후로는 '오직 예수'로만 살아가게 하옵소서. 모든 영광 하나님께 올려드립니다. 감사드리며 예수 그리스도의 이름으로 기도드립니다. 아멘

*핵심 요약 (휘포밈네스코, ὑπομιμνήσκω & 디다스코, διδάσκω) 해석

1. 6장: 유월절을 배경으로 구원을 성취(그리스도 예수의 초림과 그로 인한 새 언약의 성취)하신 생명의 떡이신 예수를 강조

7-8장: 초막절을 배경으로 진정한 생수이시고 세상의 빛이자 생명의 빛으로 구원을 성취하러 오신 예수를 부각

9장: 빛(낮(생명), 9:4-5)되신 예수로 인해 맹인(밤(사망)이 물러 감, 9:4)의 눈이 보게 됨(6th sign)→그런 예수님은 세상의 빛, 생명의 빛

10장: 예수님만이 진정한 양의 문(10:7-10), 선한 목자(10:11)이심

2. 민속 메시야관 혹은 민속 메시야사상:

1) 정치적 자유

2) 경제적 풍요

3) 사회적 평등

4) 군사적 강력한 힘을 가진 메시야 대망

3. 그리스도인의 영적인 자유(by 아더 핑크)

	그리스도인의 자유(그리스도인의 영적인 자유 by 아더 핑크)
1	하나님의 진노로부터의 자유(사 42:7; 61:1; 롬 8:1-2)
2	사단의 권세로부터의 자유(행 26:18; 골 1:13; 히 2:14-15)
3	죄의 정죄, 죄의 속박으로부터의 자유(롬 6:14, 18; 갈 5:1, 13)
4	하나님이 아닌 자들, 율법의 형벌로부터의 자유(갈 2:16-21; 4:8-9)

4. 7대 절기: 유월절(Passover), 초실절, 무교절

칠칠절(맥추절, 오순절)

나팔절, 대 속죄일(욤 키푸르), 초막절(장막절. 수장절)

Part II The Book of Signs

레마 이야기 8. 초막절
세상의 빛, 생명의 빛
진리가 너희를 자유케 하리라

6장이 유월절을 배경으로 오병이어 이야기(4th Sign)와 큰 바람으로 인해 풍랑이 몰아치는 물 위를 걸으셨던 예수님과 그 예수님을 배로 영접했더니 건너편 땅(미래형 하나님나라)에 이르렀던 표적(5th Sign)을 통해 "예수, 그리스도, 생명"이심을 드러냈다고 한다면, 7-8장은 초막절을 배경으로 하여 "예수, 그리스도, 생명"이심을 드러내고 있다.

레위기 23장 39-44절에는 역사의 주관자 하나님께서 유월절을 통해 구원의 성취를 이루시고 초막절(장막절)을 통해 구원의 완성을 이루실 것을 보여주고 있다. 이 말인즉 희생제물 되신 유월절 어린 양 예수의 피로 우리는 살아나(영적 부활, 첫째 부활) 현재형 하나님나라를 살아가고 있으며 장차 수장절(초막절, 장막절)의 풍성함으로 미래형 하나님나라에서 기쁨과 감사로 영생을 누리며 살아가게 될 것이라는 말이다.

요약하면 유월절을 통해 구원을 이루시고(성취하시고, 칭의: Justification) 칠칠절을 통해 율법을 주셔서 거룩함으로 살아가게 하시고(성화: Sanctification, 성령강림절) 초막절을 통해 미래형 하나님나라에서 완성된 구원(영화, Glorification)을 통해 풍성(기쁨과 감사)한 가운데 영생을 누리게 되는 그림을 보여주신 것이다.

유월절	칠칠절	초막절
어린 양의 피흘림	율법	추수의 풍성함
구속 통한 구원 →언약의 성취	거룩함(카다쉬의 삶을 살라)	언약의 완성 →더불어 함께 영생
Justification	Sanctification	Glorification

앞서 7장에는 '생수(성령)이신 예수님'에 대해 말씀하셨다. 또한 7장 53-8장 11절에서는 '간음하다 현장에서 잡혀 온 여인 이야기'를 통해 존재론적 동질성의 삼위일체 하나님이신 예수님의 공의와 사랑을 드러내셨다.

부연하자면 당시 만약 예수님께서 그 여인의 사건에 대해 '여인을 돌로 치라'거나 혹은 '돌려보내라'고 했다면 유대인들의 간교한 함정에 빠졌을 것이다. 곧 그 여인을 '죽이라'고 했다면 사형 집행권이 없던 그때에 살인 교사죄(敎唆罪)가 되어 버릴 뿐만 아니라 "죄인과 세리의 친구, 의인이 아닌 죄인을 찾으러 왔다, 원수를 사랑하라"고 했던 지금까지의 가르침(마 5:44, 9:13, 11:19, 눅 19:10, 요 3:17)에 위배가 되어 버린다. 반면에 '그냥 돌려보내라'고 했다면 율법을 어겼다(마 5:17, 행 6:13-14)고 몰아붙였을 것이다. 이 이야기를 통해 우리는 예수님께서 행하셨던 지혜로운 태도를 배우게 됨과 동시에 악한 영적 세력들의 간교한 모습도 알게 된다.

참고로 악한 영적 세력 곧 사단의 3가지 특성과 5가지 전략, 3가지 도구를 소개하고자 한다. 상기 악한 영적세력들의 모습에 대해 이곳 8장에서는 "아브라함의 행사[35](8:39)"에 대한 반대적 개념으로 "너희 아비의 행사(8:41)", '마귀의 행사(8:44)'라고 했다. 이는 창세기 3장에 나오는 뱀을 가장했던 '그 사단의 행사'와 동일하다.

악한 영적 세력 곧 사단의 특성, 전략, 도구		
사단의 3가지 특성	사단의 5가지 전략	사단의 3가지 도구
1)교만함 (사 14:12-15) 2)거짓의 아비 (요 8:44) 3)고발, 참소 (계 12:10)	1)첨삭(添削, correction) 2)왜곡(歪曲, distortion) 3)과장(誇張, exaggeration) 4)지나간 과거에 대한 지나친 집착 5)아직 다가오지 않은 미래에 대한 막연한 두려움	1)먹음직(육신의 정욕, 돌이 떡 되게) 2)보암직(안목의 정욕, 성전에서 뛰어내리라) 3)지혜롭게 할 만큼 탐스러운 것(이생의 자랑, 이 세상의 부귀영화)

사단의 3가지 특성이란 교만함(사 14:12-15), 거짓의 아비(요 8:44), 그리고 고발 혹은 참소(계 12:10)를 잘하는 것이다. 사단의 5가지 전략이란 첨삭(添削, correction), 왜곡(歪曲, distortion), 과장(誇張, exaggeration), 지나간 과거에 대한 지나친 집착, 아직 다가오지 않은 미래에 대한 막연한 두려움이다. 사단의 3가지 도구는 먹음직하고(육신의 정욕, 돌이 떡되게), 보암직하며(안목의 정욕, 성전에서 뛰어내리라), 지혜롭게 할 만큼 탐스러운 것(이생의 자랑, 이 세상의 부귀영화)이다.

이곳 8장에서는 자기 선언적 표현법으로 에고 에이미(Ἐγώ εἰμι)를 통해 '당신은 빛이다'라고 하셨다. 여호와 하나님을 지칭하는 표현인 빛은 '의

---

35 '아브라함이 행한 일들'을 가리키는 것으로 회개에 합당한 열매와(눅 3:8) 하나님의 말씀을 믿음으로 하나님께 순종한 결과 의롭다 함을 얻은(롬 4:20-22; 갈 3:6; 약 2:21-24) 것을 말한다.

와 거룩, 참 지식, 참 행복'의 상징으로 당신의 '절대적인 신성(神性)'을 함의하고 있다. 즉 빛이신 하나님만이 영(요 4:14)이시며 빛(요일 1:5)이시고 사랑(요일 4:8)이시다는 뜻이다.

그런 예수님은 세상의 빛(세상의 어둠(죄의 굴레)을 몰아내는(illuminates) 빛)이요 생명의 빛(세상의 죽음을 살리는(give, spring from) 빛), 참 빛(생명이신(is) 참 빛)이시다.

"생명의 빛"이라는 말 속에는 '생명을 주는(give) 빛, 생명이신(is) 빛, 생명으로부터 솟아나는(spring from) 빛, 생명을 비추는(illuminates) 빛'이라는 4가지 뜻이 함의되어 있다.

	세상의 빛, 생명의 빛
1	생명을 주는(give) 빛
2	생명이신(is) 빛
3	생명으로부터 솟아나는(spring from) 빛
4	생명을 비추는(illuminates) 빛

요약하면, 7장의 "생수"와 8장의 "세상의 빛, 생명의 빛"은 한 쌍(한 짝, pair)으로 이런 기록법을 수미상관법(Inclusio, 또는 샌드위치 기법)이라고 한다. 곧 7-8장의 초막절에 제단에 부었던 실로암 못의 물(7장의 생수)과 빛을 밝히며 기념했던 성전 안팎의 촛불(8장의 세상의 빛, 생명의 빛)은 '생수'와 '생명의 빛'을 상징하며 서로 대조하고 있는 것이다.

참고로 동일하게 샌드위치 기법을 사용한 곳이 마태복음 18장 15-20절인데 흔히 '합심기도의 능력'으로 오해되고 있는 부분이다. 사실 이 부분은 '범죄한 형제에 대한 치리'의 교훈으로 교회 공동체가 행사하는 권징(勸懲)이 믿음의 형제들 다수의 합치된 의견이라면 하나님의 뜻이라고 여길 수 있다는 의미이다.

이처럼 성경은 어느 특정 부분을 떼어내어 묵상(Q.T)하며 적용하다 보면 본래의 취지와는 약간 멀리 가버리게 된다. 특별히 성경은 샌드위치 기법으로 기록된 곳이 제법 있기에(마 5:1~8:1, 계시록 등등) 전후 맥락을 끊고 일부만을 가지고 와서 문자적으로 해석하면 안 된다.

그러므로 성경을 읽어 나가며 지금의 그 사건을 왜 이곳에 두셨는지, 지금의 말씀 전후에는 어떤 말씀이 있는지 맥락을 파악하고 그 사건을 통해 하나님께서 무엇을 말씀하고자 하시는지를 염두에 두고 바르게 해석해야 한다.

*핵심 요약 (휘포밈네스코, ὑπομιμνήσκω & 디다스코, διδάσκω)

1. 유월절, 칠칠절, 초막절의 의의

2. 요 8:32

3. 요 7장 53절-8장 12절 '간음하다 현장에서 잡혀 온 여인 이야기'

4. 예수님은 세상의 빛, 생명의 빛

5. 수미상관법

6. 악한 영적 세력 곧 사단의

   1) 3가지 특성

   2) 5가지 전략

   3) 3가지 사단의 도구

강청기도

성부하나님을 찬양합니다. 성자하나님을 찬양합니다. 성령하나님을 찬양합니다. 삼위일체 하나님 한 분 만으로 만족하겠습니다. 삼위일체 하나님께만 영광 돌리겠습니다. 6장에서는 5병 2어를 통해 예수님만이 생명의 떡이요 참 떡, 하늘로서 내려온 산 떡이심을 보여주셨고, 이어 7장에서는 초막절을 배경으로 예수님만이 진정한 생수이시다라고 하셨습니다. 이곳 8장에서는 예수님만이 세상의 빛, 생명의 빛이라고 하셨습니다. '에고 에이미(나는~나다)'를 꼭 붙들게 하옵소서. 예수님을 바로 알고 바로 믿고 바로 살아가게 하옵소서. 그리하여 이제 후로는 '오직 예수', '오직 말씀', '오직 은혜', '오직 믿음'으로만 살아가게 하옵소서. 모든 영광 하나님께 올려드립니다. 감사드리며 예수 그리스도의 이름으로 기도드립니다. 아멘

*핵심 요약 (휘포밈네스코, ὑπομιμνῄσκω & 디다스코, διδάσκω) 해석

1. 유월절: 구원을 이루시고(성취하시고, 칭의: Justification)→칠칠절: 율법을 주셔서 거룩함을 이루어 가시고(성화: Sanctification, 성령강림절)→초막절: 미래형 하나님나라에서 구원을 완성(영화, Glorification)하셔서 영원토록 풍성하게 살게 되는 그림을 보여주신 것

2. "진리를 알지니 진리가 너희를 자유케 하리라" _요 8:32

3. 7장 53-8장 11절: 간음하다 현장에서 잡혀 온 여인 이야기→존재론적 동질성의 삼위일체 하나님이신 예수님의 공의와 사랑을 드러내심

'그 여인을 돌로 치라' 혹은 '돌려보내라': 유대인들의 간교한 함정

1) 그 여인을 '죽이라': 살인 교사죄(敎唆罪) & "죄인과 세리의 친구, 죄인 부르러옴, 원수 사랑"등 지금까지의 가르침(마 5:44, 9:13, 11:19, 눅 19:10, 요 3:17)에 위배됨

2) '그냥 돌려보내라': 율법을 어겼다(마 5:17, 행 6:13-14)고 몰아 부쳤을 것

4. 예수님: 세상의 빛(세상의 어둠(죄의 굴레)을 몰아내는(illuminates) 빛)이요 생명의 빛('생명을 주는 (give) 빛, 생명이신(is) 빛, 생명으로부터 솟아나는(spring from) 빛, 생명을 비추는(illuminates) 빛)

5. 7장의 "생수"와 8장의 "세상의 빛, 생명의 빛"은 한 쌍(한 짝, pair): 7-8장의 초막절에 행해졌던, 제단에 부었던 실로암 못의 물(7장의 생수)과 성전 안팎의 촛불(8장의 세상의 빛, 생명의 빛)로 빛을 밝히며 기념하는 행위를 상징-"생수와 생명의 빛"을 대조: 수미상관법(Inclusio, 또는 샌드위치 기법)

(예)마태복음 18장 15-20절: '합심기도의 능력에 대한 교훈'이 아니라 '범죄한 형제에 대한 치리에 대한 교훈'→교회 공동체가 행사하는 권징(勸懲)이 믿음의 형제들 다수의 합치된 의견이라면 하나님의 뜻

6.

악한 영적 세력 곧 사단의 특성, 전략, 도구		
사단의 3가지 특성	사단의 5가지 전략	사단의 3가지 도구
1)교만함 (사 14:12-15) 2)거짓의 아비 (요 8:44) 3)고발, 참소 (계 12:10)	1)첨삭(添削, correction) 2)왜곡(歪曲, distortion) 3)과장(誇張, exaggeration) 4)지나간 과거에 대한 지나친 집착 5)아직 다가오지 않은 미래에 대한 막연한 두려움	1)먹음직(육신의 정욕, 돌이 떡되게) 2)보암직(안목의 정욕, 성전에서 뛰어내리라) 3)지혜롭게 할 만큼 탐스러운 것(이생의 자랑, 이 세상의 부귀영화)

Part II The Book of Signs

레마 이야기 9. 날 때부터 소경 된 사람(6th sign)

6장에서 예수님은 유월절을 배경으로 오병이어 사건(4th Sign)을 보여주시며 당신은 세상에 단순히 떡(육신의 양식)을 주러 오신 분이 아니라고 분명하게 밝히셨다. 곧 예수님은 당신 스스로를 가리켜 자기 선언(에고 에이미, 나는 ~나다)을 통해 반복적으로 "하늘에서 내린 떡(6:32), 하나님의 떡(6:33), 생명의 떡(6:35, 48), 하늘로서 내려오는 떡(6:50), 하늘로서 내려온 산 떡(6:51), 하늘로서 내려온 떡(6:58)"이라고 말씀하셨다.

요한복음에는 특징적으로 "에고 에이미(Ἐγώ εἰμι, I am, 나는~나다)"라는 예수님의 7가지 자기 계시(자기 선언, Declaration) 표현이 있다. 곧 하늘로서 내려온 산 떡, 참 떡, 생명의 떡(6장); 8장의 세상의 빛, 생명의 빛; 10장의 선한 목자, 양의 문; 11장의 부활이요 생명; 14장의 길이요 진리요 생명; 15장의 참 포도나무이다.

그런 예수님은 "나를 먹는(영접 및 연합 곧 하나 됨) 자는 죽지 아니하며(6:50) 더 나아가 영생을 얻게 된다(6:51, 58)"고 하셨다.

		예수님의 7가지 자기 계시(자기 선언, Declaration) 표현 에고 에이미(Εγώ ειμι, I am, 나는~나다)
1	6장	하늘에서 내린 떡(6:32), 하나님의 떡(6:33), 생명의 떡(6:35, 48), 하늘로서 내려오는 떡(6:50), 하늘로서 내려온 산 떡(6:51), 하늘로서 내려온 떡(6:58)
2	8장	세상의 빛, 생명의 빛
3	10장	양의 문
4	10장	선한 목자
5	11장	부활이요 생명
6	14장	길이요 진리요 생명
7	15장	참 포도나무

오병이어 사건 외에도 6장에서는 당신만이 "예수, 그리스도, 생명(요 20:31)"이심을 강조하시며 다섯 번째 표적인 큰 바람이 몰아치는 바다 위로 걸어오심을 보이셨다(16-21). 또한 제자들이 그 예수님을 배 위로 모시자(영접하자(요 1:12; 5:21; 6:19) λαμβάνω) 그 배는 곧 저희들의 '가려는 땅(미래형 하나님 나라)'에 이르게 됨을 보여주셨다. 결국 예수님만이 창조주 하나님이시요 역사의 주관자이시며 만물의 통치자이실 뿐만 아니라 오직 예수 그리스도를 '믿음(영접, 람바노)'으로만 "땅(미래형 하나님나라)"에 들어가게 됨을 가르쳐 주신 것이다.

7-8장에서 예수님은 초막절을 배경으로 실로암 못의 물(휘도르, ύδωρ)이 중요한 것이 아니라 진정한 생수(요 7:37-39, 휘도르 존, ύδωρ ζῶν, living water)이신 당신이 중요하다고 하셨다. 그런 당신을 통해서만 "그 배에서 생수의 강이 흘러나리라(7:38)"고 하셨다. 또한 성전 안팎을 밝히던 촛불의 실체가 바로 "세상의 빛, 생명의 빛(8:12)"이신 당신이라고 하셨다.

빛이란 생명(진정한 자유, 해방, 롬 8:1-2)을, 어둠이란 사망(죄악의 굴레)을 상징한다.

그렇기에 '세상의 빛'이신 예수님은 세상의 어둠(사망, 죄악의 굴레)을 물리치심으로 사망을 이기셨다. '생명의 빛'이신 예수님은 세상의 사망(어둠, 죄악의 굴레)을 물리치심으로 세상에 진정한 생명(진정한 자유, 해방, 롬 8:1-2)을 허락하셨다.

앞서 언급했듯이 놀랍게도 7장 마지막 절(53절)에서 8장 11절까지는 괄호[36]로 되어 있으며 약간은 생뚱한, 뭔가 흐름이 깨어지는 듯한, '현장에서 간음하다 잡힌 여인 이야기'가 나온다. 이후 생수에서 빛으로 연결됨을 보게 된다. 이는 당신을 통해 어둠(사망, 죄악의 굴레)에서 빛(진정한 자유, 해방, 롬 8:1-2)으로, 영육 간의 심한 갈증으로부터 진정한 해갈이 이루어질 것을 보여주신 것이다.

이곳 9장에서는 그런 생명의 빛, 세상의 빛이신 예수를 통해 "나면서부터 소경인 사람을 고치시는" 여섯 번째 표적을 보여주고 있다.

"실로암[37] 못에 가서 씻으라"는 명령은 8장 31절의 "내 말에 거하면"이라는 문장의 구조와 비슷하다. 소위 "들으라, 믿으라, 그리고 가라(행하라)"는 구조이다. 그러므로 우리는 예수의 말씀을 잘 듣고 그 말씀을 믿고 순종하고 가기만 하면 되는 것(롬 10:17)이다.

---

36 7장 53절-8장 11절까지의 구절은 AD 400년 이전의 사본에는 없던 부분이기에 괄호를 해 놓았다. 이 부분은 AD 5C 베자사본(codex Bezae, 사본기호 D)에 처음으로 나타난다. 일부 학자들은 본문의 사건을 배제해야 한다고 주장하나 나와 공저자의 경우 이 부분은 간음에 대한 이슈(issue)보다는 예수님의 공의와 사랑을 드러내는 부분이기에 받아들여야 한다는 Augustin, St. Jerome, Hendriksen의 생각에 동의한다.

37 당시 "실로암(הַשִּׁלֹחַ, 실로아흐, Σιλωάμ; Siloam, a spring within the walls)"은 예루살렘 남동쪽에 있었는데 히브리어 쉘라흐(שֶׁלַח, a reservoir in Jer, 느 3:15, in imitation of 쉘라흐, from 살라흐(שָׁלַח), v, to send)에서 유래되었다. 실로암은 창세기 49장 10절의 실로(שִׁילֹה, perhaps "he whose it is", a Messianic title)와 연결해 보면 '예수'를 상징(Crysostom, Hendriksen)한다. 그러므로 나와 공저자는 "실로암 물에 가서 씻으라"는 것은 예수로만 온전한 치유가 된다는 상징적 의미로 해석한다.

사족을 달자면 맹인의 치유에 대하여는 "어떻게[38](How, 요 9:14-15)"라는 '방법'보다는 "누가(Who or Whom)"에 관심과 집중을 해야 한다는 것이다. 오늘날의 일부 교인들은 병 고침을 받은 후 그 일을 이루신 성령님(누가Who or Whom))보다는 치유사역 자체(어떻게(How, 요 9:14-15))에만 관심을 갖는 경향이 있는데 참으로 어처구니[39]없는(unreasonable, absurd) 일이다.

'그리스도의 말씀 →들음 →믿음 -- 그 결과--→순종→열매'

참고로 요한복음의 "빛"이란 창세기 1장 3절과 16절에서 말하는 창조된 "빛"과는 완전히 다르다.

전자(세상의 빛, 생명의 빛)는 히브리어로 오르(אוֹר, nf, 창 1:3, illumination or (concrete) luminary (in every sense, including lightning, happiness, etc.))이고 후자(창조된 발광체로서의 빛)는 마오르(מָאוֹר, nm, a luminary, 발광체, 창 1:15, 겔 32:8)이다. 마오르는 오르에서 파생되었으며 '오르(포스, φῶς)'라는 빛(예수 그리스도)은 요한복음 1장(4, 5, 9)과 계시록(21:11, 24), 이사야(9:2)에서 언급된 '참 빛이신 예수'를 상징한다면 '마오르(포스테르, Φωστήρ)'는 태양, 달, 별 등 빛을 받아서 빛을 발하는 창조되어진 발광체를 가리킨다.

---

38 미쉬나(Mishna)에 의하면 "안식일에는 회반죽을 하면 안 된다(Shabbath 24:3)"라는 조항과 함께 "안식일에는 눈에 침을 바르는 의료 행위는 안 된다(Shabbath 14:17-18)"라는 조항이 있었다. 예수님이 소경을 고친 행위는 이를 정면으로 위반한 것이었다.

39 나쁜 귀신이 들어오는 것을 방지할 목적으로 궁궐이나 전각, 성문 등의 여러 축조물 위에 올려서 위(危)를 막는, 흙으로 만든 형상(토우, 土偶), 잡상(雜像)을 말한다. 어척군(魚脊群)이라고도 하는데 어척군(어척군)+이=어처구니가 되었다. 표준국어대사전

이를 연결하면 빛(오르, 포스, φῶς)의 본체이신 예수 그리스도를 본받아 빛을 받아서 빛을 발하는 창조되어진 발광체로서 세상에서 빛(마오르, 발광체, 포스테르, Φωστήρ)으로 살아가라는 말이다.

***핵심 요약** (휘포밈네스코, ὑπομιμνήσκω & 디다스코, διδάσκω)

1. 에고 에이미(나는~나다)

2. 믿음←들음←그리스도의 말씀

3. 실로암

4. 빛과 발광체

***강청기도**

성부하나님을 찬양합니다. 성자하나님을 찬양합니다. 성령하나님을 찬양합니다. 삼위일체 하나님 한 분 만으로 만족하겠습니다. 삼위일체 하나님께만 영광 돌리겠습니다. 6장에서는 5병 2어를 통해 예수님만이 생명의 떡이요 참 떡, 하늘로서 내려온 산 떡이심을 보여주셨고 이어 7장에서는 초막절을 배경으로 예수님만이 진정한 생수이시다라고 하셨습니다. 8장에서는 예수님만이 세상의 빛, 생명의 빛이라고 하셨습니다. 이곳 9장에서는 그런 생명의 빛, 세상의 빛이신 예수님을 통해 나면서부터 소경인 사람을 고치심을 보여주셨습니다. '에고 에이미(나는~나다)'를 꼭 붙들게 하옵소서. 예수님을 바로 알고 바로 믿게 바로 살아가게 하옵소서. 그리하여 이제 후로는 '오직 예수', '오직 말씀', '오직 은혜', '오직 믿음'으로만 살아가게 하옵소서. 모든 영광 하나님께 올려드립니다. 감사드리며 예수 그리스도의 이름으로 기도드립니다. 아멘

*핵심 요약 (휘포밈네스코, ὑπομιμνήσκω & 디다스코, διδάσκω) **해석**

1. 예수님의 7가지 자기 계시(자기 선언, Declaration): "에고 에이미(Ἐγώ εἰμι, I am, 나는~다)"

		예수님의 7가지 자기 계시(자기 선언, Declaration) 표현 에고 에이미(Ἐγώ εἰμι, I am, 나는~다)
1	6장	하늘에서 내린 떡(6:32), 하나님의 떡(6:33), 생명의 떡(6:35, 48), 하늘로서 내려오는 떡(6:50), 하늘로서 내려온 산 떡(6:51), 하늘로서 내려온 떡(6:58)
2	8장	세상의 빛, 생명의 빛
3	10장	양의 문
4	10장	선한 목자
5	11장	부활이요 생명
6	14장	길이요 진리요 생명
7	15장	참 포도나무

2. 9장: 생명의 빛, 세상의 빛이신 예수를 통해 "나면서부터 소경인 사람을 고치시는" 여섯 번째 표적을 보여주심

"실로암 못에 가서 씻으라"→8장 31절의 "내 말에 거하면"의 구조와 비슷: "들으라, 믿으라, 그리고 가라"는 것 →우리는 예수의 말씀을 잘 듣고 그 말씀을 믿고 순종하고 가면 된다(롬 10:17).

*맹인의 치유 사건: "어떻게[40](How, 요 9:14-15)"라는 방법 < "누가(Who or Whom)"에 관심과 집중

'그리스도의 말씀→들음→믿음 -- 그 결과→순종→열매'

---

[40] 미쉬나(Mishna)에 의하면 "안식일에는 회반죽을 하면 안 된다(Shabbath 24:3)"라는 조항과 함께 "안식일에는 눈에 침을 바르는 의료 행위는 안 된다(Shabbath 14:17-18)"라는 조항이 있었다. 예수님이 소경을 고친 행위는 이를 정면으로 위반한 것이었다.

3. "실로암(שִׁלֹחַ, 실로아흐, Σιλωάμ: Siloam, a spring within the walls)": 예루살렘 남동쪽에 위치

히브리어 쉘라흐(שֶׁלַח, a reservoir in Jer, 느 3:15, in imitation of 쉘라흐, from 살라흐(שָׁלַח), v, to send))에서 유래→실로암은 창세기 49장 10절의 실로(שִׁילֹה, perhaps "he whose it is", a Messianic title)와 연결해 보면 '예수'를 상징(Crysostom, Hendriksen)한다→그러므로 "실로암 물에 가서 씻으라"는 것은 예수로만 온전한 치유가 된다는 상징적 의미

4. 빛과 발광체

요한복음의 "빛"	창조된 "빛"(창 1:3, 16)
세상의 빛 생명의 빛	창조된 발광체로서의 빛
오르(אוֹר, nf, 창 1:3) illumination or (concrete) luminary (in every sense, including lightning, happiness, etc.)	마오르(מָאוֹר, nm, 창 1:15, 겔 32:8) a luminary, 발광체 →오르에서 파생
포스, φῶς	포스테르, Φωστήρ
'참 빛이신 예수'를 상징 요 1:4, 5, 9 계 21:11, 24 사 9:2	태양, 달, 별 등 만들어진 발광체
빛(오르, 포스, φῶς)이신 예수 그리스도를 본받아 세상에서 빛(마오르, 발광체, 포스테르, Φωστήρ)으로 살아가라	

Part II The Book of Signs

레마 이야기 10. 나는 양의 문이라, 나는 선한 목자라

유월절을 배경으로 기록했던 요한복음 6장은 예수님만이 하늘로서 내려온 산 떡, 참 떡, 생명의 떡으로서 "사람이 이 떡을 먹으면 영생하리라(6:51)"고 약속하셨다. 반면에 7-8장은 초막절이 그 배경으로 예수님만이 생수이며 "그 예수를 믿는 자는 그 배에서 생수의 강이 흘러 나리라(7:38)"고 하셨다. 그렇기에 예수로만 영적 갈증이 해갈될 수 있음을 강조하셨다. 또한 예수님만이 세상의 빛, 생명의 빛이라고 하시며 그 예수를 따르게 되면 "어두움(사망, 죄악의 굴레)에 다니지 아니하게 될 것(8:12)"이라고 약속하셨다.

앞서 9장에서는 8장의 생명의 빛, 세상의 빛 되신 예수를 통해 "나면서부터 소경인 사람"의 눈을 뜨게 하시는 표적(6th Sign)을 보여주셨다. 기억해야 할 것은 "실로암 못에 가서 씻으라"는 말씀이다. 이는 8장 31절의 "내 말에 거하면"이라는 말과 상통하며 "들으라, 믿으라, 그리고 가라"는 의미가 전제되어 있다. 곧 로마서 10장 17절의 말씀이다.

'그리스도의 말씀→들음→믿음 -- 그 결과 →순종→열매'

수전절(the Feast of Dedication or Light, 하누카, 빛의 축제)을 배경으로 기록한 이곳 10장에서는 성전에서 봉헌(의식 행위, 제사)하는 행위를 보며 "나와 아버지는 하나(10:30)"라고 하시며 성전의 실체이신 주님 곧 예수를 믿고 따르면 "영생을 얻게 될 것(10:28)"을 말씀하고 있다. 더 나아가 '진정한 성전 봉헌'은 진정한 성전의 실체이신 예수님이 십자가에 못박혀 하나님께 희생제물(의로우신 예수님은 유월절 어린 양이시다. 義 = 羊 + 我)로 드려지는 것임을 '수전절(봉헌절, 광명절)'을 통해 드러내고 있다.

참고로 성전 봉헌을 기념하는 절기인 수전절[41]은 봉헌절 혹은 광명절로도 불리며 '어둠을 밝히다'라는 의미를 지니고 있다. 히브리어로는 하누카이고 헬라어로는 엥카이니아이다. 수전절은 "피흘림"과 관련이 있으며 어둠을 밝히면서 성전 봉헌을 기념하는 것은 예수님의 십자가 보혈이라는 몸 된 성전을 봉헌하는 것을 상징한다. 이를 통해 죄와 사망의 법이라는 굴레 곧 어둠에서 벗어나 생명의 성령의 법이라는 빛 곧 하나님의 자녀가 되었음을 나타낸다. 한편 이 절기는 태양력으로 12월 25일[42]부터 8일 동안 열렸으며 가시가 9개인 촛대(hanukkiyah)에 불을 밝혔기 때문에 빛의 축제(등화제, Lights)라고도 했다. BC 167년경 셀류코스(Σέλευκος) 왕조의 안티오쿠스 에피파네스 4세(마 24:15, 살후 2:4)의 예루살렘 정복으로부터 3여

---

41 수전절(the Feast of Dedication or Light, 하누카, 빛의 축제)은 봉헌절, 광명절로 불리며 히브리어로는 하누카 (חֲנֻכָּה, dedication, consecration, Hanukkah, 빛의 축제)이고 헬라어로는 엥카이니아(ἐγκαίνια, nn, dedication, renewal (of religious services))인데 '엥카이니조(ἐγκαινίζω; 히 9:18/세우다, 10:19-20/열어 놓다)'의 명사형이다.

42 오늘날 12월 25일은 성탄절로 기념 예배를 드린다. 예수님의 성육신을 기리는 것이다. 주의할 것은, 성탄 트리 및 점등식을 갖는 그 일을 광명절과 착각해서는 안 된다는 것이다. 우리는 베들레헴 들판에서 양을 치던 목자(레갑의 후손)에게 가장 먼저 당신의 초림을 알려주셨(눅 2:8-20) 그들로 하여금 예배를 드리게 했던 그것을 상기하며 기념해야 한다.

년 뒤 유다 마카비(Judas Maccabeus, BC 164)가 핫시딤(말 3:16)과 더불어 봉기를 일으켜 스룹바벨 성전을 되찾은 후 이교도의 신상(제우스)을 치워 버리고 불을 밝혀 신께 성전을 봉헌(봉헌절)했던 것을 기념하는 절기이다.

사도 요한이 이 부분에서 유대인의 절기인 수전절을 특별히 언급한 이유는 성전의 실체(요 2:21)로 오신 예수님은 정작 솔로몬 행각[43](Solomon's Colonnade or porch)에 머물게 하면서 절기를 지키느라 야단법석인 유대인을 꼬집기 위함이다. 그런 유대인들을 가리켜 '겨울(자기 의(義), 행위 율법)에 속한 자', '영적 어두움에 속한 자(요 1:5; 13:30)'라고 칭하며 요한복음 10장 22절에서 "때는 겨울이라"고 상징적으로 슬쩍 언급하고 있다. 한편 예레미야(렘 8:20)는 겨울에 속한 자인 유기된 유대인들을 가리켜 여름도 지나고 추수할 때도 지나버린, 즉 구원을 얻지 못할 자들이라고 일갈하기도 했다.

요한복음은 기록 목적에 맞게 일관되게 "예수, 그리스도, 생명"이심을 강조한다. 그렇기에 "내가 곧 길이요 진리요 생명(14:6)"이신 예수님의 그리스도, 메시야이심만이 점진적, 논리적으로 계시되는 것을 볼 수 있다.

요한복음의 전반부에 해당하는 표적들의 책(1:19-12:50, Book of signs)에서는 순차적으로 7가지 표적을 보여주시며 '예수, 그리스도, 생명'이심을 드러내셨다. 곧 가나 혼인잔치(2:1-12); 가버나움에서 왕의 신하 아들을 고치신(살리신) 예수(4:43-54); 베데스다 못 곁의 38년 된 병자 치유(5:1-18); 벳새다 광야에서의 오병이어의 표적(6:1-15); 큰 바람으로 인해 물결이 몰아치는 갈릴리 바다의 물 위를 걸으신 예수님, 그리고 그 예수를 배로 영접하였더

---

43 솔로몬 행각이란 건물의 현관이나 지붕이 있는 주랑(성전 동편에 162개의 원주로 구성)으로 지붕과 기둥만 있고 벽이 없는 복도이다.

니 건너편 땅에 이르게 된 표적(6:16-21); 예루살렘 거리에서의 날 때부터 맹인 된 사람을 고치신 예수님(9:1-41); 그리고 마지막으로 죽은 지 나흘 된 나사로를 살리신 예수님(11:1-44)이다.

상기 일곱 가지 표적들은 모두 다 10장 전반부의 "양의 문이자 선한 목자이신 예수님(10:11, 14)"과 더불어 7가지 자기 선언(에고 에이미)의 실제(實際, reality, truth)를 보여준 것이다. 그 예수님은 "양으로 생명을 얻게 하고 더 풍성히 얻게 하시는(10:10)" 구속주 하나님이시다. 그 예수님만이 유일한 "양의 문(10:7, 9)"이기에 양은 '그 문'으로 들어가고 '그 우리(울타리, 하나님나라 소속, 소유) 안'에 있어야만 보호를 받게 된다.

양을 인도	양의 문 선한 목자, 문지기	양의 우리
하나님을 위해 양을 인도하신 분	예수님	하나님나라(소속, 소유) 1)현재형(주권, 통치, 질서, 지배) 2)미래형(분명한 장소)
예수님을 위해 양을 인도하는 분	바른, 참된 사역자	

참고로 당시 팔레스타인에서 볼 수 있었던, 높이 약 3m 정도의 울타리로 된 공간적 영역인 '양의 우리'에는 문이 단 하나만 있었다. 유대인 마을 공동체는 동네마다 문이 하나밖에 없는 큰 '양의 우리'를 지어 놓고는 공동으로 관리했다. 저녁이 되면 각자의 양을 공동으로 관리하는 우리에 몰아넣었다. 하나밖에 없는 그 문은 양의 목자(문지기)들이 밤새도록 돌아가며 지켰기에 도적이나 맹수들이 '양의 우리'에 들어갈 수가 없

었다. 다음날 아침이 되면 목자들이 와서 각각 자기 양들의 이름을 불렀다. 그러면 놀랍게도 그 양들은 정확하게 자기 목자의 음성을 듣고 그 목자를 따라 '양의 우리'를 나섰다고 한다. 그렇기에 "내 양은 내 음성을 들으며 나는 저희를 알며 저희는 나를 따르느니라(요 10:26-27)"고 하셨던 것이다.

선한 목자이신 예수님 외의 다른 이들을 가리켜 가짜 목자, 삯군 목자라고 한다. 성경은 이들을 두고 절도요 강도라고 했는데 이는 그릇된 종교지도자들(마 23:13, 15: 눅 11:52)을 상징적으로 가리키고 있다.

칼빈이나 루터는 '양의 우리'를 하나님나라로 해석했다. 나와 공저자 또한 하나님나라로 해석한다. 그렇기에 오늘날의 교회 공동체(현재형 하나님나라)로도 해석한다.

결국 이곳 10장은 양의 목숨을 지키기 위해 당신의 목숨까지도 불사(不死)하는 예수님만이 진정한 목자, 선한 목자, 참 목자임을 말씀하고 있는 것이다. 그런 예수님의 은혜와 사랑은 성경 전체의 맥락을 잇는 6대 언약[44]에서 보았듯이 진실로 영원하며 역동적이다.

---

[44] 아담 언약(최초의 원시복음), 노아 언약(2중 언약: 홍수 전(방주) 언약, 홍수 후(무지개) 언약), 아브라함 언약(3중 언약: 정식 언약, 횃불 언약, 할례 언약), 모세 언약(소금 언약), 다윗 언약(등불 언약), 예수 그리스도의 새 언약(2중 언약: 초림-성취, 재림-완성)을 말한다. 《태초에 하나님이 천지를 창조하시니라/산지》

*핵심 요약 (휘포밈네스코, ὑπομιμνήσκω & 디다스코, διδάσκω)

1. 수전절과 그 의미

2. 양의 우리: 하나님나라 (현재형, 미래형)

*강청기도

성부하나님을 찬양합니다. 성자하나님을 찬양합니다. 성령하나님을 찬양합니다. 삼위일체 하나님 한 분 만으로 만족하겠습니다. 삼위일체 하나님께만 영광 돌리겠습니다. 6장에서는 5병 2어를 통해 예수님만이 생명의 떡이요 참 떡, 하늘로서 내려온 산 떡이심을 보여주셨고, 이어 7장에서는 초막절을 배경으로 예수님만이 진정한 생수이시다라고 하셨습니다. 8장에서는 예수님만이 세상의 빛, 생명의 빛이라고 하셨습니다. 9장에서는 그런 생명의 빛, 세상의 빛이신 예수님을 통해 나면서부터 소경인 사람을 고치심을 보여주셨습니다. 이곳 10장에서는 양의 목숨을 지키기 위해 당신의 목숨까지도 불사(不死)하는 예수님만이 진정한 목자, 선한 목자, 참 목자임을 말씀하셨습니다. 그 예수님의 음성을 듣고 그 예수님만 따라가는 우리가 되게 하옵소서. 모든 영광 하나님께 올려드립니다. 감사드리며 예수 그리스도의 이름으로 기도드립니다. 아멘

*핵심 요약 (휘포밈네스코, ὑπομιμνήσκω & 디다스코, διδάσκω) 해석

1. **수전절**(the Feast of Dedication or Light, 하누카, 빛의 축제), **봉헌절, 광명절**: 성전 봉헌을 기념하는 절기, 히브리어로는 하누카(חֲנֻכָּה, dedication, consecration, Hanukkah, 빛의 축제)로 불림

엥카이니아(ἐγκαίνια, nn, dedication, renewal (of religious services)): '어둠을 밝히다'라는 의미→히브리서에서 사용된 엥카이니조(ἐγκαινίζω: 히 9:18/세우다, 10:19-20/열어 놓다)의 명사형

수전절: "피흘림"과 관련→어둠을 밝히면서 성전 봉헌을 기념하는 것은 예수님의 십자가 보혈이라는 몸 된 성전을 봉헌한 것을 상징→이를 통해 죄와 사망의 굴레라는 어두움에서 벗어나 빛의 자녀가 되었음을 나타낸다.

태양력으로 12월 25일부터 8일 동안 열림

가지가 9개인 촛대(hanukkiyah)에 불을 밝혔기 때문에 빛의 축제(등화제, Lights)라고 함

BC 164년경 셀류코스(Σέλευκος) 왕조의 안티오쿠스 에피파네스 4세(마 24:15, 살후 2:4)의 예루살렘 정복으로부터 유다 마카비(Judas Maccabeus, BC 164)가 봉기를 일으켜 스룹바벨 성전을 되찾은 후 이교도의 신상(제우스)을 치워 버리고 불을 밝혀 신께 성전을 봉헌(봉헌절)했던 것을 기념하는 절기

수전절을 배경으로 성전에서 봉헌(의식 행위, 제사)하는 행위: "나와 아버지는 하나(10:30)"→∴성전의 실체이신 예수를 믿고 따르면 "영생을 얻게 될 것(10:28)"

*진정한 성전 봉헌: 진정한 성전이신 예수님이 십자가에 못박혀 하나님께 희생제물(의로우신 예수님은 유월절 어린 양이시다. 義 = 羊 + 我)로 드려지는 것임을 '수전절(봉헌절, 광명절)'을 통해 드러냄→사도 요한이 유대인의 절기인 수전절을 특별히 언급한 이유: 성전의 실체(요 2:21)로 오신 예수님은 정작 솔로몬 행각에 머물게 하면서 하찮은 모형인 성전을 봉헌하며 절기를 지키고 있는 유대인을 꼬집기 위함→그런 유대인들을 가리켜 '겨울(자기 의(義), 행위 율법)에 속한 자', '영적 어두움에 속한 자(요 1:5; 13:30)'→"때는 겨울이라(요 10:22)"고 상징적으로 슬쩍 언급함

한편 예레미야는 겨울에 속한 자인 유대인들의 경우 여름도 지나고 추수할 때도 지나 버린, 즉 구원을 얻지 못할(렘 8:20) 자들이라고 일갈하고 있다.

2. 칼빈이나 루터: 양의 우리를 하나님나라로 해석

오늘날의 교회 공동체(현재형 하나님나라)로도 해석

Part II The Book of Signs

레마 이야기 11. 나사로가 잠들었도다 그러나 내가 깨우러 가노라(7th sign)

일곱 가지 표적들의 이야기를 보여주고 있는 요한복음의 제2부 "표적들의 책(The Book of Signs, 요 1:19-12:50)"을 통하여는 일관되게 "예수, 그리스도, 생명"이심을 드러내셨다. 특히 이곳 11장은 앞서 언급했던 여섯 가지 표적 후의 마지막 절정(climax)인 일곱 번째 표적(7th sign), 곧 죽은 지 나흘이나 지나버린[45], 완전히 죽은 나사로의 다시 살아남을 보여주고 있다.

한편 성경에는 "부활이요 생명이신" 예수 그리스도를 드러내고자 죽은 자를 살렸던 이야기가 몇 번 나오는데 각각 살아난 시간이 조금씩 다르다. 야이로 딸의 경우에는 "죽은 직후에(막 5:22; 눅 8:41)", 나인성 과부의 아들은 "장사되기 직전에(눅 7:11-17)" 살아났다. 나사로의 경우는 "무덤에 있은 지 나흘(11:17)"이었다.

결국 예수님은 죽은 자를 살리실 뿐만 아니라 예수님만이 죽음(사망, 어

---

[45] 고온 다습한 팔레스타인 기후를 감안하면 나사로가 무덤에 있은 지 나흘이라고 했는데 이 정도 기간이면 부패뿐만 아니라 회생될 가능성은 아예 없는 완전한 죽음을 의미한다. 유대인들의 전통적인 관념은 사람이 죽으면 3일 동안은 그 영혼이 시신을 떠나지 않고 머물면서 혹시라도 있을지 모를 소생의 기회를 기다린다(계 11:9)고 믿었다. 그렇기에 유대인들은 7일 동안 장례식을 거행하곤 했다. H.L Strack & P. Billerbeck, Kommentar zum Neuen Testament aus Talmud und Midrash II, p544, 『그랜드 종합주석 13권』, p808 재인용

두움, 죄의 굴레)을 몰아내는 영생의 원천(근원)이심을 증거하고 있는 것이다. 곧 "예수님만이 부활이요 생명이시며 그리스도 메시야로서 세상에 오시는 하나님의 아들"이심을 선언(요 11:25-27)하고 있다. 특별히 25절의 "예수를 믿는 자는 죽어도 살겠고"와 26절의 "살아서 예수를 믿는 자는 영원히 죽지 아니하리니"라는 말씀은 묵상할수록 생생하게 와 닿으며 가슴 벅차기도 하다.

모든 인간은 반드시 한 번은 육신적 죽음(히 9:27)을 맞게 된다. 그러나 크게 염려할 필요도 두려워할 필요도 없다. 왜냐하면 앞서 간 우리 선배 그리스도인들이나 우리들은 육신적 죽음(아날뤼시스, 딤후 4:6) 후 곧장 변화(고전 15:51-52)된 몸 부활체(고전 15:42-44)로 다시 살아나 지금도 앞으로도 영원히 영생 가운데 있게 될 것이기 때문이다.

분명한 것이 있다면, 부활체는 시공을 초월한다는 점과 백보좌 심판을 통과한 후 즉시 신원(Vindication)을 받아 장소 개념의 미래형 하나님나라에서 영생을 누리게 된다는 점이다.

그러므로 '죽어도(과거에 죽었어도) 살겠고(지금 부활체로 영생을 누리겠고)'라는 말씀 속에는 지난날 육신적 죽음(아날뤼시스, 딤후 4:6)을 통과했던 그리스도인들(혹은 택정함을 입은 자들)의 경우 그때 즉시 부활체로 다시 살아나(둘째 부활) 지금까지 시공을 초월한 부활체로서 영생을 누리고 있다는 말이다.

더 나아가 '살아서 나를 믿는 자는 영원히 죽지 아니하리라'고 하셨는데 이는 살아생전에 예수를 믿어 영적(첫째) 부활 후에는 already~not yet으로 육신의 장막을 벗는 그날까지 그렇게 살다가 육신적 죽음(아날뤼시스, 딤후 4:6) 곧 현재형 하나님나라에서 미래형 하나님나라에로의 이동(옮김) 후에는 즉시 부활체로 다시 살아나⁽둘째 부활⁾ 영생을 누리기에 영원히 죽지 아니하리라고 하셨던 것이다.

요약하자면, 오늘을 살아가는 우리는 영적 죽음⁽영적 사망⁾으로 태어나 예수를 믿어 영적 부활⁽첫째 부활⁾한 가운데 already~not yet이긴 하나 영생(already~not yet)을 누리며 현재형 하나님나라를 살아간다. 장차 육신적 죽음인 아날뤼시스⁽이동 혹은 통과⁾ 후에는 곧장 변화된 몸, 부활체로 다시 살아나 백보좌 심판대에서 신원을 거쳐 영생을 누리며 미래형 하나님나라를 살아가게 될 것이다.

일단의 학자들은, 요한복음 11장 25절⁽예수를 믿는 자는 죽어도 살겠고⁾은 예수님 초림 전⁽前⁾의 구약시대의 택정된 자를 의미하며 26절⁽살아서 예수를 믿는 자는 영원히 죽지 아니하리니⁾은 초림 후⁽後⁾의 신약시대의 택정된 자를 상징한다고 했다. 수긍은 된다. 분명한 것은 인간에 대한 하나님의 구원은 당신의 작정과 예정에 따른 섭리 하의 경륜이므로 말 그대로 신비영역이며 그 오묘함에는 논리적 이해보다는 그저 감사할 것밖에 없음을 알아야 한다.

이곳 11장에는 베다니⁴⁶의 죽었던 나사로가 살아나는 이야기가 언급되고 있다. 이때 단골 메뉴처럼 등장하는 두 명의 누이가 있는데 곧 마르다와 마리아⁽12장(1-8)의 향유 옥합 이야기와 머리털⁾이다. 이 둘의 성격은 아주 극명하기

---

46 베다니라는 지명은 둘이 있어 혼동하기 쉽다. 요한복 1장 28절의 요단강 건너편 베레아 지방의 베다니(Bethany, beyond Jordan)는 세례 요한이 예수님을 비롯한 많은 사람들에게 세례를 베풀던 곳이다. 또 다른 베다니는 예루살렘 근처에 위치한 지역으로 마르다와 마리아, 나사로의 집이 있던 마을이다⁽막 11:1, 눅 19:29, 요 11:1, 18, 12:1, Bethany, the home of Lazarus, Martha, and Mary, near Jerusalem⁾. 한편 "베다니(Βηθανία, nf, "house of affliction" or "house of dates", Bethany, the name of two cities in Palestine)"라는 헬라어는 히브리어 베이트(בֵּית)와 아니 아흐(אֳנִי)의 합성어(house of depression or misery (cf. B. D. American edition)로 '번뇌⁽고통⁾하는 자의 집, 날짜의 집, 대추야자⁽마 21:17, 요 11:1⁾의 집'이라는 의미이다

로 유명하다.

	마르다	마리아
사역 Type	Frontier Missionary 사역, 활동	Teaching Missionary 학자, 교수, 연구
초점 (Focus on)	기적 표적 일어난 결과(가시적)에 관심	예수님의 능력 가시적 & 비가시적인 것에 무관하게 예수님께만 관심과 초점(11:29)
관심	세상사 육적인 것 분주함	말씀(찬양, 기도) 영적인 것 묵상, 사색(정중동)
기초	불신이 또아리를 틈 이기심, 원망에 기원	믿음에 기초 수동적(한발짝 물러서는)
명칭(언어)	선생님(11:28)	주님(11:29)
속마음	빨리 오셨으면 혹시나?	주님이 계셨더면 반드시!

　마르다의 경우 적극적이고 분명한 성격이어서 분주하고 흥분을 잘하며 감정을 쉽게 노출하는 성격이라면 마리아는 조용하고 온화하며 사색적이고 다소 소극적인 성격이다.

　그렇기에 11장 21절과 32절은 토씨 하나 틀리지 않는 동일한 말씀(주께서 여기 계셨더면 내 오라비가 죽지 아니하였겠나이다)이지만 21절 마르다의 말에는 예수님이 계시지 않았던 것에 대한 설움, 슬픔, 비통이 담겨 있다면, 32절 마리아의 말에는 예수님이 계셨다면 나사로가 죽지 않았을 것이라는 확신이 들어있다.

　결국 성경은 내재된 의미(동일한 말일지라도 그들 두 자매의 성격에 따른 속마음)를 간과한 채 문자적으로만 해석하다 보면 엉뚱하게 이해할 수 있음을 알아야 한다. 더 나아가 상기 두 자매를 돌아보며 우리 또한 육적인 것과 영적인 것, 믿음과 불신 등등 우리의 마음이 어디에 더 많이 쏠려 있는지를 정기적으로 점검하는 것이 바람직하다.

 죄와 허물로 죽을 수밖에 없었던, 영 죽을 죄인(영적 죽음상태)이었던 우리가 예수를 믿으면, 시공(時空)에 관계없이, 믿음(피스티스, 만세 전에 하나님의 은혜로 택정하심 속에 주어진, 허락하신, 주신 믿음)으로 그 즉시 영적 죽음에서 영적 부활(첫째 부활, 자유함을 얻음. 롬 8:1-2)되어 현재형 하나님나라에서 성령님을 주인으로 모시고 그날까지 유한된 한 번의 인생을 비록 already~not yet이기는 하나 영생을 누리며 살아가게 된다. 이후 육신적 죽음(아날뤼시스)을 통과한 후에는 즉시 변화된 몸 부활체로 영원히 미래형 하나님나라에서 영생을 누리게 된다.

 사족을 달자면 한 번 인생에서 반드시 맞닥뜨리게 되는 '육신적 죽음'에서의 '죽음'이란 현재형 하나님나라에서 미래형 하나님나라에로의 이동(옮김, 아날뤼시스)이기에 계속하여 하나님나라(현재형과 미래형의 차이뿐)에서 영생을 누리며 살아가는 것이다. 그러므로 창세 전에 하나님의 은혜로 택정함을 입은 자는 때가 되면 복음이 들려져 반드시 돌아오게(영적 부활, 첫째 부활) 되어 있으며 예수를 믿는 즉시 살아나(영적 부활, 첫째 부활) 비록 already~not yet이기는 하나 영생을 누리게 되고 아날뤼시스 후에는 부활체로 영생을 누리게 되는 것이다.

 결국 예수를 믿고 나면 그 즉시로 현재형 하나님나라를 살아가는(already~not yet) 것이며 장차 미래형 하나님나라에서 영원히 영생을 누리게

⁽부활체⁾됨으로 지금도 앞으로도 영원히 '하나님나라'를 살아가는 것이라는 말이다. 할렐루야!

*핵심 요약 (휘포밈네스코, ὑπομιμνῄσκω & 디다스코, διδάσκω)

1. 요 11:25-26 & 그 의미(해석)

2. 베다니

*강청기도

성부하나님을 찬양합니다. 성자하나님을 찬양합니다. 성령하나님을 찬양합니다. 삼위일체 하나님 한 분 만으로 만족하겠습니다. 삼위일체 하나님께만 영광 돌리겠습니다. 6장에서는 5병 2어를 통해 예수님만이 생명의 떡이요 참 떡, 하늘로서 내려온 산 떡이심을 보여주셨고 이어 7장에서는 초막절을 배경으로 예수님만이 진정한 생수이시다라고 하셨습니다. 8장에서는 예수님만이 세상의 빛, 생명의 빛이라고 하셨습니다. 9장에서는 그런 생명의 빛, 세상의 빛이신 예수님을 통해 나면서부터 소경인 사람을 고치심을 보여주셨습니다. 10장에서는 양의 목숨을 지키기 위해 당신의 목숨까지도 불사(不死)하는 예수님만이 진정한 목자, 선한 목자, 참 목자임을 말씀하셨습니다. 그 예수님의 음성을 듣고 그 예수님만 따라가는 우리가 되게 하옵소서. 이곳 11장에서는 앞서 언급했던 여섯 가지 표적 후의 마지막 절정(climax)인 일곱 번째 표적(7th sign), 곧 죽은 지 나흘이나 지나버린, 완전히 죽은 나사로의 살아남을 보여주셨습니다. 다시 한번 더 '예수, 그리스도, 생명'이심을 깨닫게 됩니다. 그런 예수님을 사랑합니다. 성령님을 사랑합니다. 성부하나님을 사랑합니다. 삼위일체 하나님께 모든 영광을 올려드립니다. 감사드리며 예수 그리스도의 이름으로 기도드립니다. 아멘

핵심 요약 (휘포밈네스코, ὑπομιμνήσκω & 디다스코, διδάσκω) **해석**

1. "예수께서 가라사대 나는 부활이요 생명이니 나를 믿는 자는 죽어도 살겠고 무릇 살아서 나를 믿는 자는 영원히 죽지 아니하리니 이것을 네가 믿느냐"_요 11:25-26

➜모든 인간은 한 번은 반드시 육신적 죽음(히 9:27)을 맞이하게 된다. 그러나 크게 염려할 필요도 두려워할 필요도 없다. 왜냐하면 앞서 간 우리의 선조 그리스도인들은 이미 죽었다고 하더라도 육신적 죽음(아날뤼시스) 후 곧장 변화된 몸 부활체(고전 15:42-44)로 다시 살아나 지금도 영생을 누리고 있으며 앞으로도 영원히 영생을 누리기 때문이다. 부활체로서 시공을 초월한 그들은 백보좌 심판을 통해 이미 신원(Vindication)을 받아 장소 개념의 미래형 하나님나라에서 영생을 누리고 있는 것이다. 그러므로 '죽어도(과거에 죽었어도) 살겠고(지금 살아 있어서 영생을 누리겠고)'라고 말씀하신 것이다.

오늘을 살아가는 우리는 영적 죽음 가운데 태어나 예수를 믿음으로 부활(첫째 부활) 가운데 영생(already~not yet)을 누리며 현재형 하나님나라를 살아가고 있다. 장차 아날뤼시스(이동 혹은 통과) 후 곧장 부활체로 영생을 누리며 미래형 하나님나라를 살아가게 될 것이다. 그러므로 우리에게 있어 육신적 죽음은 '죽음이 아니라 이동'이기에 '살아서 예수를 믿는 자는 영원히 죽지 아니하리라'고 하셨던 것이다.

2. 2개의 베다니

1) 요단강 건너편 베레아 지방의 베다니(Bethany, beyond Jordan, 요 1:28): 세례 요한이 예수님을 비롯한 많은 사람들에게 세례를 베풀던 곳

2) 또 다른 베다니: 예루살렘 근처에 위치한 지역으로 마르다와 마리아, 나사로의 집이 있던 마을(막 11:1, 눅 19:29, 요 11:1, 18, 12:1, Bethany, the home of Lazarus, Martha, and Mary, near Jerusalem)

*한편 "베다니(Βηθανία, nf, "house of affliction" or "house of dates", Bethany, the name of two cities in Palestine)"라는 헬라어는 히브리어 베이트(בֵּית)와 아니아흐(עֲנִיָּה)의 합성어(house of depression or misery (cf. B. D. American edition)로 '번뇌(고통)하는 자의 집, 날짜의 집, 대추야자(마 21:17, 요 11:1)의 집'이라는 의미이다.

Part II The Book of Signs

레마 이야기 12. 향유 옥합 도유 이야기

비유(parable): 헌금 이야기(진정한 헌신과 섬김에 대한 이야기)
우화(allegory): 장례(葬禮) 이야기(인자가 들려야 하리라, 요 12:32-34), **복음 이야기**

    12장은 표적들의 책(The Book of signs) 중 마지막 장으로서 앞선 11장과 이곳 12장은 매우 긴밀한 상관관계가 있다.

    11장에서는 하나님의 은혜로 만세 전에 택정된 자로 예표된 인간 나사로의 완전한 죽음(11:27)과 예수 그리스도로 말미암아 그의 다시 살아나게 됨(11:42-43)을 대조하며 보여주셨다. 12장에서는 그 결과 잔치가 베풀어지고(12:2) 나사로는 예수님과 함께 식탁에 앉아 음식을 먹게 된다. 마치 목자이신 예수님의 인도하심을 따라갔던 양이 잔잔한 시냇물 가와 푸른 초장에서 여유롭게 즐기며 풍성한 꼴을 먹는 모습을 연상할 수 있다(시편 23편). 더 나아가 어린 양의 혼인 잔치인 장차 미래형 하나님나라에서의 삶까지도 살짝 상상하게 한다.

    이는 우리가 대속 제물 되신 예수 그리스도(엡 2:13, 5-6)로 말미암아 이 땅에서 살아나(영적 부활, 첫째 부활) 비록 already~not yet 상태이기는 하나 현재형 하나님나라를 누리다가 육신적 죽음 후에는 부활체로 장차 그곳 미래형 하나님나라에서 예수님과 더불어 영생을 누리게 될 것을 보여주는 것이다(요 14:3; 17:22; 계 22:3).

여인의 향유⁴⁷옥합 도유(塗油, 바를 도, inunction, anointing) 이야기(episode)는 비유(parable)로 해석하면 '진정한 헌신과 섬김에 대한 이야기'로서 일종의 '헌금 이야기'이지만 우화(allegory)적으로 해석하면 예수님의 '장례(葬禮) 이야기(인자가 들려야 하리라, 요 12:32-34)'이자 '복음 이야기(마 26:13, 막 14:9)'임을 알아야 한다.

먼저 '헌금⁴⁸ 이야기'라 함은 최고(not one of best but best one)의 예물로서의 향유 옥합을 드리는 것이 바로 참된 헌금이라는 것이다. 더 나아가 그렇게 드린 헌금이 바로 예배라는 의미이다. 종국적으로 최고의 헌금 곧 최고의 예배는 예수 그리스도의 십자가 죽음에 동참하는 것(12:7-8)임을 함의하고 있다. 그러므로 향유 옥합 이야기를 언급할 때 단순히 예물을 드림이나 섬김에 그쳐서는 안 된다. 그리스도와 함께 십자가에 못 박히는 데까지 나아가야 한다(갈 2:20).

둘째, '장례 이야기'라 함은 그리스도 메시야로서 성부하나님의 유일한 '기름부음'을 받아 구속주로 이 땅에 오신 초림의 예수님께서 다시 향

---

47 "나드(νάρδος, nf, nard (spikenard); an Indian plant, "the nardostachys nardus jatamansi, used for the preparation of a fragrant ointment; ointment of nard: Mk 14:3; Jn 12:3" (Abbott-Smith))"는 아가서 1장 12절에 나오는 나도(נֵרְדְּ, nard) 기름의 향유로서 동인도 지방에서 나는 아주 비싼 향유이다. 300데나리온은 오늘날의 화폐 가치로 환산해 보면 약 $20,000 이상이다. 예수님의 몸값이었던 은 30세겔은 $200 정도의 가치였다. 향유 옥합 도유는 '순종, 순결, 헌신, 약속'이라는 의미가 있다. 한편 "머리털로 발을 씻는 것"은 머리를 풀어야만 가능한 동작이며 '머리를 푼다'는 것은 철저하게 죄인이며 부정한 자임을 드러내는(민 5:18) 진정한 신앙고백이다. 동시에 여인에게 있어 머리카락은 최고의 것 즉 영광을 의미(고전 11:15)한다. 결국 "발을 씻겨주는" 행위는 '순복(順服)'과 함께 철저한 겸손, 그리고 스스로 종임을 드러낸 것이다.

48 헌금이란 하나님을 '위하여'가 아닌 감사함으로 하나님을 '향하여' '드리는 것이다. 고린도후서 8-9장은 대표적인 연보(捐補, 버릴 연, 도울 보, 헌금)장이다.

유 옥합으로 '기름부음'을 받고 성부하나님의 뜻을 따라 십자가 보혈을 흘리게 될 것을 상징하는 것으로 예수님의 죽음을 암시하며 준비하는 장례 이야기라는 의미이다. 곧 성부하나님은 예수님께 향유 옥합을 부었던 마리아를 당신의 도구로 들어 쓰셔서 구속주로서의 '기름부음'을 받았던 예수님을 우리에게 재차 알려주신 것이다. 결국 향유 옥합으로 '기름부음'을 받은 것은 이 땅에 오신 그리스도 메시야(성부하나님의 기름부음을 받으심)이신 구속주 예수님의 십자가 보혈로 성부하나님의 구속 계획을 성취하기 위함임을 알려주신 것이다.

셋째, '복음 이야기'라 함은 마치 가나 혼인잔치(요 2장)의 '포도주'가 기쁨과 희락을 상징하듯 향유 옥합 도유 이야기에서의 '향유' 또한 기쁨과 희락을 상징(사 61:1-3)하는 것과 동일한 패턴이다. 여기서 '향유'나 '포도주'는 예수 그리스도 곧 복음을 상징한다. 이는 마치 초림의 예수께서 십자가 보혈로 대속 죽음을 통해 다 이루신 후 우리의 죄가 온전히 사해짐으로 기쁨과 희락이 주어진 것과 맞닿아 있다. 동시에 부활 후 승천하셨다가 승리주이신 예수께서 재림하셔서 있게 될 '어린 양의 혼인잔치'에서의 기쁨 곧 장차 미래형 하나님나라에서 삼위일체 하나님께 찬양과 경배를 올리게 될 하늘나라 잔치에서의 기쁨을 가리키고 있다. 이는 최고의 복된 소식 곧 복음이기에 향유 옥합 도유 에피소드는 '복음 이야기'인 것이다.

11장에서 보았듯이 나사로의 죽음은 하나님과 예수 그리스도의 영광을 위해(11:4) 허락된 것이었다. 곧 나사로의 죽음에는 예수 그리스도의 죽음이 전제되어 있고 나사로의 다시 살아남(11:43-44)에는 예수님의 부활이 전제되어 있다. 그렇기에 나사로의 다시 살아남은 성부하나님과 예수 그리스도의 영광으로 이어진다(요 11:4). 즉 나사로의 죽음이 예수님의 죽음으로, 나사로의 다시 살아남이 예수님의 부활로 연결되어 하나의 그림처럼 연결되어 있는 것이다.

결론적으로 여인의 향유 옥합 도유(塗油, 바를 도, inunction, anointing) 이야기(episode)는 '헌금 이야기'로서 최고의 헌금이란 가장 귀한(best one) 것을 드리는 것이며 그 예물이 바로 예배라는 것이다. 또한 "예수, 그리스도, 생명"임을 드러내기 위한 유월절 어린 양이시고 대속 제물이신 예수님의 '장례 이야기'이며 구속주(Savior) 예수로 인해 인간의 구원이 성취되는 '복음 이야기'라는 것이다.

그러므로 여인의 향유 옥합 도유 이야기는 단순히 헌신이나 섬김의 교훈에만 그쳐서는 안 된다(시 50:7-15; 신 12:5-7). 마태복음(26:12-13)과 마가복음(14:8-9)에는 여인의 향유 옥합 도유 이야기 끝에 '복음이 전파되는 곳에 이 여인의 이야기가 함께 전해질 것'이라는 말을 붙임으로 향유 옥합 도유 이야기는 복음 이야기임을 더욱 선명하게 드러내고 있다.

참고로 사복음서에는 향유 옥합 도유 이야기가 조금씩 차이가 있는데 다음과 같다.

	마 26:6-13	막 14:1-9	눅 7:36-50	요 12:1-8
장소	베다니 문둥이 시몬의 집(6)	베다니 나병 환자 시몬의 집(3)	예의없는 시몬 (마, 막; 시몬과 동명이인) 바리새인의 집(44-45, 36) *창녀(베다니 마리아) 였던 여자가 향유도유 (8:2 일곱 귀신들린 막달라 마리아는 아님)	베다니 나사로의 집(1) 마르다의 남편 : 시몬(전, 나병, 현, 치유됨)
시기	유월절 이틀 전	유월절과 무교절 이틀 전	공생애 중 (초기)	유월절 엿새 전
	잔치에서 예수님의 책망을 들은 유다의 배신에 초점 공회에서 예수를 죽이기로 결의		시간 순서	
도유	머리 7	머리 3	발 38	발 3
이유	예수의 장사 준비(12)	예수의 장례 준비(8)	본인의 죄인 됨 고백(38-39) & 죄사함(48)	예수의 장사 준비(7)

한편 "인자가 들려지는 것"이란 예수 그리스도의 십자가 수난을 의미하며 구속주로서의 "다 이루심(테텔레스타이)"이자 예수 그리스도 새 언약의 "성취"를 말한다.

그런 예수님만이 그리스도, 메시야이시며 구원자이시고 진정한 대속 제물, 화목 제물 되셨던 분이시다. 그 예수님만이 길이요 진리요 생명이시다.

결국 예수님의 "십자가 들림(초림의 대속 제물, 화목 제물)"을 드러내기 위해 11장에서는 나사로의 '죽음'을 보여주셨고 동시에 소망을 주시기 위해 '다시 살아남'을 보여주셨다. 그리하여 12장에서는 여인의 향유 옥합 도유 이야기가 등장하고 있는 것이다.

★핵심 요약 (휘포밈네스코, ὑπομιμνήσκω & 디다스코, διδάσκω)

1. 향유 옥합 이야기

    비유(Parable)–헌금이야기

    우화(Allegory)–장례이야기, 복음이야기

2. 나드

3. 연보(헌금)에 대한 바른 자세, 십일조

4. 7가지 표적들과 위치(지도)

5. 7가지 자기 선언(에고 에이미)

*강청기도

성부하나님을 찬양합니다. 성자하나님을 찬양합니다. 성령하나님을 찬양합니다. 남은 여생에 삼위일체 하나님 한 분 만으로 만족하겠습니다. 삼위일체 하나님께만 영광 돌리겠습니다. 6장에서는 5병 2어를 통해 예수님만이 생명의 떡이요 참 떡, 하늘로서 내려온 산 떡이심을 보여주셨고 이어 7장에서는 초막절을 배경으로 예수님만이 진정한 생수이시라고 하셨습니다. 8장에서는 예수님만이 세상의 빛, 생명의 빛이라고 하셨습니다. 9장에서는 그런 생명의 빛, 세상의 빛이신 예수님을 통해 나면서부터 소경인 사람을 고치심을 보여주셨습니다. 10장에서는 양의 목숨을 지키기 위해 당신의 목숨까지도 불사(不死)하는 예수님만이 진정한 목자, 선한 목자, 참 목자이심을 말씀하셨습니다. 그 예수님의 음성을 듣고 그 예수님만 따라가는 우리가 되게 하옵소서. 11장에서는 앞서 언급했던 여섯 가지 표적 후의 마지막 절정(climax)인 일곱 번째 표적(7th sign), 곧 죽은 지 나흘이나 지나버린, 완전히 죽은 나사로의 살아남을 보여주셨습니다. 다시 한번 더 '예수, 그리스도, 생명'이심을 깨닫게 됩니다. 나사로의 완전한 죽음(11:27)과 예수 그리스도의 십자가 대속 죽음, 나사로의 다시 살아남과 예수님의 부활(11:42-43), 그 결과 잔치(어린 양의 혼인잔치, 미래형 하나님나라에서의 삶)가 베풀어지는 것을 보여주셨습니다. 십자가 승리와 부활의 기쁨 속에 더욱더 소망(엘피스, 미래형 하나님나라에의 입성과 영생)을 붙들고 살아가게 하옵소서. 표적들의 책(The Book of Signs)중 마지막 장인 이곳 12장에서는 여인의 향유 옥합 도유(塗油, 바를 도, inunction, anointing) 이야기(episode)를 통해 '진정한 헌신과 섬김'으로의 헌금 이야기를 들려주셨습니다. 동시에 예수님의 '장례(葬禮) 이야기(인자가 들려야 하리라, 요 12:32-34)'이자 '복음 이야기'임을 가르쳐 주셔서 감사드립니다. 받은 바 교훈대로 하나님의 뜻을 따름으로 하나님의 기쁨이 되게 하옵소서. 삼위일체 하나님께 모든 영광을 올려드립니다. 감사드리며 예수 그리스도의 이름으로 기도드립니다. 아멘

*핵심 요약 (휘포밈네스코, ὑπομιμνήσκω & 디다스코, διδάσκω) 해석

1. 향유 옥합 이야기

비유(Parable적 해석): 헌금 이야기

우화(Allegory)적 해석: 장례 이야기, 복음 이야기

2. "나드(νάρδος, nf, nard (spikenard): an Indian plant, "the nardostachys nardus jatamansi, used for the preparation of a fragrant ointment: ointment of nard: Mk 14:3; Jn 12:3" (Abbott-Smith))": 아가서 1장 12절에 나오는 나도(נֵרְדְּ, nard) 기름의 향유로서 동인도 지방에서 나는 아주 비싼 향유

300데나리온: 오늘날의 화폐 가치로 환산해 보면 약 $20,000 이상이다. 참고로 예수님의 몸값이었던 은 30세겔은 $200 정도의 가치였다.

향유 옥합 도유: '순종, 순결, 헌신, 약속'을 상징

"머리털로 발을 씻는 것": 머리를 풀어야만 가능한 동작이며 '머리를 푼다'는 것은 철저하게 죄인이며 부정한 자임을 드러내는(민 5:18) 진정한 신앙고백이다. 동시에 여인에게 있어 머리카락은 최고의 것, 즉 영광을 의미(고전 11:15)한다. 결국 "발을 씻겨주는' 행위는 '순복(順服)'과 함께 철저한 겸손, 그리고 스스로 종임을 드러낸 것이다.

3. 헌금: 하나님을 '위하여'가 아닌 감사함으로 하나님을 '향하여' '드리는 것'

고린도후서 8-9장: 대표적인 연보(捐補, 버릴 연, 도울 보, 헌금)장→당시 가장 가난했던 마케도니아 교회는 연보에 대한 고린도후서의 말씀을 잘 알고 있었기에 희생제물로서의 연보를 자원함으로 기쁘게, 감사함으로 넘치게 드릴 수 있었다.

연보 시 그리스도인의 바른 태도: 나눔(그리스도 안에서 하나) & 잘못된 동기 배제→관대함(고후 8:2)→희생정신(8:3)→자원함(8:3, 17)→철저히 준비(9:5)→감사함으로(9:12)

헌금이란 하나님을 위한 것도 아니요 단순히 상대를 돕기 위한 것도 아니다. 그저 하나님께서 우리에게 베푸신 구원의 은혜를 예물로서의 헌금으로 신앙고백하는 것이며 더 나아가 우리를 위해 희생제물 되신 예수를 본받아 우리 또한 희생제물이 되겠다는 신앙고백의 행

위이다. 그러므로 헌금을 드리는 것은 예배(고후 8:1, 고전 16:2, 행 20:7, 계 1:10)이다→헌금: 축복의 통로X→이미 복받은(바라크, בָּרַךְ, v, to kneel, bless) 사람, 복 있는(에세르, אֶשֶׁר, nm/, אָשַׁר, v, to go straight, go on, advance) 사람의 마땅히 해야 할 감사이다.

십일조(신 14:22-29): 단순한 물질이 아니라 구원받은 백성이 마땅히 드려야 하는 신앙고백이요 감사 정신→십일조의 '조(條)'는 나무가지 조인데 이는 그 나무 전체를 대표할 수 있는 최고의 가지라는 의미 & 십일조는 감사의 정신과 함께 나머지 아홉도 모두 주의 뜻대로 사용하겠다는 결단→모든 그리스도인들은 십일조를 통해 신앙고백. 축복의 통로(계약금)가 아니다.

원래 구약의 십일조: 44.9+a%(레위인 10%, 가족들의 잔치 10%, 약자 보호 3.3%, 추수 시 밭의 네 귀퉁이 21.6%, 추수 시 떨어진 것 주우면 안 됨, 레 19:10)

창세기 14장 17절 아브라함이 멜기세덱에게 주었던 그 십일조가 기원이다(신 14장: 느 10:37-38: 말 3:7-8: 히 7:2,4).

4. 갈릴리 사역: 1(첫째 표적, 가나)→2(둘째 표적, 가버나움)→4(넷째 표적, 벳새다)→5(다섯째 표적, 갈릴리 바다)

예루살렘 사역: 3(셋째 표적, 베데스다)→6(여섯째 표적, 실로암, 맹인)→7(일곱째 표적, 베다니, 나사로)

5. 에고 에이미

→하나님의 떡(6:33), 생명의 떡(6:48)

→세상의 빛, 생명의 빛(8:12)

→양의 문(10:9)

→선한 목자(10:11)

→부활, 생명(11:25)

→길, 진리, 생명(14:6)

→포도나무(15:1)

괴짜의사 Dr. Araw의
쉽고 바르게 읽는 요한복음 장편(掌篇)강의 (Handbook)

은혜 위에 은혜러라

Part III

The Book of Glory

Part III The Book of Glory

레마 이야기 13. 세족식
이미 목욕한 자는 발 밖에 씻을 필요가 없느니라

요한복음은 크게 네 부분으로 1장 1절부터 18절까지의 프롤로그 (Prologue), 1장 19절에서 12장 50절까지의 일곱 가지 표적들을 통한 "예수, 그리스도, 생명"이심을 드러내는 표적들[49]의 책(The Book of Signs), 마지막 에필로그(Epilogue)인 21장 1절에서 25절까지와 이 장(13:1~20:31)부터 시작되는 세째 부분인 "영광의 책(The Book of Glory)"이다. 여기서 '영광'이란 영광이 '되신' 성자예수님(성자예수님의 영화), 영광을 '받으신' 성부하나님(성부하나님의 영화)이라는 의미이다.

예수님은 모든 것을 아버지 하나님의 뜻(인간의 구속 계획)을 따라 행하셨고 그 어느 것 하나 그 무엇 하나 결코 앞서가지 않으셨다. 그런 예수님은 공생애 전(前, BC 4~AD 26)에도 수동적 입장을 취하셨고(Messianic Secret) 공생애 동안(AD 26~AD 30년 중반)의 모든 사역(Messianic sign=Healing Ministry) 또한 아버지 하나님의 뜻을 따라 행하시다가 종국적으로 아버지의 뜻(구속 계획)을 따라 십자가 보혈로 "다 이루셨다(구속 성취)".

---

49 매번 강조하지만 이들 표적(사인, sign)들을 세세하게 보여주심은 초현실적인 기적(miracle) 그 자체에 관심을 둘 것이 아니라 "예수, 그리스도, 생명"이심에 주목하라는 것이다.

'영광'이란 단어는 중의적 의미를 지니고 있는데 첫째, 삼위일체 하나님을 찬양하고 경배하며 영광의 박수를 올려드리는, 곧 '올려드리다'라는 의미와 둘째, 삼위일체 하나님의 능력과 속성, 성품을 이 땅에 '드러내다'라는 의미가 있다. 전자가 영광을 '받으신' 성부하나님이라면 후자는 영광이 '되신' 성자예수님이다.

초림하신 구속주 예수님은 가장 낮은 자로 성육신(incarnation)하셔서 십자가 보혈을 통해 대속 사역을 온전히 이루심으로(테텔레스타이) 하나님께 영광을 돌리셨다. 성부하나님은 영광을 받으신 것이다.

죽으시고 부활하신 진정한 구속주(Savior) 예수님은 승천하심으로 승리주 하나님이 되셨다. 영광이 되신 예수님이시다.

예수님은 하나님의 우편에 승리주로 계시다가 아버지 하나님의 때와 기한이 되면 심판주로 재림하셔서 모든 것을 심판(백보좌심판)하실 것이다.

결국 기능론적 종속성과 존재론적 동질성의 삼위일체 하나님의 개념을 잘 알고 삼위일체 하나님의 완벽한 공동사역을 잘 알아야 '영광'의 개념을 바르게 이해할 수 있다.

이곳 13장은 예수님의 십자가 죽음과 부활이 예표 되어있는 세족식 50(Maundy Thursday: Pedilavium)으로 시작한다.

유월절을 앞두고 예수님은 "겉옷을 벗고 수건을 가져다가 허리에 두

---

50 또한 예수님의 세족식을 행하시는 모습에서 사용된 두 동사인 13장 4절의 "벗고(눅 17:8, 12:35-37, 전형적인 노예의 모습)"와 13장 12절의 "입으시고"라는 헬라어를 묵상하면 말씀은 더욱 풍성해진다. 전자의 "벗고(티데미; τίθημι; to place, lay, set, fix)"라는 것은 '목숨을 버리다'는 의미로서 예수 그리스도의 십자가 죽음을 상징한다. 반면에 후자인 "입으시고(람바노; λαμβάνω; to take; receive)"라는 것은 예수님이 십자가에서 죽으심으로 모든 것을 다 이루시고 부활 승천하셔서 승리주 되신 예수 그리스도를 보여주고 있다.

르시고⁵¹" 세족식을 거행하셨다. '세족식'은 예수 안에서 제자들이 하나의 가족 공동체라는 것과 죄 씻음을 통한 그리스도와의 하나 됨(Union with Christ: 영접과 연합)을 보여준 것이다. 참고로 요한복음 15장의 포도나무와 가지의 비유 또한 '상관 혹은 연합'의 개념을 드러내는 좋은 실례이다.

'세족식'은 예수님이 직접 보여주신 '성례전'으로 기독론적으로 볼 때 예수의 십자가 보혈(피와 물이 나오더라⁵², 요 19:33)로 죄 씻음(루오, 원죄에 대한 회개, 칭의, Justification)을 얻기 위해 '이미 영적으로 목욕한' 사람들은 이후로는 발만 씻으면 된다(니프토, 자범죄에 대한 회개, 성화, Sanctification)는 것을 가르쳐 주신 것이다.

---

51 "겉옷을 벗고 수건을 가져다가 허리에 두르시고"라는 말씀에서 예수님은 전형적인 종의 모습(눅 12:35-48)을 보여주셨다. 원래 "종"은 주인보다 먼저 "허리에 띠를 띠고 등불을 켜고 서 있어야만"(눅 12:35)"한다. 그런데 예수님은 우리의 종이 아니라 우리의 주인 되신 하나님이시다. 그럼에도 불구하고 하나님이신 초림의 예수님은 종의 자리로 먼저 내려오셔서 우리를 섬겨주셨을 뿐만 아니라 우리를 살리기 위해 희생제물로 가장 낮은 자로 오셨다. 너희 안에 이 마음을 품으라 곧 그리스도 예수의 마음이니 그는 근본 하나님의 본체시나 하나님과 동등됨을 취할 것으로 여기지 아니하시고 오히려 자기를 비워 종의 형체를 가져 사람들과 같이 되셨고 사람의 모양으로 나타나셨으매 죽기까지 복종하였으니 곧 십자가에 죽으심이라(빌 2:5-8). 결국 요한복음 13장은 세족식을 통해 구속주(대속주)로서 종으로 오신(마가복음) 예수님을 보여주신 것이다. 그리스도인들은 예수님을 본받아 유한되고 제한된 한 번의 직선인생을 살아가며 예수 그리스도의 종으로 살아가야 할 것이다.

52 피는 예수님을, 물은 성령님을 상징하는데 군병이 창으로 예수님의 옆구리를 찌르니 "피와 물이 나오더라(요 19:33)"고 했다. 예수님을 상징하는 피('속죄, 칭의, 용서'를 의미하는 번제단 상징)를 통해 칭의가 먼저 주어지고 성령님을 상징하는 물(정화, 중생, 성결, 성화'를 의미하는 물두멍을 상징)을 통하여는 성화가 주어진다(창 3:5, 매튜 헨리, Dr Araw)는 말이다. 비슷한 용례가 히브리서 7장 2절의 "첫째 의의 왕이요 또 살렘 왕이니 곧 평강의 왕이요"라는 부분인데 이 순서는 대가 지불인 십자가 공의(의의 왕, 구속) 후 평화(구원, 살렘왕, 평강의 왕)가 주어진다는 의미이다.

한편 요한일서 5장 6절에는 예수 그리스도는 물로만 아니요 "물과 피로 임하신 분"이라고 하셨다. 이는 디 휘다토스 카이 하이마토스(δι' ὕδατος καὶ αἵματος, by water and blood)인데 이때의 '물'은 성령님을 상징하고 '피'는 예수님을 상징(요 3:5)하며 성령(물)으로 아니하고는 누구든지 예수(피)를 주라 할 수 없다(고전 12:3)는 말이다.

피	물	순서	순서의 의미
예수님 십자가 보혈 말씀	성령님 진리의 영 말씀	요 19:33 피와 물이 나오더라 먼저 피를 언급 : 칭의, 번제단 이후 물을 언급 : 성화, 물두멍	칭의(Jusfitication) 후 성화(Sanctification)
		요 5:6 물과 피로 임하신 분 먼저 물을 언급 : 성령님으로 아니하고는~ 이후 피(예수 그리스도)를 언급 : 누구든지 예수를 주라 할 수 없다	성령으로 아니하고는 누구든지 예수를 주(主)라 할 수 없다(고전 12:3)는 의미

"이미 목욕한 자"라는 것은 만세 전에 하나님의 전적인 은혜로 택함을 입어 때가 되매 복음이 들려져(복음을 받아들여) 구원을 받게 된 자(운명적, 신분적, 선언적으로 구원받은 중생된 자)를 가리킨다. 구원이란 온몸의 씻김을 받은 것(예수님의 보혈로 영 단번에 얻은 칭의로 구원의 과거시제를 의미)이고 반복적으로 계속하여 발을 씻는다는 것은 구원 이후에 원치 않게 짓게 되는 자범죄에 대한 회개(성령님의 인도하심을 따라 지속적인 회개와 함께 정결케 된 자로서 이미 온몸을 씻음 받은 자임을 재확인하는 것/성화의 과정으로 구원의 현재시제를 뜻한다)를 통해 정결케 되는 것을 말한다.

한편 "발 밖에 씻을 필요가 없다"는 말씀은 문화적 배경(cultural background)을 이해한 후 해석해야 한다. 로마제국은 목욕 문화가 활발했다. 당시 목욕탕은 엄청 컸는데 다 씻은 후 걸어 나와서 옷을 갈아입는 곳까지 거리가 꽤 되다 보니 또 다시 발이 더럽혀지곤 했다. 그렇기에 옷을 갈아 입은 다음 더러워진 발을 다시 씻어야만 했다. 이런 배경을 통해 "온몸을 씻은 자는 발만 씻으면 된다"라는 비유로 쉽게 말씀해 주셨던 것이다.

참고로 니고데모에게 하셨던 말씀(요 3:5)인 "물과 성령으로 나지 아니하면 하나님나라에 들어갈 수 없느니라"에서의 '물'과 '성령'은 다음의 표를 참고하여 해석하면 된다.

	물 (말씀이신 예수 그리스도에 의하지 않고서는~)	성령 (예수의 그리스도, 메시아이심에 대한 성령님의 보증 없이는~)
비교	원죄(Original Sin) 칭의 영 단번의 속죄 영원성, 완전성, 충분성 신분의 변화	자범죄(Actual sins) 성화 반복적으로 씻어 정결 반복성 상태의 변화
회개 요 13:9-10	루오 온몸을 씻음	니프토 발만 씻으면 됨

"발을 씻기신 후에 옷을 입으시고(12절)"라는 모습에서는 장차 죽음을 이기시고 부활하실 예수님을 보여주고 있다. 따라서 세족식에는 예수님의 죽음과 부활이 예표되어 있다.

예수님은 십자가의 죽음과 부활을 통해 영광이 되셨다. 성부하나님은 예수 그리스도를 통해 영광을 받으셨다(빌 2:5-11).

그러므로 모든 사람은 물과 피로 임하신 이(요일 5:6), 곧 구원자이신 예수님을 그리스도, 메시야로 믿음(피스티스, 주신, 허락하신 믿음)으로 믿음(피스튜오, 반응, 고백한 믿음)에 이르게 된다. 결국 우리는 만세 전에 당신의 은혜로 택정함을 허락하셨던 성부하나님의 신실하심, 미쁘심 곧 믿음(피스토스)으로 구원이 된 것이다.

우리는 물(예수 그리스도이신 말씀)과 성령(예수 그리스도의 보증, 고전 12:3)으로 거듭나지 않으면, 즉 구원자이시며 그리스도, 메시야이신 예수님과 그 예수께서 그리스도, 메시야이심을 가르쳐 주시는 성령에 의하지 아니하고는 하나님나라에 결코 들어갈 수가 없음을 명심해야 한다(요 3:5).

*핵심 요약 (휘포밈네스코, ὑπομιμνήσκω & 디다스코, διδάσκω)

1. '영광'의 중의적 의미

2. 세족식

3. 물과 피, 물과 성령

*강청기도

성부하나님을 찬양합니다. 성자하나님을 찬양합니다. 성령하나님을 찬양합니다. 삼위일체 하나님 한 분 만으로 만족하겠습니다. 삼위일체 하나님께만 영광 돌리겠습니다. 앞서 표적들의 책(The Book of signs)을 통해 '예수, 그리스도, 생명'이심을 말씀하셨습니다. 이제 13장으로 시작되는 영광의 책(The Book of Glory)을 통해 영광이 되신 예수님, 영광을 받으신 하나님을 바라보며 우리 또한 그렇게 영광을 돌리며 살아가게 하옵소서. 특별히 주인 되신 성령님보다 말씀보다 앞서지 않게 하옵소서. 이 일을 진행하시는 성령님을 진정한 주인으로 모시고(성령충만함으로) 그분의 통치, 질서, 지배 하에서 살아가게 하옵소서. 그런 예수님을 사랑합니다. 성령님을 사랑합니다. 성부하나님을 사랑합니다. 남은 여생을 삼위일체 하나님께만 영광 돌리며 살아가게 하옵소서. 더욱더 소망(엘피스, 미래형 하나님나라에의 입성과 영생)을 붙들고 살아가게 하옵소서. 최후의 만찬 때 있었던 세족식 이야기인 이곳 13장을 통해 당신의 십자가 죽음과 부활을 보여주심에 감사드립니다. 대속 죽음의 무한하신 은혜를 감사하며 은혜에 빚진 자로 살아가게 하옵소서. 죽음 이기시고 부활하심으로 소망을 허락하셨음에 그 소망을 꼭 붙들고 영적 싸움을 당당하게 싸우며 유한되고 제한된 한 번 인생을 흔들리지 말고 살아가게 하옵소서. 삼위일체 하나님께 모든 영광을 올려드립니다. 감사드리며 예수 그리스도의 이름으로 기도드립니다. 아멘

*핵심 요약 (휘포밈네스코, ὑπομιμνήσκω & 디다스코, διδάσκω) 해석

1. "영광"의 중의적 의미

1) '하나님을 찬양하고 경배'하는, 소위 '올려드리다'→하나님을 찬양하고 영광의 박수를 올려드리는 것

2) '하나님의 능력과 속성, 성품을 이 땅에 드러내다'→초림하신 구속주 예수님이 성육신(incarnation)하셔서 십자가 보혈을 통해 대속 사역을 온전히 이루시고(테텔레스타이) 진정한 구주(Savior)가 되신 하나님의 능력→이후 예수님은 부활 승천하셔서 하나님의 우편에 승리주로 계시다가 하나님의 때와 기한이 되면 심판주로 재림하셔서 모든 것을 심판(백보좌심판)하실 것이다.

2. 세족식(Maundy Thursday: Pedilavium): 예수님의 십자가 죽음 예표→

1) 예수 안에서 제자들이 한 가족 공동체

2) 죄 씻음을 통한 그리스도와의 하나 됨(Union with Christ: 영접과 연합)→기독론적으로 볼 때 예수의 십자가 보혈(피와 물이 나오더라, 요 19:33)로 죄 씻음(루오, 원죄에 대한 회개, 칭의, Justification)을 얻기 위해 '이미 영적으로 목욕한' 사람들은 발만 씻으면 된다(니프토, 자범죄에 대한 회개, 성화, Sanctification)는 것을 가르쳐 주신 것

3) 예수님이 직접 보여주신 '성례전'

*예수님의 세족식을 행하시는 모습에 사용된 두 동사:

13장 4절의 "벗고(티데미: τίθημι: to place, lay, set, fix, 눅 17:8, 12:35-37, 전형적인 노예의 모습)"→'목숨을 버리다': 예수 그리스도의 십자가 죽음 상징

13장 12절의 "입으시고(람바노: λαμβάνω: to take: receive)"→예수님이 십자가에서 죽으심으로 모든 것을 다 이루시고 부활 승천 후 승리주 하나님이 되심

"겉옷을 벗고 수건을 가져다가 허리에 두르시고": 전형적인 종의 모습(눅 12:35-48)

"종": 주인보다 먼저 "허리에 띠를 띠고 등불을 켜고 서있어야만(눅 12:35)"한다. 그런데 예수님은 우리의 종이 아니라 우리의 주인 되신 하나님이시다. 그럼에도 불구하고 하나님이신 초림의 예수님은 종의 자리로 먼저 내려오셔서 우리를 섬겨 주셨을 뿐만 아니라 우리를 살리기 위해 희생제물로 가장 낮은 자로 오셨다.

"너희 안에 이 마음을 품으라 곧 그리스도 예수의 마음이니 그는 근본 하나님의 본체시나 하나님과 동등됨을 취할 것으로 여기지 아니하시고 오히려 자기를 비워 종의 형체를 가져 사람들과 같이 되셨고 사람의 모양으로 나타나셨으매 죽기까지 복종하였으니 곧 십자가에 죽으심이라" _빌 2:5-8

결국 요한복음 13장은 세족식을 통해 구속주(대속주)로서 종으로 오신(마가복음) 예수님을 보여주신 것이다. 그리스도인들은 예수님을 본받아 유한되고 제한된 한 번의 직선인생을 살아가며 예수 그리스도의 종으로 살아가야 할 것이다.

3. 니고데모에게 하셨던 말씀(요 3:5): "물과 성령으로 나지 아니하면 하나님나라에 들어갈 수 없느니라"에서의 '물'과 '성령'은 다음의 표를 참고하여 해석하면 된다.

	물 (말씀이신 예수 그리스도에 의하지 않고서는~)	성령 (예수의 그리스도, 메시아이심에 대한 성령님의 보증 없이는~)
비교	원죄(Original Sin) 칭의 영 단번의 속죄 영원성, 완전성, 충분성 신분의 변화	자범죄(Actual sins) 성화 반복적으로 씻어 정결 반복성 상태의 변화
회개 요 13:9-10	루오 온몸을 씻음	니프토 발만 씻으면 됨

Part III The Book of Glory
레마 이야기 14. 미래형 하나님나라

이곳 14장은 영광의 책(The Book of Glory, 요 13:1-20:31)에 해당하는 둘째 챕터로 '영광'의 이중적 의미를 생각하며 말씀을 찬찬히 묵상해야 한다.

"다른 하나님(기능론적 종속성, functional subordination), 한 분 하나님(존재론적 동질성, essential equality)"으로 개념화되는 삼위일체 하나님에 관하여는 프롤로그(prologue)에 해당하는 1장 1절에서 18절에 이르기까지 이미 설명했다. 둘째 부분(요 1:19-12:50)인 표적들의 책(The Book of Signs)에서는 일곱(쉐바, 솨바, 완전수, 언약, 약속, 맹세의 수) 가지 표적들을 통해 "예수, 그리스도, 생명"이심을 드러냈다. 동시에 초현실적 기적에는 방점을 두지 말라고 했다. 잠시 일곱가지의 표적들을 상기해 보면 다음과 같다.

첫째(1st sign), 가나 혼인잔치를 통하여는 진정한 잔치의 주인은 예수님이시며 또한 잔치의 기쁨이 배가(倍加) 되도록 포도주를 허락하신 분도 예수님이심을 드러내고 있다. 여기서 '혼인잔치'란 현재형 하나님나라와 미래형 하나님나라 둘 다를 상징하며 주체는 전자의 경우 초림의 구속주 예수님이며 후자의 경우 재림의 심판주 예수님이시다. '포도주'란 전자의 경우 예수님의 십자가 보혈을(이로 인한 현재형 하나님나라에서의 누림과 비록 Already~not yet이기는 하나 지금 영생을 누리게 된 것), 후자의 경우 변화된 몸 부활체로서의 미래형 하나님나라에의 입성과 영생이다.

1st Sign (가나 혼인잔치→예수, 그리스도, 생명)	
혼인잔치	포도주
(1)현재형 하나님나라 주체: 초림의 구속주, 대속주 이신 예수님 예수 그리스도 새 언약의 성취	예수님의 십자가 보혈을 상징 (이로 인한 현재형 하나님나라에서의 누림과 비록 Already~not yet이기는 하나 지금 영생을 누리게 된 것) 십자가 보혈(피와 물)→영적 부활(첫째 부활) 후 영생을 누림
(2)미래형 하나님나라 주체: 재림의 심판주, 승리주, 만왕의 왕, 만주의 주이신 예수님 예수 그리스도 새 언약의 완성	변화된 몸 부활체로서의 미래형 하나님나라에의 입성과 영생을 상징 삼위일체 하나님과 '더불어, 함께'→둘째 부활 후 영생을 누림

둘째(2nd sign)는 예수님께서 왕의 신하의 아들을 말씀(말씀이신 예수 그리스도)으로 고치신 사건이다. 그 신하는 예수님을 믿음으로 죽은 아들의 회복됨과 치유함을 선물 받았다. 결국 하나님의 믿음(피스토스, 신실하심, 미쁘심)으로 살아난 것이다. 이를 통해 택정함을 입은 모든 사람들은 주신 믿음(피스티스)을 통해 반응하게 하신 믿음(피스튜오) 안에서 살아나게 될 것을 보여주셨다.

셋째(3rd sign), 38년 된 병자 역시 예수를 믿음(피스티스, 피스튜오, 피스토스)으로 병 고침을 받았다. 더하여 그 치유는 안식일에 일어났는데 이를 통해 예수님만이 진정한 안식일의 주인이심을 보여주셨다. 그러므로 십계명의 제4계명(안식일을 기억하여 그날을 거룩히 지키라)은 '창조주 하나님을 기억하라(출 20)', '하나님 안에서만 안식을 누리라(신 5)'는 의미임을 잊어서는 안 된다.

넷째(4th sign)는 유월절에 일어난 사건으로 예수님은 5병 2어로 가장(家長)만 5,000명(실제로는 그보다 많은 이들을)을 먹이셨다. 이는 당신 스스로 "하늘로서 내려온 산 떡, 생명의 떡, 참 떡"이심을 계시(에고 에이미, 자기 선언)하신 것이다. 떡이 육신의 양식이라면 참 떡은 영혼의 양식이다.

다섯째(5th sign), 예수님은 물 위로 걸어오시며 물결치는 풍랑을 잠잠케 하심으로 두려워하던 제자들을 안심시키셨다. 역사의 주관자 하나님이심을 드러낸 것이다. 더 나아가 제자들이 그 예수님을 배 위로 영접(마음으로 믿어 의에 이름, 입으로 시인하여 구원, 롬 10:10)하였더니 그들이 가고자 했던 건너편 땅(하나님나라)에 도달할 수 있었다. 이는 예수를 통해서만 하나님나라(현재형)를 누리고 하나님나라(미래형)에 들어갈 수 있음을 보여주신 것이다.

여섯째(6th sign), 예수님은 날 때부터 맹인 된 자를 보게 하심으로 당신만이 "세상의 빛, 생명의 빛"으로 오셨음을 드러내셨다. 그렇게 빛이신 예수님은 어두움(사망, 죽음, 죄악의 굴레)을 온전히 물리치셨다. 결국 '세상의 빛'이란 세상의 어두움(죄악의 굴레)을 물리치셔서 자유함을 허락(롬 8:1-2, 진정한 해방)하신다는 의미이고 '생명의 빛'이란 세상의 어두움(사망, 죽음)을 물리치시고 참 생명을 허락(요 1:4-5)하신다는 의미이다.

마지막 일곱째 표적(7th sign)은 앞서 여섯 가지 표적들의 최고 절정으로 죽은 지 나흘이나 지났던(요 11:39) 나사로를 살리신 사건이다. 이는 예수님의 십자가 보혈(대신하여 죽으신 대속 죽음)의 은혜로, 죽었던 나사로가 예수님의 그 죽음(대속 죽음)을 통해 다시 살아나게 됨을 보여주고 있다. 즉 예수님은 우리를 살리기 위해 대신 죽으신 구속주라는 것이다. 둘째에서 일곱째 표적들을 정리하면 다음과 같다.

	2nd Sign ~ 7th Sign	
2nd	(가버나움) 왕의 신하의 아들 살리심	예수, 그리스도, 생명
3rd	(예루살렘) 38년 병자고침	1)예수, 그리스도, 생명 2)안식일의 주인은 예수님
4th	(벳새다) 5병 2어	예수, 그리스도, 생명
5th	(갈릴리바다) 풍랑 잠잠케 배위로 영접→건너편 땅에 이름	1)역사의 주관자 예수님 2)예수, 그리스도, 생명→현재형&미래형 하나님나라
6th	(예루살렘) 맹인 눈 뜨게	예수, 그리스도, 생명
7th	(예루살렘) 죽은 나사로 살리심	예수, 그리스도, 생명

요한복음의 넷째 부분(요 21:1-25)은 결론 부분인 '나가는 글'로서 에필로그(epilogue)에 해당하며 이곳 14장은 글머리에 언급했듯이 셋째 부분으로 영광의 책(Book of Glory, 13:1-20:31)이다.

그렇기에 영광을 받으신 성부하나님, 영광이 되신 예수님, 그리고 하나님나라(특히 미래형 하나님나라)에 관해 구체적으로 말씀해 주시고 있다. 이는 예수 그리스도 새 언약의 성취와 완성을 잘 보여주는 것이다. 다시 강조하지만 "영광"이란 이중적 의미로 '하나님을 찬양하고 경배'하는, 곧 '올려드리다'라는 의미와 '하나님의 능력, 속성, 성품을 이 땅에 드러내는, 곧 '드러내다'는 말이다. 전자가 하나님을 찬양하고 영광의 박수를 올려드리는 것이라면 후자는 초림하신 구속주(십자가 보혈)이신 예수님과 재림하실 승리주(심판주)이신 예수님의 하나님 되심을 드러내는 것이다. 더 나아가 삼위일체 하나님(존재론적 동질성, 기능론적 종속성)과의 바른 관계와 친밀한 교제를 유지하며 이 땅에서 하나님의 하나님 되심을 드러내는 것을 영광이라 한다.

결국 요한복음 14장을 통하여는 영광이 되신 예수님, 영광을 받으신 성부하나님에 대한^(빌 2:9-11) 깊은 묵상이 있어야 한다. 예수님은 성령의 능력을 힘입어 묵묵히 아버지 하나님의 뜻^(델레마 데우)만을 이루어 가셨다.

잠시 지나온 챕터를 다시 복기하면, 12장에 나온 향유 옥합 도유 이야기는 헌금 이야기, 장례 이야기, 복음 이야기라고 했다. 13장의 세족식^(洗足式, maundy, pedilavium)은 구속주로서의 예수님이 십자가 죽음^(초림)을 통해 모든 것을 다 이루시고 부활하시어 승천하신 후 때가 되면 승리주로 다시 오심^(재림)을 예표한 이야기이다. 죽음 이기시고 부활하신 예수님은 제자들과 지체들이 보는 가운데 다시 오실 것^(재림)을 약속하신 후 구름타고 '승천'하셨다.

'어디로 가셨을까.'
'왜 승천하셨을까.'
'왜 다시 재림하실까.'

이곳 14장의 초반부는 상기 질문에 대해 명확히 답하고 있다. 곧 "예수, 그리스도, 생명"을 통해 교회^(거룩한 성 예루살렘)가 된 우리가 장차 장소^(요 14:2-4) 개념인 미래형 하나님나라^(거룩한 성 새 예루살렘)에서 영원한 삶을 누리게 될 것을 약속하신 후 승천하셨으며 처소를 마련하신 후 승리주 하나님으로 하나님의 우편에 계시다가^{(마 26:64, 막 14:62, 16:19, 눅 22:69, 행 7:55-56, 롬 8:34, 골}

3:1, 히 1:3, 8:1, 10:12, 12:2, 벧전 3:22) 장차 하나님이 정하신 때와 기한이 되면(행 1:7) 우리를 그곳에 데려가시기 위해 반드시 다시 재림하실 것이라고 했다.

'하나님나라'라는 개념은 크게 둘로 나눌 수가 있다. 나는 이를 《복음은 삶을 단순하게 한다》에서 자세히 기술했다. 다시 간략하게 소개하면 다음과 같다.

첫째, 현재형 하나님나라(눅 17장)는 주권, 통치, 질서, 지배 개념으로 장소 개념이 아니다.

둘째, 미래형 하나님나라(요 14장)는 지금은 비록 우리가 볼 수 없으나 반드시 존재하는 장소(12:2-4)[53]로 장차 우리가 가게 될 거룩한 성 새 예루살렘인 하나님의 장막(계 21:3)으로서의 장소 개념이다. 사족을 달자면, '장소'라고 하여 유한된 지금의 우리가 생각하는 그런 장소라고 우겨서는 안 된다. 왜냐하면 지금은 우리가 already~not yet으로 시공에 제한을 받고 살아가지만 그날에는 시공을 초월하는 변화된 몸 부활체로 살아갈 것이기 때문이다.

예수를 믿음(피스티스)으로 믿음(피스튜오)에 이르게 되어 믿음(피스토스)으로 구원을 얻게 된, 하나님의 자녀 된 교회는 그 날에 우리를 데리러 오시는

---

[53] "집"이라는 헬라어는 오이키아(οἰκία, nf)이며 "거할 곳"에서의 '곳'이란 헬라어는 모네(14:2, 23, μονή, nf)이고 "처소"의 헬라어는 토포스(τόπος)인데 모두 다 장소를 의미한다. "나 있는 곳(호푸; ὅπου, adv, where, whither, in what place)"에서의 '호푸(ὅπου, adv)'의 헬라어는 호스(ὅς, Relative Pronoun, 관계대명사, usually rel. who, which, that, also demonstrative this, that)와 포우(ποῦ, adv, somewhere)의 합성어인데 이는 성부하나님이 계신 미래형 하나님나라인 바로 그 장소를 의미한다. 즉 "아버지 집"은 성도들이 거할 최후의 거처인 영원한 본향으로서 분명한 장소 개념(요 2:16; 14:2; 눅 15:25)인 미래형 하나님나라를 말한다. "거할 곳(왕상 6:5-6; 렘 35:1-4)" 또한 영원히 살 곳이라는 의미로 우리가 장래 거할 집의 영구성을 의미한다.

예수님과 함께 하나님나라(미래형 하나님나라, 장소 개념, 거룩한 성 새 예루살렘, 하나님의 장막)에 들어가 삼위일체 하나님만을 찬양하며 경배하며 영생을 누리게 될 것이다.

*핵심 요약 (휘포밈네스코, ὑπομιμνήσκω & 디다스코, διδάσκω)

1. '혼인잔치', '포도주'의 상징적 의미, 그리고 각각의 주체는?

2. '승천'

   1) 왜? 승천하셨나?

   2) 어디로 승천하셨나?

   3) 왜? 다시 오시나?

3. 하나님나라

   1) 현재형 하나님나라

   2) 미래형 하나님나라

*강청기도

성부하나님을 찬양합니다. 성자하나님을 찬양합니다. 성령하나님을 찬양합니다. 삼위일체 하나님 한 분 만으로 만족하겠습니다. 삼위일체 하나님께만 영광 돌리겠습니다. 영광의 책(The Book of Glory)으로 시작된 앞서 13장의 최후의 만찬 때 있었던 세족식 이야기를 통해 당신의 십자가 죽음과 부활을 보여주심에 감사드립니다. 이곳 14장에서는 그런 예수 그리스도를 통해 영적 죽음에서 부활(첫째) 후 하나님나라(현재형)를 누리게 하셨고 아날뤼시스를 통과 후 부활(둘째)하여 하나님나라(미래형)에로의 입성을 허락하심과 영생을 허락하셨음에 감사드립니다. 특별히 이곳 요한복음 14장을 통해 미래형 하나님나라(장소 개념)를 가르쳐 주시고 보게 하셔서 소망을 갖게 하셨음에 감사드립니다. 동시에 누가복음 17장을 통해 현재형 하나님나라(주권, 통치, 질서, 지배 개념)를 알고 누리게 하셨음에도 감사드립니다. 그런 예수님을 사랑합니다. 성령님을 사랑합니다. 성부하나님을 사랑합니다. 남은 여생을 삼위일체 하나님께만 영광 돌리며 살아가게 하옵소서. 더욱더 소망(엘피스, 미래형 하나님나라에의 입성과 영생)을 붙들고 살아가게 하옵소서. 삼위일체 하나님께 모든 영광을 올려드립니다. 감사드리며 예수 그리스도의 이름으로 기도드립니다. 아멘

*핵심 요약 (휘포밈네스코, ὑπομιμνήσκω & 디다스코, διδάσκω) 해석

1.

1st Sign (가나 혼인잔치→예수, 그리스도, 생명)	
혼인잔치	포도주
(1)현재형 하나님나라 주체: 초림의 구속주, 대속주 이신 예수님 예수 그리스도 새 언약의 성취	예수님의 십자가 보혈을 상징 (이로 인한 현재형 하나님나라에서의 누림과 비록 Already~not yet이기는 하나 지금 영생을 누리게 된 것) 십자가 보혈(피와 물)→영적 부활(첫째 부활) 후 영생을 누림
(2)미래형 하나님나라 주체: 재림의 심판주, 승리주, 만왕의 왕, 만주의 주이신 예수님 예수 그리스도 새 언약의 완성	변화된 몸 부활체로서의 미래형 하나님나라에의 입성과 영생을 상징 삼위일체 하나님과 '더불어, 함께'→둘째 부활 후 영생을 누림

2. '승천'→예수, 그리스도, 생명"을 통해 교회(거룩한 성 예루살렘)가 된 우리가 장차 장소(요 14:2-4) 개념인 미래형 하나님나라(거룩한 성 새 예루살렘)에서 영원한 삶을 누리게 될 것을 약속하신 후 승천하셨으며 장차 우리를 그곳에 데려가시기 위해 반드시 다시 재림하실 것.

1) 어디로 가셨을까? 하나님 우편(승리주 하나님)

2) 왜 승천하셨나? 처소를 예비하러

3) 왜 다시 재림하시나? 우리를 그것으로 데려가기 위해

3. '하나님나라'의 2가지 개념

1)현재형 하나님나라(눅 17장): 주권, 통치, 질서, 지배 개념으로 장소 개념

2)미래형 하나님나라(요 14장): 지금은 비록 우리가 볼 수 없으나 반드시 존재하는 장소

(12:2-4)로 장차 우리가 가게 될 거룩한 성 새 예루살렘인 하나님의 장막(계 21:3)으로서 장소 개념이다. 사족을 달자면, '장소'라고 하여 유한된 지금의 우리가 생각하는 그런 장소라고 우겨서는 안 된다. 왜냐하면 지금은 우리가 already~not yet으로 살아가지만 그날에는 시공을 초월하는 부활체로 살아갈 것이기 때문이다.

Part III The Book of Glory

레마 이야기 15. 관계와 교제(농부, 포도나무, 가지)
삼위일체 하나님, 교회의 머리이신 예수 그리스도, 그리고 교회
내 기쁨이 너희 안에 있어

성경을 집약적으로 요약한 후 별명을 붙여놓으면 전체 흐름을 놓치지 않을 수 있다. 그런 의미에서 나는 지난날부터 정경 몇 권의 별명을 붙였다. 믿음 3총사(롬, 히, 갈), 제 5복음서(계, 행), 기독교인의 법전(레) 등[54]이다. 학자들은 요한복음 14-16장을 가리켜 예수님의 긴 다락방 강화(講話, Discourse, 담론, 담화)라고 했다.

요한복음은 "7대 표적(Signs)"과 "7대 자기 선언(Declaration, 에고 에이미, 나는 ~나다)"을 통해 "예수, 그리스도, 생명"이라는 그 기록 목적(요 20:31)을 뚜렷하게 드러냄과 동시에 요한복음의 핵심을 함축적으로 강조하고 있다.

---

[54] 일부 호사들은 '성경 입문의 걸림돌'을 구약의 레위기와 신약의 히브리서라고 했고 '성경 입문의 두려움'을 요한계시록이라고 했다. 나는 전혀 동의하지 않는다. 왜냐하면 요한계시록은 복음을 명료하게 드러내는 '예수 그리스도의 계시'이기 때문에 쉽고 감동적이며 재미까지 더해주는 정경이며 레위기는 둘로 나누어 제사(1-16)와 성결(17-27)의 관점에서 5개 기둥(7대 절기, 7대 성막기구, 5대 제사, 5대 제물, 4대 제사 방법)을 알면 되기 때문이다. 더 나아가 레위기는 신약에 와서는 예배와 거룩으로 완성되었음을 알면 너무나 쉽고 명료하다. 히브리서의 경우에는 '믿음'의 3가지 헬라어(피스티스, 피스튜오, 피스토스)를 깊이 묵상하면 너무나 쉽고 핵심을 잘 파악할 수가 있다. 지금까지 나의 모든 저작들에서 계속 반복하여 설명해왔다.

7대 표적이란 가나 혼인잔치에서 물로 포도주를 만드심(2:1-11, 1st sign), 왕의 신하의 아들을 살리심(4:46-54, 2nd sign), 베데스다 못의 38년 된 병자를 치유하심(5:1-9, 3rd sign), 5병 2어로 5,000명을 먹이심(6:1-13, 4th sign), 큰 바람으로 인해 물결이 몰아치는 갈릴리 바다 위를 걸으심(6:16-21)과 예수님을 배 위로 영접하였더니 건너편 땅에 이르게 됨(5th sign), 날 때부터 맹인 된 자를 보게 하심(9:1-41, 6th sign), 그리고 마지막 하이라이트로서 죽은 나사로를 살리심(11:1-44, 7th sign)을 말한다. 이는 모두 다 예수 그리스도 안에서만 풍성한 감사, 참 생명을 누림과 동시에 진정한 기쁨, 죽음(사망)과 죄(굴레)의 해결(해방 및 자유함), 부활(첫째(already~not yet) 부활, 둘째(부활체) 부활)과 영생을 얻게 됨을 드러낸 것이다.

7대 선언이란 에고 에이미 곧 '나는 나다'라는 말로서 예수님의 자기 선언을 가리킨다. 예수님은 "나는 하늘로서 내려온 산 떡, 참 떡 즉 생명의 떡(6:35)이라고 하셨다. 또한 세상의 빛, 생명의 빛(8:12)이며 양의 문(10:7, 9)이라고 하셨다. 그런 나는 양들을 위하여 목숨을 버리는 선한 목자(10:11)이며 부활과 생명(11:25)이고, 길이요 진리요 생명(14:6)으로서 참 포도나무(15:1)"라고 스스로 선언하시며 당신을 드러내셨다.

이곳 15장에서는 '예수 그리스도를 믿는다'는 것이 예배(말씀, 찬양, 기도)를 통해 삼위일체 하나님과 교제하는 것임을 강조하고 있다. 교제(코이노니아=Fellowship+말씀나눔)는 관계(relationship)를 전제한 말로서 바른 관계 속에서 친밀한 교제가 주어짐, 곧 '연합, 하나 됨(Union with Christ)'임을 강조하고 있다. 그렇기에 15장에서는 농부이신 성부하나님, 포도나무이신 성자하나님, 가지인 우리들을 비유적으로 말씀해 주시며 가지 된 우리는 반드시 포도나무에 붙어 있어야 할 뿐만 아니라 그 뿌리로부터의 진액을 먹어야 한다(롬 11:17-19)고 말씀하고 있다.

가지인 우리가 포도나무에 붙어있기만 하면, 자라고(growth & maturity, 고전 3:7) 열매 맺게 하시는 분은 농부이신 성부하나님이시다. 바로 그 아버지께서는 우리로 하여금 햇빛을 보다 더 많이 쬐게 해주시려고 가지를 들어올려 주시며 악한 가지는 제거해 주시고 보다 더 풍성한 열매를 얻도록 쓸모없는 곁가지는 제하여 버리겠다고 말씀하셨다.

참고로 요한복음 15장 2절의 "제해 버리시고"와 "깨끗케 하시느니라"의 헬라어 원뜻을 이해하면 바른 해석과 풍성한 묵상에 훨씬 도움이 된다.

흥미롭게도 "제해 버리시고(아이레이: αἴρει, αἴρω, take away, remove, cut off/lift up, to raise)"와 "깨끗케 하시느니라(카다이레이: καθαίρει, ν, καθαίρω, I cleanse, purify, prune, make clean by purging)"에 사용된 헬라어 두 단어(아이레이와 카다이레이)는 접미 부분의 발음이 동일하다. 이는 언어 유희(word play)를 통해 당신께서 하시려는 의도를 강조한 것이다. 곧 햇빛을 받지 못하는 연약한 가지는 '들어올려' 주시며 악한 가지는 '제거하여' 주시고 쓸모없는 곁가지는 풍성한 열매를 위해 '제하여 주시겠다'는 말이다. 이는 농부이신 성부하나님께서 연약한 가지인 우리를 보호해 주실 뿐만 아니라 우리로 하여금 과실을 보다 더 풍성하게 맺도록 돌보시고 가꾸시기 위한 방법이다.

첫째 방법인 '제해 버리는'에 해당하는 헬라어 아이레이(αἴρει)에는 중의적 의미가 있는데 첫째, '나무가 햇빛을 잘 받게 하기 위해 가지를 들어올리는(lift up, to raise)'이라는 것과 둘째, 곁에 있는 악한 '잔(곁)' 가지는 잘라내어(cut off, remove) 원래의 약한 가지를 보호하는'이라는 의미이다.

둘째 방법인 "깨끗케 하다"라는 헬라어 동사 카다이로(καθαίρω, V-PIA-3S/카다로스, καθαρός, adj, 15:3)는 열매(수확)를 더 많이 맺게 하기 위해 쓸모없는 곁가지들을 '깨끗하게 손질하여 주신다, 가지를 치다(to prune, καθαίρει, V-PIA-3S)'라는 뜻이다.

앞서 언급했지만 다시 강조하자면 "제해 버리시고~깨끗케 하시느니라"는 것은 포도나무의 특성상 가지가 늘어져 땅에 닿으면 햇빛을 받을 수 없게 되는데 이때 가지를 들어 올려 주셔서 햇빛을 잘 받을 수 있게 하시며 주변의 악한 가지를 없애 주셔서 본래의 약한 가지를 보호해 주신다는 의미와 함께 더 많은 열매를 맺기 위해 쓸모없는 곁가지들은 손질하시겠다는 의미이다.

3절의 "이미 깨끗하였으니"에서 "깨끗하였으니"의 헬라어 카다로이(καθαροί, adj)는 2절에서의 헬라어 카다로스(καθαρός, adj)와 동일한 어근으로서 카다이레이(καθαίρει, V-PIA-3S)를 강조하기 위한 기법(Chain of ideas)이다. 이 단어에는 종교적 청결(히 10:2, 혹은 가지치다(to prune, by Philo of Alexandria))이라는 상징적 의미가 들어 있다.

한편 "이미 깨끗하다"라는 것은 완전한 성화(sanctification) 또는 영화(Glorification)가 아니라 믿음(피스티스)으로 말미암은 칭의(이신칭의: justification by faith)를 의미한다. 그러므로 이미 깨끗해진 너희는 '내 안에 거하는 삶, 붙어있는 삶이 중요하다'는 것에 방점이 있다. '거하는, 붙어있는'이란 성령님을 주인으로 모시고 그분의 통치와 질서, 지배 하에서 살아가는 '성령 충만함'을 가리킨다.

참고로 포도나무 재배(번식) 방법은 크게 두 가지가 있다. 첫째, 건강한 가지를 잘라서(Cutting) 다른 곳에 새롭게 심는 방식이다. 이는 건강한 가지의 경우 면역이 강할 뿐만 아니라 경쟁력도 있기에 그렇게 하더라도 살아날 수가 있다. 둘째, 연약한 가지의 경우 잘라서 건강한 나무에 접붙임(Grafting, 접목)하는 방식이다. 이런 경우 그 연약한 가지는 건강한 나무의 뿌리 진액 덕분에 살아날 수가 있다. 바로 이 두 번째 방식을 통해 연약한 가지인 우리가 건강한 나무이신, 진정한 참 포도나무이신, 예수님께 접붙임이 되면 살아나는 것이다.

바른 믿음(피스티스)은 반드시 회심(회개+오직 말씀)과 더불어 삶(믿음의 열매인 순종, 요 14:21, 약 2:17, 22, 26)으로 나타나야 한다. 그렇기에 믿음(피스티스)으로 구원된 그리스도인은 '예수 그리스도의 편지(고후 3:3)'로, '예수 그리스도의 향기(고후 2:14-16, 생명에 이르는 냄새)'라는 믿음(피스튜오)으로 드러나야 한다. 결국 '그리스도인(행 11:26, Χριστιανός)'이란 믿음과 삶이 함께 감으로 하나님의 신실하심, 하나님의 미쁘심에 응답하는 사람을 말한다.

이곳 15장에는 독특하게도 "열매(καρπός, nm)"라는 단어가 여덟 번이나 반복되어 있다. 여기서 '8'은 부활의 숫자이다. 열매의 경우 한 알의 씨앗이 땅에 묻혀 죽어야만 열매('부활'이 전제)를 맺게 된다. 결국 "열매"라는 단어에는 '죽음과 살아남(부활, 숫자 8의 의미)'이 전제되어 있음을 알 수 있다.

앞서 14장 31절의 "일어나라 여기를 떠나자(Ἐγείρεσθε, ἄγωμεν ἐντεῦθεν, Rise up, let us go from here)"라는 말씀도 죽은 자 가운데서 일어나는(살아난, 부활된) 상징적인 행동을 보여주고 있는 바 이 또한 부활의 전조(前兆, prodrome)를 보여주는 것이다.

이곳 15장에서 또 하나 십수 회 반복되고 있는 단어가 "거하다"이며 헬라어로는 메노(μένω, v, to stay, abide, remain)인데 이에는 '관계와 교제'가 함의되어 있음에 주목해야 한다.

상기의 3단어(열매, 일어나라 여기를 떠나자, 거하다)를 연결하면, 가지인 우리는 농부이신 하나님을 믿고 포도나무이신 예수님께 꼭 붙어있어(거하다, 메노) 그 뿌리의 진액을 받고(바른 관계와 친밀한 교제) 살아가되 모진 풍상(風霜, 한 알의 씨앗이 죽으면)을 겪더라도 끝까지 붙어있으면 반드시 부활이라는 열매를 맺게 된다는 사실을 알고 그 소망을 붙들고 인내하며 이겨 나가야 함을 말씀하고 있다.

한편 '기도'는 그리스도인의 특권으로 삶에서의 호흡과 같다. 그런 기도는 믿음(전적 신뢰)이라는 전제 하에 하나님과의 분명한 관계 속에서(《기독교의 3대 보물》 참조) 이루어진다. 그렇기에 기도를 한다는 것에는 믿음과 하나님과의 바른 관계와 친밀한 교제가 전제되어 있는 것이다.

분명히 알아야 할 것은 기도는 단순히 무엇을 구하거나 획득하는 방편이 아니라는 점이다. 오히려 기도의 특권을 주시고 기도를 할 수 있게 하신 하나님을 찬양하는 것에 방점이 있다. 그런 후 기도의 결과(Yes, No, Waiting)는 하나님의 주권적 뜻에 순종해야만 한다.

그런 의미에서,

기도는 하나님께서 그리스도인들에게만 주신 최고의 특권이다.

*핵심 요약 (휘포밈네스코, ὑπομιμνήσκω & 디다스코, διδάσκω)

1. 믿음='예수 그리스도'이심을 믿는 것(초림의 구속주)

2. 제해 버리시고

3. 깨끗케 하시느니라

4. 숫자 '8'

*강청기도

성부하나님을 찬양합니다. 성자하나님을 찬양합니다. 성령하나님을 찬양합니다. 삼위일체 하나님 한 분 만으로 만족하겠습니다. 삼위일체 하나님께만 영광 돌리겠습니다. 영광의 책 (The Book of Glory)이 시작되는 13장의 최후의 만찬 때 있었던 세족식 이야기를 통해 당신의 십자가 죽음과 부활을 보여주심에 감사드립니다. 14장에서는 그런 예수 그리스도를 통해 영적 죽음에서 부활(첫째) 후 하나님나라(현재형)를 누리게 하셨고 아날뤼시스를 통과 후 부활(둘째)하여 하나님나라(미래형)에로의 입성과 영생을 허락하셨음에 감사드립니다. 더 나아가 미래형 하나님나라(장소 개념)가 주님께서 예비하신 최고의 장소(요 14:2-4)임을 알게 하셨음에 감사드립니다. 이곳 15장에서는 농부이신 하나님, 포도나무이신 예수님, 가지인 우리들의 관계와 교제에 대해 말씀하셨습니다. 가지에 꼭 붙어있음으로 하나님의 보살핌을 받는 우리가 되게 하옵소서. 예수님을 사랑합니다. 성령님을 사랑합니다. 성부하나님을 사랑합니다. 삼위일체 하나님을 사랑합니다. 남은 여생을 삼위일체 하나님께만 영광 돌리며 살아가겠습니다. 종말 시대의 일부분인 한 번의 유한된 인생 동안에 더욱더 소망(엘피스, 미래형 하나님나라에의 입성과 영생)을 붙들고 살아가게 하옵소서. 삼위일체 하나님께 모든 영광을 올려드립니다. 감사드리며 예수 그리스도의 이름으로 기도드립니다. 아멘

*핵심 요약 (휘포밈네스코, ὑπομιμνήσκω & 디다스코, διδάσκω) **해석**

1. 믿음='예수 그리스도를 믿는다': 예배(말씀, 찬양, 기도)를 통해 삼위일체 하나님과 교제하는 것(믿음의 4 콘텐츠, 3 종류, 라틴어 Credo, 사전적 정의(ATCO)→교제(fellowship)는 관계(relationship)를 전제: 바른 관계 속에서 친밀한 교제가 주어진다는 의미 & '연합 곧 하나 됨(Union with Christ)'이 전제되어야 함을 강조

2. 요한복음 15장 2절: "제해 버리시고" & "깨끗케 하시느니라"→헬라어 두 단어(아이레이와 카다이레이)는 접미 부분의 발음이 동일→언어 유희(word play)를 통해 당신께서 하시려는 의도를 강조한 것. 곧 햇빛을 받지 못하는 가지는 '들어 올려 주시며' 악한 곁가지는 풍성한 열매를 위해 '제하여 주시겠다'는 말씀→농부이신 성부하나님의 풍성한 과실을 위한 당신의 방법→결국 "제해 버리시고~깨끗케 하시느니라": 포도나무의 특성상 가지가 늘어져 땅에 닿으면 햇빛을 받을 수 없게 됨→이때 가지를 들어 올려서 햇빛을 잘 받을 수 있게 & 악한 곁가지를 제거하시며 연약한 우리를 보호하시는 동시에 더 많은 열매를 맺기 위해 쓸모없는 곁가지들은 손질하다

"제해 버리시고"(아이레이: αἴρει, αἴρω, take away, remove, cut off/lift up, to raise):

 1) 나무가 햇빛을 잘 받게 하기 위해 가지를 들어 올리는(lift up, to raise)'

 2) 곁에 있는 악한 가지를 잘라냄으로 연약한 우리를 보호하시는(cut off, remove)

3. "깨끗케 하시느니라"(카다이레이: καθαίρει, ν, καθαίρω, I cleanse, purify, prune, make clean by purging)": 상징적 의미→종교적 청결(히 10:2, 혹은 가지치다(to prune, by Philo of Alexandria))

헬라어 동사는 카다이로(καθαίρω, V-PIA-3S/카다로스, καθαρός, adj, 15:3): 이는 열매(수확)를 더 많이 맺게 하기 위해 쓸모없는 곁가지들을 '깨끗하게 손질하다, 가지를 치다(to prune, καθαίρει, V-PIA-3S)'

"이미 깨끗하다": 완전한 성화(sanctification) 또는 영화(Glorification)가 아니라 믿음으로 말미암은 칭의(이신칭의: justification by faith)를 의미→이미 깨끗해진 너희는 '내 안에 거하는 삶, 붙어 있는 삶이 중요하다'는 것에 방점. '거하는, 붙어있는'이란 성령님을 주인으로 모시고

그분의 통치와 질서, 지배 하에 살아가는 것

4. 15장: "열매(καρπός, nm과실)"→8(부활의 숫자)회 반복→한 알의 씨앗이 땅에 묻혀 죽어야 열매(부활을 전제)를 맺음→"열매": 죽음에서 살아남(부활, 숫자 8의 의미)이라는 의미가 전제/"일어나라 여기를 떠나자(Ἐγείρεσθε, ἄγωμεν ἐντεῦθεν, Rise up, let us go from here, 요 14:31)": 죽은 자 가운데서 일어난(살아난) 상징적인 행동→부활의 전조(前兆, prodrome)

Part III The Book of Glory

레마 이야기 16. 성령님의 사역(죄, 의, 심판에 대하여 세상을 책망)
세상에서는 너희가 환난(일곱 재앙+악한 영적 세력의 준동)을 당하나(33)

앞서 언급했듯이 요한복음을 크게 4부분으로 나눌 때 13~20장을 영광의 책(The Book of Glory, 요 13-20장)이라고 했다. 이때 '영광(독사. δόξα, nf)'이란 하나님께 찬양과 경배를 '올려드리다', 하나님의 능력, 성품, 속성을 이 땅에서 '드러내다'라는 이중적인 의미라고 했다. 우리는 성경을 묵상할 때 이런 사실을 전제하고 말씀을 이해해야 한다. 동시에 '하나님'이란 기능론적 종속성(Functional Subordination)과 존재론적 동질성(Essential Equality)의 삼위일체 하나님(다른 하나님, 한 분 하나님)이라는 것을 전제하고 이해해야 한다.

성육신(역사상 유일한 의인)하신 신인양성의 예수님은 십자가 대속 죽음과 부활을 통해 성부하나님의 구속 계획을 성취(이 땅에서 하나님의 능력, 성품, 속성을 드러낸 것)하심으로 아버지께 영광을 올려드렸다. 곧 '영광을 받으신 하나님(요 13:31)'이라는 말이다.

그리스도, 메시야이신 성자예수님은 죽음을 이기시고 부활, 승천하셔서 승리주 하나님이 되심으로 영광이 되셨다. 곧 '영광이 되신 하나님'이라는 말이다.

예수님께서 십자가에 달려 돌아가셨을 그때 우리 또한 십자가에 함께 달려 죽었다가 예수님의 부활과 더불어 다시 살아났다(갈 2:20, 연합의 원리). 예수님의 부활을 통해 우리에게는 산 소망(엘피스)이 주어졌다. 종말 시대(예수님의 초림~재림 전(前) 기간)의 한 부분을 살아가는 하나님의 자녀 된 우리는 지금은 already~not yet이기에 세상에서 환난(일곱재앙+악한 영적세력의 준동)을 당하나 그럼에도 불구하고 현재형 하나님나라를 누리고 있으며 장차 아날뤼시스(딤후 4:6, 육신적 죽음) 후에는 홀연히 변화된 몸(고전 15:51-53) 부활체(고전 15:42-44)로서 완벽한 미래형 하나님나라(계 21-22장)에서 영생을 누리게 될 것이다.

앞서 13장 최후의 만찬에서 있었던 '세족식'을 통하여는 예수님의 십자가 죽음(13:4-5, 겉옷을 벗고=목숨을 버리다)과 부활(13:12, 옷을 입으시고)을 상징적으로 말씀해 주셨다. 초림의 구속주로 오신 예수님의 십자가 대속 죽음은 예수 그리스도 새 언약의 성취로서 화목 제물 되신 예수로 말미암아 우리는 은혜의 보좌에 계신 성부하나님 앞으로 당당히 나아가게 되었다(히 4:16). 예수님의 부활을 통하여는 산 소망이 주어졌다. 주신 믿음(피스티스)으로 예수를 믿게 된(5th sign, 예수님을 배 위로 영접했더니) 우리는 그 예수를 통해 미래형 하나님나라에 들어갈 수 있게 되었고(5th sign, 건너편 땅에 이르게 됨) 장차 삼위일체 하나님과 '더불어, 함께' 영생을 누리게 될 것이다.

결국 세족식을 통하여는 하나님의 능력과 성품이 오롯이 드러나기에 13장의 세족식으로부터 '영광(δόξα, nf)의 책(The Book of Glory)'은 시작되는 것이다.

'보혜사(保惠師, Counselor, Paraclete)'이신 예수님의 긴 다락방 강화(유월절 설교)였던 요한복음 14~16장에서는 '또 다른 보혜사'이신 성령님 곧 예수의 영(행

16:7), 진리의 영(요 14:17, 요일 4:6)이신[55] 파라클레토스(Παράκλητος, 요 14:26)를 약속하시며 그분의 사역에 대해 말씀해 주셨다.

특히 이곳 16장에는 예수님께서 십자가 대속 죽음 후 세상을 떠나 천국으로 가신다는 말에 세상에 남게 될 제자들은 다가올 환난에 대해 현실적으로 근심하는 것을 보여주고 있다(요 16:1-3). 그런 제자들을 향해 예수님은 긴 다락방 강화를 통해 미래형 하나님나라에 대해(14장), 하나님과의 관계와 교제에 관해(15장), '또 다른 보혜사' 성령님이 오셔서 죄에 대하여, 의에 대하여, 심판에 대하여 세상을 책망하실 것(16장)에 대해 말씀하셨다.

문제는 16장의 이 부분은 해석하기가 약간 모호하다는 것이다. 그나마 우리가 쉽고 바르게 해석하려면 '세상'이라는 단어의 이중적 의미(카데마이, 카토이케오)[56]와 '책망'(엘렝코(ἐλέγχω), 엘렝크세이 페리(ἐλέγξει περὶ), 죄에 대한 경고, 폭로→세상을 고소, 고발→죄 입증(밝히 드러냄)→유죄 선언→책망)'이라는 단어를 적절하게 의역하면 된다.

첫째, 성령님은 '죄에 대하여 세상을 책망하시리라'고 하셨다. 이는 '세상 속에서 살아가는 카데마이(택정함을 입은 자)'들의 죄(자범죄)를 지적하며 '책

---

[55] '예수의 영'(행 16:7)이란 '보혜사이신 예수'의 '또 다른 보혜사로서의 영'이라는 말로서 보혜사이신 예수님도, 또 다른 보혜사이신 성령님도 한 분 하나님(존재론적 동질성)이신 삼위일체 하나님임을 함의하고 있는 말이다. '진리의 영(요 14:17, 요일 4:6)이란 우리를 모든 진리가운데로 인도하시는 하나님으로 자의로 말하지 않고 성부와 성자로부터 "듣는 것을 말하시며", "장래 일" 곧 예수님의 십자가 대속 죽음을 통해 현재형 하나님나라를 누리게 된 것과 미래형 하나님나라에의 입성과 영생을 누릴 수 있게 된 것을 우리에게 알려주시는 다른 하나님(기능론적 종속성)이신 삼위일체 하나님임을 함의하고 있는 말이다(요 16:13-14). 한편, 성자께서는 성부의 영광을 나타내고(요 13:31, 17:4) 성령께서는 성자의 영광을 드러내신다(요 7:39)고 하셨다. 곧 성령의 사역은 철저히 그리스도 중심적(Christo-centeric)이다.

[56] '땅에 거하기는 하나 장차 하나님께로 돌아올 자(계 14:6, 택정함을 입은 자)'를 가리킬 때에는 카데마이(Κάθημαι)를, 불신자를 의미하는 '땅에 속한 자(계 13:14)'의 경우에는 카토이케오(Κατοικέω)를 칭하는 것으로 나는 고유명사화했다. 자세한 것은 <예수 그리스도 복음의 계시라, 요한계시록 주석, p469-471> 참조하라.

망'하신다는 말이다. 이때의 '책망'은 '징계'라는 의미로서 '회복을 전제한 체벌'이다. 반면에 '세상 속에서 살아가는 카토이케오(유기된 자)들을 향한 죄(원죄 곧 불신)를 지적하며 책망⁵⁷하신다고 할 때의 '책망'은 '최종적인 유황 불 못 심판'을 의미한다.

둘째, 성령님은 '의에 대하여 세상을 책망하시리라'고 하셨다. 이는 '세상 속에서 살아가는 카데마이(택정함을 입은 자)들의 의(예수 그리스도)에 대한 태도를 지적하며 '책망'하신다는 말이다. 이때 성령님께서 '그들의 태도'를 책망하시는 이유는 복음과 십자가로(그리스도의 증인으로) 살아가지 못하고 복음과 십자가를 적극적으로 자랑(복음선포)하지 못함에 대한 책망으로 '징계' 곧 회복을 촉구하는 체벌이다. 반면에 '세상 속에서 살아가는 카토이케오(유기된 자)들을 향한 의(예수 그리스도)를 지적하며 책망⁵⁸하신 것은 진정한 '의' 이신 예수 그리스도를 믿지 않을(불신) 뿐만 아니라 그 '의'를 배척함(대적함)에 대한 책망이다. 그 결과 '지금' 하나님과의 관계 단절과 더불어 '장차' 유황 불 못 심판을 받게 될 것을 의미한다.

셋째, 성령님은 '심판에 대하여 세상을 책망하시리라'고 하셨다. 이는 '세상 속에서 살아가는 카데마이(택정함을 입은 자)들에게 '최종적인 심판(백보좌 심

---

57 그들의 죄' 곧 '불신(불의)과 그 결과 나타난 '쓴 뿌리'(히 12:15, τις ῥίζα πικρίας, any root of bitterness) 곧 '불순종'을 경고, 폭로(롬 1:18, 히 3:18-19)한 후 그 죄를 고발(고소)하고 죄를 입증한 후 유죄 선언(하나님과의 관계 단절)을 통해 이 땅(현재형 하나님나라)에서의 책망과 장차 아날뤼시스 후 미래형 하나님나라에서의 백보좌 심판(유황 불못 심판, 영원한 죽음, 둘째 사망)으로 책망받을 것을 가리킨다.

58 세상의 유일한 '의'이신, 초림의 구속주로 오신, 예수 그리스도의 '십자가 보혈의 의'를 배척한 세상의 불의(불신)에 대해 경고(폭로)하며 세상을 고소(고발)한 후 그 죄를 입증함으로 유죄 선언(하나님과의 관계 단절)을 통해 이 땅(현재형 하나님나라)에서 책망을 받고 장차 아날뤼시스 후 미래형 하나님나라에서도 백보좌 심판(유황 불못 심판, 영원한 죽음, 둘째 사망)으로 책망받을 것을 가리킨다.

판'이 있을 것을 일깨워 주시며 마치 '심판(κρίσις, nf, justice or judgement, nm, מִשְׁפָּט, 미쉬파트)'이 없기라도 하듯 망각하며 살아가는 그들의 태도를 지적하고 책망하신 것이다. 그렇다고 하여 '심판'을 두려워 말 것은 카데마이들에게 있어서의 심판은 신원[59](伸寃, vindication)이기 때문이다. 반면에 '세상 속에서 살아가는 카토이케오(유기된 자)'들의 심판(백보좌 심판)에 대해 책망[60]하시리라는 것에서의 '책망'은 '지금' 그들을 향한 엄중한 심판에 대한 경고와 더불어 '장차' 어마무시한 백보좌 심판인 '유황 불 못 심판(영원한 죽음, 둘째사망)'이 있을 것에 대한 예고를 함의하고 있다.

한편 16장 5-15절까지의 전통적 해석은 첫째, 5-12절까지의 '세상'에 대한 성령님의 사역과 둘째, 13-15절까지의 '제자들과 관련된' 성령님의 사역으로 나누고 있다.

여기서 "세상"이란 앞서 언급했듯이 이중적 함의(솜훔)로서 심판을 받게 될 세상(카토이케오, 계 13:8)과 하나님의 은혜로 만세 전에 선택(택정함, 구원)을 받아 성령님의 인도와 보호하심을 받을 세상(카데마이, 계 14:6)이다.

참고로 "책망하다"의 헬라어는 엘렝코(ἐλέγχω)인데 신약에서 17회 사용되었고 다음의 3가지 의미를 가진다. 첫째, '밝히 드러내다(to bring to light, expose), 폭로하다(눅, 요, 엡)'와 둘째, '그릇된 것, 잘못된 것을 바로잡다(마, 딤전, 딤후, 딛, 히)', 셋째는 '죄를 경고(유죄를 선언, convict), 고소(고발, 폭로, 지적, 심판, 책망), 입증하다'라는 의미이다. 이중 8절 원문의 엘렝코(요 16:8, ἐλέγχω)는 세 번째 의미

---

[59] 구원 역사를 주관하시는 하나님의 주권적 섭리(롬 11:33), 범죄한 자에게 내리시는 하나님의 준엄한 심판 행위(롬 2:3, 시 96:10)를 의미한다. 네이버 지식백과, 교회용어사전

[60] 예수 그리스도를 믿지 않음으로 이 땅(현재형 하나님나라)에서도 이미 하나님과의 관계 단절이라는 책망을 받은 것과 장차 아날뤼시스 후 미래형 하나님나라에서도 엄중한 백보좌 심판(유황 불 못 심판, 영원한 죽음, 둘째 사망)으로 책망받을 것을 가리킨다.

가 가깝다. 왜냐하면 전치사 페리(περί)가 붙어있기(엘렝크세이 페리, ἐλέγξει περί) 때문이다.

'세상(카데마이, 카토이케오)을 책망하다'
1) 세상의 죄에 대한 경고(폭로)
2) →죄에 대해 고소(고발)하다→죄 입증 & 불의를 밝히 드러내다
3) →유죄 선언→'책망' 곧 징계(카데마이) 혹은 백보좌 심판(카토이케오)

ἐκεῖνος ἐλέγξει τὸν κόσμον (he will convict the world) περὶ ἁμαρτίας, (concerning sin) καὶ περὶ δικαιοσύνης, (and concerning righteousness) καὶ περὶ κρίσεως, (and concerning judgment)		
세상(카토이케오)에 대한 성령님의 사역 : 경고, 폭로→세상을 고소, 고발→죄 입증(밝히 드러냄)→유죄 선언→책망(8) 현재형 하나님나라: 하나님과의 관계 단절 미래형 하나님나라: 유황 불 못 심판, 둘째 사망, 영원한 죽음		
죄에 대하여(9)	의에 대하여(10)	심판에 대하여(11)
불의 →불순종과 패역 (원죄와 자범죄)	JC의 십자가 보혈(구속주) 천국 복음 십자가의 의 길, 진리, 생명 (배척과 대적)	예수 재림의 날 종말의 끝날 말세지말 마지막 그날에 있게 될 백보좌 심판 선언 (경고와 예고)
*또 다른 보혜사 성령님은 우리를 보호하시고 우리의 근심을 기쁨과 평안으로 바꾸시며 환난을 극복할 수 있도록 바른 방향을 제시하시며 우리를 뒤에서 밀어주시고 도우신다(할라크의 하나님)고 말씀하셨다 (요 14:27; 15:11; 16:20, 33)		

상기와 동일한 의미를 보여주는 헬라어 단어가 요한복음 8장 46절(너희 중에 누가 나를 죄로 책(고소)잡겠느냐)과 3장 20절(그 행위가 드러날까)에도 있다.

헬라어 엘렝코(ἐλέγχω)는 '경고(폭로)→고소(고발)→죄 입증(밝히 드러내다)→유죄

선언→책망'이라는 법적 용어, 심판 용어로서 일차적으로는 '세상(카토이케오)을 향한' 고소이다. 이차적으로는 제자들(택정함을 받은 인간들, 카데마이)에게 여전히 남아 있는 죄(옛 사람)의 잔재에 대한 고소로서 이는 심판 용어가 아니라 회개로 연결되는 책망 곧 징계(파이데이아, 파이스, 회복을 전제한 체벌)를 말한다.

앞서 두 부분(5-12절까지는 세상에 대한 성령의 사역이며 13-15절까지는 제자들과 관련된 성령의 사역)으로 나눈 것과 달리 16장 5절에서 15절까지를 좀더 세분하여 3부분으로 나누어 묵상하면 성부하나님의 마음을 보다 더 정확하게 이해할 수 있다. 첫째, 16장 5-7절은 '세상(카토이케오)에 대한' 성령님의 심판 사역이다. 둘째, 16장 8-12절은 '세상 속에서 살아가는 제자들(카데마이)에게 남아있는 죄(옛 사람)의 잔재'에 대한 성령님의 사역(검, 불)이다. 셋째, 13-15절은 '제자들과 관련된' 성령님의 사역(보혜사)으로 나눌 수 있다. 이중 첫째(16:5-7)와 둘째 부분(16:8-12)에 대해 성령님은 검(마 10:34)과 불(눅 12:49)을 주러 오셨는 바 책망받을 자에게는 검과 불 심판을, 곧 검으로 죄를 도려냄으로 죄 사함을 받은 후 용서를 받고 제련(製鍊, 욥 23:10) 될 사람에게는 불로 연단(鍊鍛)하시기 위해 이 땅에 오셨다. 셋째 부분(16:13-15)에 대하여는 성령님께서 사랑의 하나님으로 오셔서 우리 안에 계시며 주인 되셔서 우리를 거룩함으로 살아가도록 앞서서 인도(나하흐)하시고 곁에서 손잡고 함께(에트)하시며 뒤에서 밀어주시고 동행(할라크)하시겠다는 것이다. 그런 삼위일체 하나님은 우리로 하여금 세상에 복음을 전파케 하심으로 세상이 받아들이면 구원이요 그렇지 않으면 심판(지금 심판(하나님과의 관계 단절) & 나중 심판(백보좌 심판))하실 것을 경고하는 그 일에 제자들을 사용하겠다는 말씀이다.

이에 더하여 성령님(또 다른 보혜사, 파라클레토스)은 우리를 보호하실 뿐만 아니라 우리의 근심을 기쁨과 평안으로 바꾸시고 환난을 극복할 수 있도록 바른 방향을 제시하시며 우리를 뒤에서 밀어주시고 도우실 것이라고(할라크의 하나님) 하셨다(요 14:27; 15:11; 16:20, 33).

믿음(피스티스; 허락하신 믿음)의 시대를 여신 성령님은 만세 전에 택정된 교회들에게 믿음(피스티스)의 눈(영안, 고전 12:3)을 뜨게 하셔서 복음이 들려지게 하셨다. 그러므로 우리는 주신 믿음(피스티스)을 통해 입으로 시인하고 마음으로 믿어(피스튜오; 반응한 믿음) 구원을 얻어 하나님의 자녀가 된 것이다. 다시 강조하지만 우리의 구원은 전적으로 주신 믿음(피스티스 & 성부하나님의 신실하심(피스토스))으로 말미암은 것이다.

죽음 이기시고 부활하신 초림의 예수님은 승천하신 후 '또 다른 보혜사'이신 예수의 영, 진리의 영이신 성령님을 보내셨다(Procession of the Holy Spirit). 그 성령님은 우리 안(내주 성령)에 주인 되셔서 우리를 다스리시고 통치하시며(성령충만) 종국적으로는 미래형 하나님나라에까지 인도하실 것이다.

참고로 요한복음 17장 '주님의 기도' 바로 전(前)에 위치한 16장은 예수님의 십자가 수난 전 유언(遺言)과도 같은 장이라는 점을 잊지 말아야 한다.

한편 그리스도인들의 기도는 믿음(전적 신뢰)과 더불어 삼위일체 하나님과의 바른 관계와 친밀한 교제를 전제하고 있기에 교회 된 성도의 귀중한 특권 중 하나이다. 그렇기에 기도는 단순히 개인적 이익이나 욕망, 이기적인 탐욕을 위해 구하는 수단이나 방편이 되어서는 안 된다.

요한복음 16장에는 특별히 "근심"이라는 단어가 많이 나오는데 성경적인 관점에서 '근심'은 '믿음'의 반의어이다.

일반적으로 모든 사람들은 믿음이 없을 때(적을 때, 약할 때, 흔들릴 때) 내면으로부터 근심(worry, 해결되지 않은 일 때문에 속을 태우거나 우울해함)이 생기게 되고 걱정(fear, 안심이 되지 않아 속(마음)을 태움, 불안의 일종)이 늘어나면서 종국적으로는 두려움이 엄습하게 된다. 이때 마음은 두 갈래로 나뉘어져(두 마음, 약 1:8) 하나님에 대한 '의심'이 생기게 된다. 이런 의심은 계속적으로 악순환(vicious cycle)이 되어 마치 허리케인이 모여 그 세기가 점점 더 커지듯(퍼펙트 스톰, Perfect Storm) 더 많은 근심(worry)과 걱정(fear), 염려(anxiety, 앞일에 대한 여러가지 걱정)라는 소용돌이(Perfect Storm) 속으로 빠져들게 한다. 그러나 걱정할 것 없다. 요한복음 14장 1절과 27절은 위로와 함께 명쾌한 해결책을 제시해 주고 있기 때문이다.

"너희는 마음에 근심하지 말라
하나님을 믿으니 또 나를 믿으라" _요 14:1

"평안을 너희에게 끼치노니
곧 나의 평안(샬롬, 에이레네)을 너희에게 주노라
내가 너희에게 주는 것은 세상이 주는 것(PAX, 팍스) 같지 아니하니라
너희는 마음에 근심도 말고 두려워하지도 말라" _요 14:27

동시에 이곳 16장의 마지막 절(33절)에서는 샬롬(관계와 교제, 견고함: security, 안전함: safety, 번영: prosperity, 더할 나위 없는 행복: felicity)을 통해 평안과 기쁨을 약속하셨다. 그러므로 세상에서는 환난을 당하나 당당하고 담대하라고 말씀하시고 있다.

참고로 다음 장인 17장은 '영광'에 대해 설명하신 후 '예수님의 대제사장적 기도' 곧 '주님이 직접하셨던 기도'를 보여주고 있다. 이는 주님께서 우리에게 가르쳐 주셨던 기도(주기도문, 마 6장, 눅 11장)는 아니다. 대속 죽음 전에 하셨던 예수님 당신 자신을 위한 기도(17:1-5)이자 사도들을 위한 (17:6-19) 기도, 그리고 교회들을 위한(17:20-26) 기도이다.

요한복음 18-19장에서는 예수께서 성부하나님의 뜻(구속 계획: 그의 일, 그 일, 나

의 하는 일, 이보다 큰 것, 무엇을 구하든지, 무엇이든지, 14:10, 11, 12, 13, 14)을 묵묵히 행하심으로 아버지 하나님께 영광(성부하나님의 영화) 돌리시는 것을 볼 수 있다. 동시에 십자가 고난의 길(Via Dolorosa)과 죽음을 통해 모든 것을 다 이루심(테텔레스타이)으로 당신께서 영광(성자하나님의 영화) 받으셨음을 말씀하고 있다.

20장에서는 죽음을 이기시고 부활하신 예수님을 보여주셨다. 그리하여 예수님은 실로 아버지 하나님의 성품과 속성을 이 땅에서 온전히 드러내심으로 성부하나님은 영광(성부하나님의 영화)을 받으셨다. 동시에 부활, 승천을 통해 승리주 하나님 되심으로 당신 스스로는 영광(성자하나님의 영화)이 되셨다.

"저가 나간 후에 예수께서 가라사대
지금 인자가 영광을 얻었고
하나님도 인자를 인하여 영광을 얻으셨도다" _요 13:31

*핵심 요약 (휘포밈네스코, ὑπομιμνήσκω & 디다스코, διδάσκω)

1. 또 다른 보혜사, 진리의 영, 예수의 영, 파라클레토스
2. 의
3. 근심
4. 평안(샬롬)

*강청기도

성부하나님을 찬양합니다. 성자하나님을 찬양합니다. 성령하나님을 찬양합니다. 삼위일체 하나님 한 분 만으로 만족하겠습니다. 삼위일체 하나님께만 영광 돌리겠습니다. 영광의 책(The Book of Glory)이 시작되는 13장의 최후의 만찬 때 있었던 세족식 이야기를 통해 당신의 십자가 죽음과 부활을 보여주심에 감사드립니다. 14장에서는 그런 예수 그리스도를 통해 영적 죽음에서 부활(첫째) 후 하나님나라(현재형)를 누리게 하셨고 아날뤼시스를 통과 후 부활(둘째)하여 하나님나라(미래형)에로의 입성을 허락하심과 영생을 허락하셨음에 감사드립니다. 더 나아가 미래형 하나님나라(장소 개념)가 주님께서 예비하신 최고의 장소(요 14:2-4)임을 알게 하셨음에 감사드립니다. 15장에서는 농부이신 하나님, 포도나무이신 예수님, 가지인 우리들의 관계와 교제에 대해 말씀하셨습니다. 가지에 꼭 붙어있음으로 하나님의 보살핌을 받는 우리가 되게 하옵소서. 이곳 16장에서는 죄에 대하여, 의에 대하여, 심판에 대하여 세상을 책망하시는 보혜사 성령님의 역할을 알게 해 주셨습니다. 더 나아가 우리 안에 내주하셔서 우리의 주인되시는 파라클레토스께서 당신의 그 역할에 우리를 동역자 삼아주심에 감사드립니다. 예수님을 사랑합니다. 성령님을 사랑합니다. 성부하나님을 사랑합니다. 삼위일체 하나님을 사랑합니다. 남은 여생을 삼위일체 하나님께만 영광 돌리며 살아가겠습니다. 종말시대의 일부분인 한 번의 유한된 인생 동안에 더욱더 소망(엘피스, 미래형 하나님나라에의 입성과 영생)을 붙들고 살아가게 하옵소서. 삼위일체 하나님께 모든 영광을 올려드립니다. 감사드리며 예수 그리스도의 이름으로 기도드립니다. 아멘

*핵심 요약 (휘포밈네스코, ὑπομιμνῄσκω & 디다스코, διδάσκω) 해석

1.

ἐκεῖνος ἐλέγξει τὸν κόσμον (he will convict the world) περὶ ἁμαρτίας, (concerning sin) καὶ περὶ δικαιοσύνης, (and concerning righteousness) καὶ περὶ κρίσεως. (and concerning judgment)		
세상(카토이케오)에 대한 성령님의 사역 : 경고, 폭로→세상을 고소, 고발→죄 입증(밝히 드러냄)→유죄 선언→책망(8) 현재형 하나님나라: 하나님과의 관계 단절 미래형 하나님나라: 유황 불 못 심판, 둘째 사망, 영원한 죽음		
죄에 대하여(9)	의에 대하여(10)	심판에 대하여(11)
불의 →불순종과 패역 (원죄와 자범죄)	JC의 십자가 보혈(구속주) 천국 복음 십자가의 의 길, 진리, 생명 (배척과 대적)	예수 재림의 날 종말의 끝날 말세지말 마지막 그날에 있게 될 백보좌 심판 선언 (경고와 예고)
*또 다른 보혜사 성령님은 우리를 보호하시고 우리의 근심을 기쁨과 평안으로 바꾸시며 환난을 극복할 수 있도록 바른 방향을 제시하시며 우리를 뒤에서 밀어주시고 도우신다(할라크의 하나님)고 말씀하셨다(요 14:27; 15:11; 16:20, 33)		

2. '의(義)': 헬라어는 디카이오쉬네(δικαιοσύνη, nf, righteousness): 아모스서 5장 24절의 "공의(מִשְׁפָּט, 쩨다카, nf, δικαιοσύνη, nf, righteousness)를 물 같이, 정의(מִשְׁפָּט, 미쉬파트, nm, justice or judgement, 심판, κρίσις, nf)를 하수 같이"에서의 '말씀의 공의, 공법, 옳음' 그 자체이신 JC

'죄': 유일한 '의'이신 예수 그리스도를 믿지 않은(불신, 불의) 것

3. '근심': '믿음'의 반의어: 믿음이 없으면(적을, 약할, 흔들릴)→내면으로부터 근심(worry, 해결되지 않은 일 때문에 속을 태우거나 우울해함) & 걱정(fear, 안심이 되지 않아 속(마음)을 태움, 불안의 일종)→두려움 엄습→그 결과 마음이 두 갈래로 나뉘어져(두 마음, 약 1:8) 하나님에 대한 의심이 생김→

이런 의심은 악순환(vicious cycle)이 되어 더욱더 많은 근심(worry)과 걱정(fear), 염려(anxiety, 앞일에 대한 여러가지 걱정)가 몰려오게 됨(요 14:1, 27)

"너희는 마음에 근심하지 말라 하나님을 믿으니 또 나를 믿으라"_요 14:1

"평안을 너희에게 끼치노니 곧 나의 평안을 너희에게 주노라 내가 너희에게 주는 것은 세상이 주는 것 같지 아니하니라 너희는 마음에 근심도 말고 두려워하지도 말라"_요 14:27

4. 평안(요 16:33)→샬롬(관계와 교제, 견고함: security, 안전함: safety, 번영: prosperity, 더할 나위 없는 행복: felicity) 통해 기쁨→그 결과 세상에서는 환난을 당하나 당당하고 담대하게 될 것.

세상이 주는 평안-->팍스(PAX): 정치 사회적(갈등X) 안정, 경제적 풍요, 군사적 강함

Part III The Book of Glory
레마 이야기 17. 예수님의 대제사장적 기도

마태복음과 누가복음에서는 예수님이 제자들에게 직접 가르쳐 주신 기도(마 6:9-13, 눅 11:2-4) 곧 '주기도문'이 나온다. 《기독교의 3대 보물》 중 하나이다.

그러나 이곳 요한복음 17장에는 예수님께서 성부하나님께 직접 드렸던 '예수님의 대제사장적 기도'가 있다. 그런 17장은 13장에 이은 속편적 성격을 띠고 있다. 곧 13장이 세족식을 통해 희생제물 되신 예수님의 십자가 죽음과 부활을 상징적으로 드러낸 것이라면, 17장은 대제사장으로서 당신의 역할 전에 성부하나님께 중보기도를 올리는 모습을 담은 것이다. 곧 구약 성전에서 '번제단'의 상징적 의미(희생제물 되신 예수 그리스도, 대제사장 되신 예수 그리스도)이 기도 하다.

참고로 "유대인의 기도(눅 11:1)"는 크게 2가지로 하나는 카디쉬(Kaddish, קדיש, 애도자의 기도)이고 다른 하나는 테필라(תפילה, nf, prayer, Tepillah, 18번 축복기도, 18th Benedictions, Shemone Esre, 합 3:1; 시 55:17; 단 6:10)이다.

'기도'는 교회 된 성도들의 특권 중 특권이며 삼위일체 하나님과의 하나 됨이고 그분과의 친밀한 교제를 쌓아가는 지름길이다. 기도는 의무도 또 하나의 짐(Burden)도 아니다. 오히려 은혜의 방편(means of Grace)이다. 기도란 연약한 인간이 하나님께 간절히 구하고 마음을 토로한 후 '말씀으로 응답'받는 것이다. 그렇기에 기도는 단순히 무엇을 얻기 위한 수단이 아님을 알아야 한다.

성경은 "말씀과 기도로 거룩하여 짐(딤전 4:5)"이라고 선포하셨다. 그렇기에 예로부터 신앙 선배들은 말씀을 토대로 기도하였으며 그런 기도에 질적 양적으로 많은 시간들을 할애하며 집중했던 것이다.

요한 웨슬레는 "적어도 하루에 4시간 이상 기도하지 않는 이는 불쌍한 사람"이라고 일갈(一喝, roar, thunderous criticism)하기도 했다. 내가 바라보며 닮고자 하는, 나와 같은 외과의사 출신이었던 D. M. 로이드존스(1899-1981)의 경우 그의 아내의 말을 빌리자면 '그는 진정한 기도의 사람'이라고 했다. 그래서 나 또한 정기적으로 감림산 기도원의 바위 위에 세워진 승리제단에 들어가 홀로 기도하며 깊은 묵상을 습관화하고 있다.

한편 예수님의 대제사장적 기도인 17장은 크게 세 부분으로 나누어서 묵상하면 도움이 된다.

첫째 부분(1-5절)은 '예수님 자신을 위한 기도'이다. 예수님은 성부하나님의 구속 계획을 십자가 대속 죽음을 통해 성취하심으로 당신도 영광을 얻고 성부 하나님도 영광을 받으시도록(당신을 통해 하나님의 성품과 속성, 능력이 이 땅에 드러나도록) 간절히 기도했다.

둘째 부분(6-19절)은 '제자들을 위한 기도'이다. 예수님은 당신께서 부활 후 승천할 때 이 땅에 두고 가야만 하는 당신의 사랑스러운 제자들을 위해 간절히 기도했다. 왜냐하면 예수님은 그들을 사랑하시되 '끝까지' 사랑하셨기 때문이다.

셋째 부분(20-26절)은 '믿는 자들인 교회(성도)를 위한 기도'이다. 둘째와 셋째 기도는 특별히 제자와 교회들을 '보전'해 주시고 그들을 우리와 같이 '하나 되게' 해 달라고 하셨던 기도이다.

참고로 아더 핑크는 성부하나님께 올렸던 예수님의 중보기도는 참으로 타당하다(정당성)고 했는데 그 이유를 나와 공저자의 생각으로 재구성하면 다음과 같다.

예수님은 하나님의 아들로서 부자지간(17:1)이기에 십자가 죽음(구속, 속량, 대가 지불 곧 대속 죽음)의 때가 이르게(17:1) 되었을 때 잘 감당할 수 있도록 아버지께 기도한 것은 아주 정당했다는 것이다.

유일한 구원자이신 예수님(이에수스, the Savior, 웨스트민스터 소요리문답 21항)은 당신의 섭리[61](providence)와 경륜(Administration, decree), 작정(decree)과 예정(predestination) 하에 이 땅에 성부하나님의 유일한 기름부음 받은 자(the Anointed) 곧 그리스도(크리스토스), 메시야(마쉬아흐)로 오셔서 아버지 하나님의 구속 계획(하라고 하신 일들)을 성취하셨다. 언약의 온전한 성취인, 복음 곧 '예수, 그리스도, 생명'을 통해 만세 전에 당신의 은혜로 택정함을 입은 자들에게 영생을 주시마 약속하신 언약의 주체이신 성부하나님께 기도한 것은 정당했다는 것이다. 더 나아가 예수님은 삼위일체 하나님으로서 당신과 '더불어, 함께'

---

61 섭리(providence)란 작정과 예정이 성취되기 위한 하나님의 간섭과 열심을, 경륜(Administration, decree)이란 의도와 방향이 있는 특별한 섭리를, 작정(decree)이란 창조, 타락, 구속, 완성이라는 전체의 청사진을, 예정(predestination)이란 하나님의 작정 속에 택정된 하나님의 자녀들의 구원이 성취되는 것을 말한다.

영원히 교제하게 될, 곧 '영생'에 대해 우리를 위해 직접 중보기도 한 것은 정당했다는 것이다.

성육신하신 예수님은 하나님의 본체이심(빌 2:6)에도 불구하고 공생애 전(前)과 공생애 때에 일관되게 온전히 수동적 입장(Messianic Secret & Messianic Sign)을 취하셨다. 모든 것에 일절 순종하심으로 성부하나님께만 영광을 올려드렸다. 그런 예수님의 성부하나님께 기도 드렸던 중보기도는 아주 정당했다는 것이다.

상기에 더하여 요한복음 17장 곧 '예수님의 대제사장적 기도'에 대한 여러 신앙 선배들의 소회(所懷, impression, opinion)를 나와 공저자의 표현으로 약간 다듬은 후에 함께 나누고자 한다.

"이 기도는 지극히 충만하고 위로에 넘치는 대화 그 다음에 나오는 것으로서 세상에서 지금까지 드려진 기도 중 가장 탁월하다."(매튜 헨리[62])

"이 기도에는 사상의 숭고함, 엄숙함, 간결한 표현력, 의미의 포괄성이 깃들어 있다. 지성수와 지성소 사이를 막고 있던 휘장이 중보자(화목 제물, 대속 제물)이신 예수님으로 인해 열려져 지존자의 은밀한 장소로 들어가게 되었는 바 실로 거룩한 땅(Holy of Holy)에 서 있게 됨으로 신을 벗고 들어가 겸손하게, 경건하게, 준비된 마음으로 하나님의 음성에 귀 기울여야 한다."(아더 핑크[63])

---

62 Matthew Henry[(1662-1714)]: 비 국교회 목사, 웨일스 출생으로 찰스 스펄전(Charles Haddon Spurgeon, 1834-1892, 영, 침례교 목사, 설교자의 왕자), 조지 휫필드(George Whitefield, 1714-1770, 영, 존 웨슬리와 함께 감리교 운동을 주도, 옥스포드의 Holy Club멤버, Methodist(규칙쟁이, 규칙주의자) 곧 감리교회의 어원)에게 영향을 미쳤다.

63 Arthur W. Pink [(1886-1952)]: 잉글랜드 노팅햄 출생, 미국 무디 성경학원에서 수학, 은혜, 칭의, 성화에 초점을 놓치지 않았다.

"이는 강렬하며 진심에서 우러나온 기도이다. 그리스도는 우리들에 관해, 그리고 아버지에 관해 당신의 마음을 열어 보이셨다. 그리고 그것들을 하나도 빠짐없이 토로(吐露, express one's feelings)하신다. 그것은 아주 정직하고 선명하며 심오하고 풍부하며 광범위하다. 그것을 측량할 수 있는 사람은 아무도 없다."(마르틴 루터 64)

"아들이신 예수님이 아버지 하나님께 바친 이 기도야말로 하늘에서나 땅에서나 우리가 들어왔던 것 중 가장 숭고하고 거룩하며 가장 결실이 풍부하고 탁월한 기도이다."(멜란히톤65 , 죽기 전 최후의 요한복음 17장 강의에서)

"우리가 지금 고찰하려는 이 요한복음 17장은 성경 중에서 가장 탁월한 장이다. 그것은 독보적이다."(라일 주교 66)

"이 요한복음 17장은 모든 성경들 중 그 심오(深奧)성과 범위에 있어서 진실로 필적할 만한 대상이 없다."(W. 켈리, 신중하고 보수적인 작가)

"17장은 이 세상의 가장 탁월한 책 중의 가장 탁월한 부분(간결함, 광범위함, 심오성, 선명함)으로 이보다 더 놀라운 내용도 놀라운 부분도 없다. 성육신67(成肉身, incarnation)하셔서 자신

---

64 Martin Luther(1483-1546); 독, 신학자, 종교개혁가, 성 아우구스티노 수도회(Ordo Sancti Augustini) 소속(RCC소속의 카톨릭 수도회, Augustinus(354-430)를 스승으로 여김), 1517년, 당시 비텐베르크 대학교 교수, 95개조 반박문, 회개가 없는 용서, 거짓 평안을 비판, 이신칭의(der Rechtfertigung durch den Glauben) 주장, 당시 면죄부 판매하던 도미니코회(설교자들의 수도회, 도미니코 수도회, Ordo fratrum Praedicatorum, O.P., 에스파냐의 사제 성 도미니코(도밍고 데 구스만)가 설립) 수사, 설교가 요한 테첼(Johann Tetzel, 1465-1519, 작센 선제후국 출생, 폴란드의 이단심문소장, 독일에서 면죄부 판매위원장)과 싸웠다.

65 Melanchthon, Philipp(1497-1560)' 독, 종교개혁가, 인문주의자, 비텐베르크 대학교의 헬라어 교수, 루터와 동역, 조직신학저서 <신학개론, Loci communes, 1521>, <아우구스티누스 신앙고백, Confessio Augustana>, 훗날, 필리피스무스 신학파(Philippismus)가 되어 루타파와 대립함, 본명은 Schwartzerd이다.

66 Bishop John Charles Ryle(1816-1900); 영, 성공회 주교(리버풀 교구), 복음주의자

67 신성(神性)을 지닌 채 인간이 되심, 남자가 아닌 성령에 의한 동정녀 탄생, 그 출생은 시작이 아니라 그의 영원하신 신성에 순수한 인성을 취하신 것(빌 2:9, 신인양성, 유일한 의인), 웨스트민스터 소요리문답 21항, AD 451년 칼케돈 회의에서 영구적 교리가 됨.

을 희생제물로 바치신 사랑이 집약되어 있다. 은혜로 충만하며 진리로 충만하다."(존 브라운68)

17장에는 특별히 "내게 주신"이라는 단어가 자주 등장하는데 이는 '수동적 입장'을 취하신 예수 그리스도를 드러내고 있는 말이다.

하나님의 본체이신 예수님은 성부하나님의 유일한 기름부음 받은 자(그리스도, 메시야)로서 공생애 전(前)에도 공생애 때에도 일관되게 수동적 입장을 취하셨다. 마치 구약의 대제사장이 기름부음 받음으로 수동적 입장을 취하였듯이 큰 대제사장(히 4:14)으로 오신 예수님 또한 일절 순종하심으로 배우셨고(히 5:8-9) 일관되게 수동적 입장을 견지하셨다.

배우실 필요가 전혀 없으셨던 전능하신 하나님이심에도 불구하고…….

3년 반의 공생애 동안에는 성부하나님의 뜻(구속 계획)만을 이 땅에서 온전히 드러내셨고 완수하셨다(17장). 이 말인즉 예수님은 이 세상에서 아버지 하나님을 영화롭게 해드렸고(4) 그분이 하라고 하신 일만을 이루셨다(4)는 말이다.

구원자 예수님은 이 땅을 떠나기 전, 제자들(사도들)과 교회들(구원자들)을 위해 중보기도를 하셨다.

제자들(사도들)에게는 아버지 하나님의 이름을 드러내셨을 뿐만(6) 아니라 그분의 말씀을 전하셨다(8, 14). 더 나아가 마치 목자가 자신의 양떼를 지키듯 저들을 지키셨고(12) 저들을 세상으로 파송하셨으며(18) 아버지께서

---

68 스코틀랜드의 대표적 신학자였던 사무엘 러더포드의 제자, 잉글랜더의 존 오웬, 토마스 굿윈, 리처드 백스터와 더불어 스코틀랜드를 대표했던 가장 탁월한 신학자, 목회자이다.

당신에게 주셨던 영광을 저들에게도 허락해 달라고 하셨다[22]. 이후 제자들은 한 번 뿐인 여생을 '영적인' 사육신(순교)과 생육신으로 살았다.

예수님은 교회(구원자들)을 위하여는 아버지 하나님께 7가지 청원을 하셨으며 세상 속에서 살되 세상과 타협하거나 동화되지 말며 분명한 그리스도인으로서의 정체성을 드러내며 확고부동(確固不動)하게 살아가되 삶의 목적(핵심가치)과 목표(우선순위)를 따라 육신의 장막을 벗는 그날까지 위에서 부르신 부름의 상을 위하여 부지런히 달려갈 수 있도록 중보하셨다. 중보자이신 당신에게 그리고 그리스도인들에게 허락하신 혹은 허락하실 아버지 하나님의 선물도 말씀하셨다.

이를 도표로 그리면 다음과 같다.

	성육신하신 J(구속주)의 사역	J의 교회(구원자) 위한 청원(7)	J의 중보기도 1)교회들 ID정립 2)세상과의 분명한 관계 설정(구별됨)	Q의 선물 1)JC 자신에게 2)교회들에게
1	이 세상에서 아버지를 영화롭게 함(4)	보전(11) & 보호	하나님나라 소속, 소유(6)위해	(1)중보자이신 그리스도에게:
2	하라고 하신 일 곧 아버지의 구속계획 성취(4)	기쁨 충만(13)	세상에 남게 되나 홀로 두지 않으심 여호와 삼마(11) (나하흐, 에트, 할라크의 하나님)	1)우주적인 능력, 통치권(2) 2)하실 일 주심(4) (십자가 보혈로 구속 성취)
3	제자들에게 아버지의 이름을 드러내고 높이심(6)	악으로부터 온전히 떠나게 되길(15)	세상과 타협X 동화X(14)	3)구원해야 할 백성 허락하심(6)
4	아버지의 말씀을 주심(8, 14)	성화(17)	세상이 미워해도 주눅들지 않도록(14)	4)영광 허락하심22
5	선한 목자로서 양떼를 지키심(12)	영접(21) 곧 하나 됨	세상의 악이 힘들게 하나 보존해 주시도록(15)	(2)교회들에게:
6	제자 파송 : 천국 복음 전파(18)	연합(24) Union with Christ	세상에 보냄을 받도록 -C의 대사(18)	5)영생(2) 6)아버지의 말씀(8)
7	하나님께서 당신에게 주신 영광을 저들에게 주심 (공유케, 22)	하나님의 사랑이 거하기를 구함(26)	진리로 거룩함을 얻을 수 있도록 (19)	7)아버지의 소유가 되게 하심(9)

　　성부하나님의 유일한 기름부음 받은 자 곧 그리스도, 메시야로 오신 성자예수님은 성부하나님의 '뜻' 곧 인간의 '구속 계획'을 성취하러 이 땅에 성육신하셨다. 그리고는 아버지 하나님의 하라고 하신 일들을 하나씩 이루어 가셨다. 그 일에 '일체' 먼저 나서지 않으시고 일관되게 수동적 입장을 취하셨다.

하나님의 본체이심에도 불구하고

하나님과 동등됨을 취할 것으로 여기지 않으시며(빌 2:5-8)…….

한편 17장을 묵상할 때에는 8, 13, 16, 18, 19, 22, 26절을 자세히 살핀 후 다음의 4가지 핵심단어에 집중하며 이해해야 한다.

첫째는 '영광 혹은 영화(61회, 독사, 17:1)'라는 중의적 의미의 단어이다. 우리가 자주 사용하는 '하나님께 영광'이라는 말은 하나님의 능력, 성품, 속성을 이 땅에 가시적으로 '드러내다'라는 의미(요 11:4, 12:16, 23, 13:31)와 크고 오묘하신 하나님의 명예, 명성, 빛나는 영예(요 8:24, 12:28, 15:8, 16:14, 21:19)에 대해 찬양과 경배를 '올려드리다'라는 의미이다.

둘째는 '영생(17:3, 永生)'을 의미하는 아이오니오스(αἰώνιος, eternal) 조에(ζωὴ, life)라는 헬라어로 이는 두 단어의 합성어이다. 이는 단순히 인간의 육신적 죽음(아날뤼시스) 이후의 영원한 삶만을 의미하지 않는다. 영생이란 지금 예수를 믿고 살아나서(영적 부활 혹은 첫째 부활) 즉시 영원한 삶을 누리게 됨(비록 already~not yet이지만, 內住 성령, 성령 세례)것과 동시에 육신적 죽음(아날뤼시스) 이후에도 영원히 살아가게 됨(resurrection body, 시공을 초월하는 부활체로서)을 의미한다. 부연하면 생전에 예수를 믿게 되면 영적으로 부활하여 비록 already~not yet이기는 하나 현재형 하나님나라(주권, 통치, 질서, 지배개념)에서 영생 가운데 살아가게 된다. 이후 모든 인간이 피할 수 없는 육신적 죽음은 단순한 '이동(아날뤼시스)'이기에 '마지막 끝'이 아니라 새로운 시작일 뿐이다. 그리하여 죽음 후에는 곧장 부활체(resurrection body)로 홀연히 변화하여 또 다른 영생을 누리게 된다. 결국 기독교의 영생⁽永生⁾은 예수를 믿는 즉시 다시 살아나 지금도 하나님나라⁽현재형⁾에서 비록 already~not yet이기는 하나 영생을 누리며 살아가고 있는 것이며 육신적 죽음⁽진정한 죽음이 아닌⁾을 통과⁽이동 혹은 옮김이기에⁾한 후에도 부활체로 영원히 하나님나라⁽미래형⁾에서 살아가게 되는 것이다. 이를 영생⁽永生⁾이라고 한다.

세 번째는 '내게 주신⁽17:22⁾ 영광'이라는 말에서 '주신⁽2, 6(2회), 9, 11, 12, 24⁾'이라는 단어이다. 이는 일곱 차례나 사용되었으며 이에 해당하는 헬라어는 τὴν⁽텐, the⁾ δόξαν⁽독산, glory⁾ ἣν⁽헨, which⁾ δέδωκάς⁽데도카스, You have given⁾ μοι⁽모이, Me⁾이다. 여기서 우리는 순전히 '수동적 입장'만을 취하고 계시는 예수님을 목도하게 된다. 예수님은 근본 하나님의 본체시기에 당연히 '수동적 입장'을 취하실 필요가 전혀 없으시다. 그럼에도 불구하고 기능론적 종속성을 통해 구원자이신 예수님은 성부하나님의 유일한 기름부음 받은 자⁽그리스도, 메시야⁾로 이 땅에 오셨다. 그렇기에 예수님은 하나님과 동등됨을 취할 것으로 여기지 않으셨다. 여기서 '수동적 입장'이란 구약의 대제사장이 수동적으로 '기름부음'을 받은 것처럼 큰 대제사장⁽히 4:14⁾으로 오신 예수님 역시 '기름부음⁽the Anointed, 크리스토스, 메시야⁾' 받은 그대로 일체 수동적 입장을 취하셨다는 말이다.

네 번째는 '하나가 되게⁽17:11, 21, 22, 23⁾'라는 말에서 '하나'라는 단어이다. 이에 해당하는 헬라어는 ἵνα⁽히나, so that⁾ ὦσιν⁽오신, they may be⁾ ἓν⁽헨, one⁾ καθὼς⁽카도스, as⁾ ἡμεῖς⁽헤메이스, we⁾ ἓν⁽헨, are one⁾인데 이는 '우리가 하나⁽삼위일체⁾인 것 같이 저희도 하나⁽영접 곧 연합, 하나 됨⁾가 되게 하옵소서'라는 뜻이다.

우리는 예수님의 십자가 죽음에 동참함으로 함께 죽었고 예수님의 부활하심으로 함께 살아났다(갈 2:20). 이후 우리는 예수 그리스도와 연합(Union with Christ, 하나 됨)되었다. 동시에 삼위일체 하나님(다른 하나님, 한 분 하나님)과 하나가 되었다. 그렇기에 우리를 위해 대제사장적 중보기도를 하셨던 예수님께서 '하나가 되게 하옵시며'라고 하신 것은 예수님을 영접한 우리는 이제 후로 삼위일체 하나님과의 하나 됨 곧 연합되었음을 가르쳐 주신 것이다.

성부하나님은 예수 그리스도에게 만민을 다스리는 권세를 주셔서 종국적으로 택정함을 입은 자들에게 영생을 허락하셨다(17:2). 참고로 '영생'이란 '삼위일체 하나님과 더불어, 함께 영원히 사는 것'과 "유일하신 참 하나님과 그의 보내신 자 예수 그리스도를 아는 것(17:3)"까지를 포함한다. '아는 것'이란 찬양과 경배를 통해 교제하는 것을 말한다.

결국 '하나가 됨'이란 영접, 연합 곧 하나 됨(17:21)을 통한 하나님과 우리와의 친교(17:2, 바른 관계와 친밀한 교제)가 지속될 것을 말한다. 그렇기에 저들은 '내 것이요 동시에 아버지의 것'이라고 하시며 파송된(17:18) 세상 속에서 살되 세상에 속하지 않고 세상과의 분리됨(17:14) 뿐만 아니라 세상과 타협치 않고 구별되게 살아감으로 저들을 통해 '영원히 영광을 받을 것(17:11)'과 그들이 '하나님의 영광이 될 것(17:22)'이라고 하셨다.

마지막으로 하나님과 '하나가 되게'라는 말은 "내가 저희 안에, 아버지께서 내 안에 계셔 온전함을 이루어 하나가 되게 하려함"이라는 의미로 아버지 하나님의 사랑이 예수님과 저들에게 동일하다는 것(17:23)을 드러내는 말이다.

*핵심 요약 (휘포밈네스코, ὑπομιμνῄσκω & 디다스코, διδάσκω)

1. 주기도문

2. 유대인의 기도

3. 17장을 3부분으로 나누면

4. 17장의 4가지 핵심 단어

*강청기도

성부하나님을 찬양합니다. 성자하나님을 찬양합니다. 성령하나님을 찬양합니다. 삼위일체 하나님 한 분 만으로 만족하겠습니다. 삼위일체 하나님께만 영광 돌리겠습니다. 영광의 책(The Book of Glory)이 시작되는 13장의 최후의 만찬 때 있었던 세족식 이야기를 통해 당신의 십자가 죽음과 부활을 보여주심에 감사드립니다. 14장에서는 그런 예수 그리스도를 통해 영적 죽음에서 부활(첫째) 후 하나님나라(현재형)를 누리게 하셨고 아날뤼시스를 통과 후 부활(둘째)하여 하나님나라(미래형)에로의 입성을 허락하심과 영생을 허락하셨음에 감사드립니다. 더 나아가 미래형 하나님나라(장소 개념)가 주님께서 예비하신 최고의 장소(요 14:2-4)임을 알게 하셨음에 감사드립니다. 15장에서는 농부이신 하나님, 포도나무이신 예수님, 가지인 우리들의 관계와 교제에 대해 말씀하셨습니다. 가지에 꼭 붙어있음으로 하나님의 보살핌을 받는 우리가 되게 하옵소서. 16장에서는 죄에 대하여, 의에 대하여, 심판에 대하여 세상을 책망하신 보혜사 성령님의 역할을 알게 해 주셨고 더 나아가 우리를 동역자 삼아 주셨습니다. 그저 감사할 것뿐입니다. 이곳 17장에서는 예수님의 대제사장적 기도를 통해 우리를 사랑하시되 끝까지 사랑하신 주님께 감사드립니다. 그런 예수님을 사랑합니다. 존재론적 동질성의 성령님 그리고 성부하나님을 사랑합니다. 삼위일체 하나님을 사랑합니다. 남은 여생, 삼위일체 하나님께만 모든 영광 돌리며 살아가겠습니다. 종말 시대의 일부분인 한 번의 유한된 인생 동안에 더욱더 소망(엘피스, 미래형 하나님나라에의 입성과 영생)을 붙들고 살아가게 하옵소서. 감사드리며 예수 그리스도의 이름으로 기도드립니다. 아멘

*핵심 요약 (휘포밈네스코, ὑπομιμνήσκω & 디다스코, διδάσκω) **해석**

1. '주기도문': 《기독교의 3대 보물》 중 하나(마 6:9-13, 눅 11:2-4) / 요 17장: 예수님께서 성부하나님께 직접 드리신 '예수님의 대제사장적 기도'

2. "유대인의 기도(눅 11:1)":

1) 카디쉬(Kaddish, קדיש, 애도자의 기도)

2) 테필라(תפילה, nf, prayer, Tepillah, 18번 축복기도, 18th Benedictions, Shemone Esre, 합 3:1: 시 55:17: 단 6:10)

3. 예수님의 대제사장적 기도(17장)

1) 예수님 자신을 위한 기도(1-5절)→성부Q의 구속 계획을 성취함으로 당신도 영광을 얻고 성부Q도 영광을 받으시도록(당신을 통해 하나님의 성품과 속성, 능력이 이 땅에 드러나도록)

2) 제자들을 위한 기도(6-19절)→부활 후 승천할 때 이 땅에 두고 가야만 하는 제자들을 위한 기도: 그들을 사랑하시되 '끝까지' 사랑하심

3) 믿는 자들인 교회(성도)를 위한 기도(20-26절)→둘째와 셋째 기도: 특별히 제자들과 교회를 '보전'해 주시고 우리와 같이 '하나 되게' 해달라고 기도하심

4.

		17장의 4가지 핵심 단어
1	영광 혹은 영화 (61회, 17:1) 독사(δόξα, nf)	(1)Q의 능력, 성품, 속성을 이 땅에 드러내다 (요 11:4, 12:16, 23, 13:31) (2)하나님의 명예, 명성, 빛나는 영예 (요 8:24, 12:28, 15:8, 16:14, 21:19)에 대해 찬양과 경배를 올려드리다
2	영생(永生) 아이오니오스(αἰώνιος, eternal) 조에(ζωή, life)	(1)예수를 믿어 구원; 부활 후 비록 already~not yet이기는 하나 지금도 하나님나라(현재형)에서 영생을 누리며 살아가는 것 (2)육신적 죽음(아날뤼시스) 통과: 부활체로서 Q나라(미래형)에서 영원히 살아감 (3)유일하신 참 하나님과 그의 보내신 자 JC를 아는 것(17:3)
3	내게 주신 (2, 6(2회), 9, 11, 12, 24) : 수동적 입장	구약의 대제사장이 수동적으로 '기름부음' 받은 것처럼 큰 대제사장(히 4:14)으로 오신 JC 역시 '기름부음(the Anointed, 크리스토스, 메시야)' 받은 그대로 일체 수동적 입장
4	하나가 되게(17:11, 21, 22, 23) 영접, 연합 곧 하나 됨	(1)하나님과 우리와의 친교(17:2); 영접, 연합 곧 하나 됨(17:21)으로 인한 바른 관계와 친밀한 교제 (2)나와 하나 된 저들을 세상으로 파송: 세상에 속하지 않고 세상과 분리됨(17:14) & 세상과 타협치 않고 구별되게 살아감(17:18) (3)내가 저희 안에, 아버지께서 내 안에 계셔 온전함을 이루어 하나가 되게 하려함→동일한 하나님의 사랑을 드러내심

Part III The Book of Glory

레마 이야기 18. 예수님의 십자가 수난과 죽음
(가룟유다, 말고, 베드로, 안나스와 가야바, 빌라도, 그리고 나)

　요한복음의 전반부가 '표적들의 책(The Book of Signs, 1:19~12:50)'이라면 후반부는 "영광의 책(The Book of Glory, 13:1~20:31)"으로 13장의 예수님의 사랑이 내재된 세족식으로 시작했다. 세족식은 예수님의 십자가 수난(18장)과 대속적 죽음(19장), 그리고 부활(20장, 승천까지도 포함)까지를 상징적으로 함의하고 있다. 예수님은 십자가 죽음과 부활을 통해 영광이 되셨고(성자하나님의 영화) 성부하나님은 영광을(성부하나님의 영화) 받으셨다. 이중 일명 다락방 강화(講話, Discourse)라고 일컫는 14-16장에는 초림하신 예수님께서 성부하나님의 구속 계획인 대속사역을 십자가 보혈로 성취하시고 부활 승천하신 후 승리주 하나님으로서 성부하나님 우편에 계신다고 말씀하고 있다. 그 예수님은 때(행 1:7)가 되면 우리를 미래형 하나님나라에 데려 가시기 위해 재림(再臨)하실 것까지 말씀하셨다.
　종말(교회) 시대의 한 부분을 살아가는 우리는 먼저 본(本)을 보여주셨던 예수님을 따라 그날까지 십자가에 동참하는 마음(요 17:22, 갈 2:20 실제로 십자가에 예수님과 함께 못 박힘)으로 복음과 십자가를 자랑하고(복음 전파, 선포) 복음과 십자가의 증인(그리스도의 향기(고후 2:15), 그리스도의 편지(고후 3:2))으로 살아가야 할 것이다. 동시에 종말(교회) 시대의 한 부분을 살아가는 동안 가지 된 우리는 농부이신 성부하나님의 돌보심 아래 포도나무이신 예수님께 꼭 붙어있어야만 할 것이다.

"나를 떠나서는(요 15:5, apart from me, ὅτι χωρὶς ἐμοῦ)"

"붙어 있지 아니하면(요 15:4, ἐὰν μὴ μένῃ(abide) ἐν τῇ ἀμπέλῳ(vine))"

"니의 사랑 안에 거하라(요 15:9, μείνατε ἐν τῇ ἀγάπῃ τῇ ἐμῇ)"

상기의 말씀을 항상 명심하고 어떤 상황이나 환경에서도 예수님께 붙어있어야 하고 붙들려 살아가야 한다. 그리스도인들은 삼위일체 하나님 없이는 그 어떤 열매도 맺을 수 없다. 아니 생명조차도 유지할 수가 없다. 포도나무인 예수님께 붙어있기만 하면 농부이신 성부하나님께서는 가지를 들어 올리셔서 햇빛을 충분히 쬐게 해 주시고 악한 곁가지는 제거하심으로 우리를 보호하시며 쓸모없는 곁가지는 가지치기를 해 주셔서 우리로 하여금 보다 더 풍성한 열매를 맺을 수 있게 하신다.

그 어느 것도 그 무엇도 결코 나의 힘만으로는 안 되며 그렇게 애쓰려 하는 것도 안 된다. 사실 나의 힘만으로는 아무 것도 할 수가 없다. 가지 된 우리는 포도나무이신 예수님을 통해 그 뿌리의 진액을 받아 살아가는 것이며 농부이신 아버지 하나님의 온전한 돌보심을 받고 살아가는 것임을 잊어서는 안 된다.

"그가 내게 일러 가로되

여호와께서 스룹바벨에게 하신 말씀이 이러하니라
만군의 여호와께서 말씀하시되
이는 힘으로 되지 아니하며 능으로 되지 아니하고
오직 나의 신으로 되느니라" _슥 4:6

종말 시대의 한 부분을 살아가는, 제한되고 유한된 우리의 삶에는 일곱 재앙과 더불어 여러 가지 환난과 핍박(인, 나팔, 대접 재앙 등 일곱 재앙에 더하여 악한 영적 세력들의 일시적, 제한적 핍박)이 있으나 그다지 걱정할 필요가 없다. 우리는 '소망(엘피스)'을 바라보며 '예수 믿음과 하나님의 계명(계 14:12)'을 붙들고 인내로 살아가면 되기 때문이다. 더하여 늘 우리와 함께 하시며 내주하시는 주인 되신 "또 다른 보혜사 성령님"이 성전 된 우리 안에 주인으로 계시기에 우리는 오늘도 그리고 육신의 장막을 벗는 그날까지도 당당하고 담대하게 살아갈 수가 있는 것이다.

영광의 책 후반부인 18-20장은 예수님의 십자가 수난과 죽음, 부활에 대한 말씀이고 마지막 21장은 에필로그인 요한복음의 결론 부분으로 승천하시기 전 제자들에게 당부하셨던 말씀이다.

먼저 이곳 18장은 '예수님은 기드론 시내를 건너 겟세마네 동산(감람산 기슭에 위치한 동산)으로 가셨다'는 말씀으로 시작(18:1)하고 있다. 18장의 '기드론', '산', '제자의 배신'과 19장의 '죽음'은 참담한 '어둠'의 상징적 표현이고 20장의 '부활'은 찬란한 '빛'의 상징적 표현이다.

"기드론(어둠) 시내"를 건너 "겟세마네 동산"으로![69]

이는 '빛이신 예수'께서 어둠(기드론)을 지나 어둠(겟세마네 동산) 한가운데로 들어가셨으나 마침내는 그 어둠(죄와 사망)을 몰아내고 승리(부활 후 감람산에서 승천)하신 것을 상징적으로 보여주신 것이다.

이런 묘사는 구약의 다윗왕 이야기에서 보다 더 선명하게 볼 수 있다. 당시 그는 쿠데타를 주동했던 아들 압살롬의 반역을 피해 기드론(어둠, 암울함)을 건너 감람산으로 피신했다. 왕궁에서 쫓겨나 참담한 어둠 가운데로 들어갔던 것이다. 그러나 빛이신 하나님의 개입하심으로 말미암아 어둠으로부터 회복되었고 결국 왕궁으로 다시 돌아오게 되는 승리(빛, 삼하 15장, 17-18장)를 누리게 되었다.

예수님은 '지독한 어둠'을 상징했던 십자가 전 수난과 십자가 대속 죽음을 통해 구속주로서의 모든 것을 다 이루시고(테텔레스타이) 찬란한 빛을 상징하는 부활과 더불어 승천하셔서 하나님 우편의 승리주 하나님이 되셨다. 곧 어둠(사망, 죽음, 죄의 굴레)을 몰아내고 승리하신, '빛(세상의 빛, 생명의 빛)'이신 예수'를 상징적으로 보여주신 것이다. 결국 어둠과 어둠으로 가득한, 참담한 어둠 가운데로 들어가셨던 세상의 빛, 생명의 빛이신 예수님은 종국적으로 그 어둠을 몰아내신 것을 상징적으로 말씀하고 있다.

한편 어둠에서 어둠으로 가버린 예가 바로 신약의 가룟 유다와 구약의 아히도벨이다. 곧 예수님을 배반한 가룟 유다는 목을 매어 "자살"했다. 동일하게 다윗을 배반한 아히도벨도 목매어 "자살"했다. 가룟 유다도 아

---

69 "기드론"은 헬라어로 케드론(Κεδρών, a brook and wadi near Jer, a valley near Jerusalem)이며 히브리어로 키드론(קִדְרוֹן, perhaps "dusky", 어두컴컴한, 어스름한, a wadi East of Jer) 인데 이는 동사 카다르(קָדַר, to be dark)에서 파생되었다. 겟세마네 동산은 예루살렘 동편, 기드론 시내 건너편, 감람산 기슭에 있었다.

히도벨도 '배반-자살, 배반-자살'로 귀결된 불행한 인생, 곧 어둠^(사망, 죄의 굴레) 속에서 어둠^(사망, 죄의 굴레)의 일생을 살다가 어둠^(사망, 죄의 굴레)에 사로잡혀 죽어버린^(영원한 죽음, 둘째 사망, 유황 불 못 심판) 가슴 시리도록 슬픈 예이다.

참고로 공관복음^(마, 막, 눅)과 요한복음을 합하여 사복음서라고 한다. 그러나 이 둘 사이에는 그 내용상 약간의 차이^(p45표 참조)가 있다. 이는 기록 목적에 따른 것이다. 즉 전자^(마, 막, 눅)가 복음, 곧 예수님^(공생애)의 역사적 사실에 방점이 있다면 후자^(요)는 복음과 교리 곧 역사적 사실의 해석에 방점이 있다.

마태복음이 왕으로 오신 예수님^(사자 복음, 자색 복음, 다윗의 후손으로 오신 유대인을 위한 메시야)에 방점을 두었다면 마가복음은 고난받는 종으로 오신 예수님^(소 복음, 홍색 복음, 로마인을 대상)을, 누가복음은 인자로 오신 예수님^(인자 복음, 흰색 복음, 이방인 즉 헬라인을 대상)을 기록했다. 반면에 요한복음은 하나님의 아들 곧 메시야이신 예수님^(독수리 복음, 청색 복음, 열방의 모든 그리스도인들을 대상, 특히 핍박받는 초대교회 모든 성도들을 대상)에 방점을 두었다.

사복음서는 각각의 핵심구절, 예수님의 속성, 별명, 대상에 있어 약간의 차이를 보이고 있으며 내용 또한 조금씩 다르다. 이는 묵상의 풍성함을 더해주는 촉진제이기도 하다.

한편 18장에는 유한된 한 번 인생을 각각 다양하게 살다 간 여러 유형의 인물들이 나온다. 그들의 삶을 보며 우리 또한 각자에게 주어진 한 번 인생을 어떻게 살다가 죽을 것인지, 무엇을 하다가 죽을 것인지를 점검한 후 하나님과 사람 앞에서 결단함과 동시에 큰 소리로 선포할 필요가 있다. 소위 이 장의 소제목^(topic, theme)인 '가룟 유다, 말고, 베드로, 안나스와 가야바, 빌라도, 그리고 나'이다.

먼저 셀롯인(Zealot, 시카리-자객, Sicariot, 열심당, 신과 율법에 열성이 있는 자(젤로테스), 민 25:1-15, 31:6) 가룟 유다는 예수님의 제자였다가 자신의 애국적, 개인적 욕심(이스라엘의 독립)을 채우려고 예수님을 희생양으로 삼은 용두사미(龍頭蛇尾) 인생의 전형(典型, model)이다.

둘째, 말고는 "왕"이라는 의미의 히브리어(멜레크)에서 파생된 멋진 이름을 가진 자였다. 그는 자신의 이름 그대로 왕 같은 제사장으로 살아야 했던 사람이었음에도 불구하고 불법적인 일을 저질렀던, 기껏 대제사장(불법한 자)의 하수인 노릇이나 하다가 간 사람이다. 자신의 정체성을 잃어버리고 하나님이 허락하신 소중한 인생을 허비한 부류이다.

셋째, 베드로는 수제자임에도 불구하고 세 번이나 예수님을 부인했던, 지난 과거의 지독한 수치와 허물을 안고 살았던 사람이다. 그럼에도 불구하고 그는 지난날의 잘못을 철저히 회개(회심=회개+오직 말씀중심)했다. 이후 자기를 부인함은 물론이요 자기 몫에 태인 십자가를 지고 예수님의 그 길을 좇아갔던, 종국적으로 오고 오는 세대에 복음이 전해지는 곳에는 어디든지 그 이름이 들려지게 된 부류이다.

넷째, 안나스[70](Annas, 여호와는 은혜로우시다)와 그의 사위 가야바[71](Caiaphas, 억압, AD 18-36)는 당시 가장 존경받아야 할 대제사장이었음에도 불구하고 자신의

---

70 안나스는 가야바의 장인, AD 6-16, 보직 해임 후에도 예수를 심문(요 18:14), 오순절 성령강림후 사도 베드로와 요한을 추궁하는 자리에도(행 4:6) 있었다.

71 가야바는 예수께서 나사로를 살리자 노골적작인 적개심을 드러냈다(요 11:41-53). 그에게 심문을 받기도 했다(요 18:24-27). 심지어 베드로와 요한을 체포했고 사도들을 핍박했다(행 4:6-7).

정체성을 완전히 잃어버리고 세상과 야합하며 권력과 탐욕을 추구했던, 전형적인 교권주의(Clericalism)를 내세웠던 부류이다.

다섯째, 빌라도[72](Pilate)는 법을 집행하는 사람으로서 정의와 공의를 알고 그렇게 공정한 집행을 했어야 함에도 불구하고 자신의 야욕을 위해, 권력 유지를 위해 대중과 타협하고 불의를 저질렀던 포퓰리스트(Populist) 부류이다.

마지막으로 상기의 모든 부류들을 합친 것보다 더하면 더했지 결코 못하지 않은 부류가 하나 남았는데 바로 '나 자신'이다.

당신은 어떠한가?

당신은 후대에 어떤 사람으로 그 이름을 남길 것인가? 유한되고 제한된 한 번 인생을 어떻게 살다가, 무엇을 하다가 죽을 것인가? 육신의 장막을 벗기 전 꼭 하고 픈 일들은 무엇인가?

---

[72] 본디오 빌라도(Pontius Pilate)는 유대 주재 5대 총독(AD 26-36, 눅 3:1)으로 그 이름의 의미는 '창을 가진 자'이다. 그는 '예수 그리스도를 처형한 자(Tacitus, AD 55-120)', '뇌물을 좋아하고 신을 모독하며 사람에게 공평하지 않은 재판을 하고 근거에도 없는 중형을 내리기로 유명한 자(Philo)'로 후대에 소개된다. 유대 사가 요세푸스(Josephus)는 '그가 처음 예루살렘 부임 시 황제 흉상이 그려진 로마군기를 들고 입성했으며 저항하는 유대인을 5일 밤낮 학살했고 훗날 예루살렘 식수난으로 성전세를 유용했으며 이에 저항하는 유대인들을 몽둥이로 만행을 저질렀다고 했다. 전승이 많으나 사실 여부와 별개로 흥미로운 것이 하나 있다. 교부였던 터툴리안(Tertullian)은 그가 크리스천이 되었다고 했으며 애굽의 콥트 교회와 에티오피아 교회에서는 빌라도와 그의 아내 프로쿨라(Procula)를 성인으로 추앙한다고 한다.

*핵심 요약 (휘포밈네스코, ὑπομιμνῄσκω & 디다스코, διδάσκω)

1. 스가랴 4장 6절

2. 기드론

3. 사복음서 대조 비교

4. 다양한 인생: 가룟 유다, 말고, 베드로, 안나스와 가야바, 빌라도, 그리고 나

*강청기도

성부하나님을 찬양합니다. 성자하나님을 찬양합니다. 성령하나님을 찬양합니다. 삼위일체 하나님 한 분 만으로 만족하겠습니다. 삼위일체 하나님께만 영광 돌리겠습니다. 영광의 책 (The Book of Glory)이 시작되는 13장의 최후의 만찬 때 있었던 세족식 이야기를 통해 당신의 십자가 죽음과 부활을 보여주심에 감사드립니다. 14장에서는 그런 예수 그리스도를 통해 영적 죽음에서 부활(첫째) 후 하나님나라(현재형)를 누리게 하셨고 아날뤼시스를 통과 후 부활(둘째)하여 하나님나라(미래형)에로의 입성과 영생을 허락하셨음에 감사드립니다. 더 나아가 미래형 하나님나라(장소 개념)가 주님께서 예비하신 최고의 장소(요 14:2-4)임을 알게 하셨음에 감사드립니다. 15장에서는 농부이신 하나님, 포도나무이신 예수님, 가지인 우리들의 관계와 교제에 대해 말씀하셨습니다. 가지에 꼭 붙어있음으로 하나님의 보살핌을 받는 우리가 되게 하옵소서. 16장에서 성령님은 죄에 대하여, 의에 대하여, 심판에 대하여 세상을 책망하셨으며 당신의 그 역할에 우리를 동역자 삼아주셨음에 감사드립니다. 17장에서는 예수님의 대제사장적 기도를 통해 우리를 사랑하시되 끝까지 사랑하시는 주님을 보여주셨습니다. 그저 감사할 것밖에 없음을 고백합니다. 이곳 18장에서는 예수님의 수난 사건에 등장하고 있는 여러 인물들을 보여주셨습니다. 어느 길로 나아갈 지를 바르게 결단하는 우리가 되게 하옵소서. 예수님을 사랑합니다. 성령님을 사랑합니다. 성부하나님을 사랑합니다. 삼위일체 하나님을 사랑합니다. 남은 여생을 삼위일체 하나님께만 모든 영광 돌리며 살겠습니다. 종말 시대의 일부분인 한 번의 유한 된 인생 동안에 더욱더 소망(엘피스, 미래형 하나님나라에의 입성과 영생)을 붙들고 살아가게 하옵소서. 감사드리며 예수 그리스도의 이름으로 기도드립니다. 아멘

*핵심 요약 (휘포밈네스코, ὑπομιμνήσκω & 디다스코, διδάσκω) 해석

1. "그가 내게 일러 가로되 여호와께서 스룹바벨에게 하신 말씀이 이러하니라 만군의 여호와께서 말씀하시되 이는 힘으로 되지 아니하며 능으로 되지 아니하고 오직 나의 신으로 되느니라" _숙 4:6

"나를 떠나서는(요 15:5, apart from me, ὅτι χωρὶς ἐμοῦ)"

"붙어 있지 아니하면(요 15:4, ἐὰν μὴ μένῃ(abide) ἐν τῇ ἀμπέλῳ(vine))"

"나의 사랑 안에 거하라(요 15:9, μείνατε ἐν τῇ ἀγάπῃ τῇ ἐμῇ)"

2. "기드론 시내"를 건너 "겟세마네 동산"으로!

"기드론": 케드론(Κεδρών, a brook and wadi near Jer, a valley near Jerusalem), 키드론(קִדְרוֹן, perhaps "dusky", 어두컴컴한, 어스름한, a wadi East of Jer)←동사 카다르(קָדַר, to be dark)에서 파생

겟세마네 동산: 예루살렘 동편, 기드론 시내 건너편, 감람산 기슭에 위치

어둠(기드론)에서 어둠(산으로 피신)으로 들어가 마침내는 그 어둠(죄와 사망)을 몰아내고 승리하신, '빛이신 예수'를 상징적으로 보여주신 것

(예)동일 패턴: 어둠→어둠----승리----→빛

1) 구약의 다윗왕 이야기: 아들 압살롬의 반역을 피해 기드론(암울함, 어둠)을 건너 산(어둠)으로 피신(삼하 15장, 17-18장)→종국적으로는 회복함으로 승리

2) 신약의 예수님 이야기: 기드론(암울한, 어둠)을 건너 겟세마네 동산에서 기도→가룟 유다의 배신(어둠)으로 잡힘→예수님의 십자가 죽음을 통해 다 이루시고(테텔레스타이) ----승리----→부활, & 승리주 하나님이 되심=어둠(사망, 죽음, 죄의 굴레)을 몰아내고 승리하신, '빛(세상의 빛, 생명의 빛)이신 예수'를 상징적으로 보여주신 것.

3) 어둠(사망, 죄의 굴레)에서 어둠으로 가버린(영원한 죽음, 둘째 사망, 유황 불 못 심판)

예: 신약의 가룟 유다와 구약의 아히도벨(예수님을 배반한 가룟 유다는 목을 매어 "자살"했고 다윗을 배반한 아히도벨 또한 목을 매어 "자살")

4. 각 다양한 인생: 당신은 후대에 어떤 사람으로 그 이름을 남길 것인가? 유한되고 제한된 한 번 인생을 어떻게 살다가, 무엇을 하다가 죽을 것인 가? 육신의 장막을 벗기 전 꼭 하고픈 일들은 무엇인가?

1) 셀롯인(Zealot, 시카리-자객, Sicariot, 열심당, 신과 율법에 열성이 있는 자(젤로테스), 민 25:1-15, 31:6) 가룟 유다: 자신의 애국적, 개인적 욕심(이스라엘의 독립)을 채우려고 예수님을 희생양으로 삼았던 용두사미(龍頭蛇尾) 인생의 전형(典型, model).

2) 말고: "왕"이라는 의미의 히브리어(멜레크)에서 파생된 멋진 이름을 가진 자→자신의 이름 그대로 왕 같은 제사장으로 살아가야 할 사람이었으나 불법인 일 자행, 대제사장(불법한 자)의 하수인 노릇하다가 간 사람→정체성 상실 & 하나님이 허락하신 소중한 인생을 허비한 부류.

3) 베드로: 수제자임에도 불구하고 세 번이나 예수님 부인→지난 과거의 지독한 수치와 허물을 안고 살았던 사람→철저한 회개를 통해 자기 부인 & 자기 몫에 태인 십자가를 지고 예수님의 그 길을 좇아갔던 부류

4) 안나스(Annas, 여호와는 은혜로우시다)와 그의 사위 가야바(Caiaphas, 억압, AD 18-36): 대제사장이었음에도 불구하고 자신의 정체성 상실→세상과 야합, 권력과 탐욕을 추구한 전형적인 교권주의(Clericalism)의 부류

5) 빌라도(Pilate): 법 집행자→정의와 공의, 공정한 집행 대신→자신의 야욕, 권력유지 위해 대중과 타협하고 불의를 저질렀던 포퓰리스트(Populist) 부류

6) 각자 자신: 상기의 모든 부류들을 합친 것보다 더하면 더했지 결코 못하지 않은 부류

Part III The Book of Glory

레마 이야기 19. 예수님의 십자가 대속 죽음
다 이루었다(테텔레스타이)

들어가는 글(프롤로그, 1:1-18)인 서론과 표적들의 책(The Book of signs, 요 1:19-12:50)을 요한복음의 전반부라고 한다면 영광의 책(The Book of Glory, 13:1-20:31)과 나가는 글(에필로그, 21:1-25)은 후반부에 해당한다.

예수 그리스도는 세족식(13장)을 통해 당신의 십자가 죽음과 부활을 드러내셨다. 이후 14-16장에 걸쳐 자세하게 말씀해 주신 다락방 강화(講話, Discourse)를 통하여는 장차 미래형 하나님나라(장소 개념, 14:2-4)에서 영생 가운데 삼위일체 하나님과의 바른 관계와 친밀한 교제 가운데 영원히 찬양과 경배를 드리게 될 것과 예수님의 승천 후 또 다른 보혜사(파라클레토스)를 보내셔서 죄에 대하여, 의에 대하여, 심판에 대하여 세상을 책망하실 것을 말씀하셨다.

특히 15장에는 하나님나라를 살아가는 최고의 신비를 가르쳐 주셨다. 미래형 하나님나라에서는 찬양과 경배 가운데 삼위일체 하나님과의 바른 관계와 친밀한 교제를 통해, 동시에 현재형 하나님나라에서는 농부이신 성부하나님, 포도나무이신 예수님, 그 가지인 우리들과의 바른 관계와 친밀한 교제를 통해 살아가야 할 것을 가르쳐 주셨다. 가지인 우리들을 향하여는 매사 매 순간 포도나무에 단단히 붙어있으라고 하셨다. 그런 관계 속에 농부이신 성부하나님은 우리에게 풍성한 열매가 맺힐 수 있게 돌보아 주실 것을 약속하셨다. 보다 더 풍성한 열매를 맺도록 하기 위해 농부이신 성부하나님은 가지를 들어 올리셔서 햇빛을 쬐게 해 주시고 악한 곁가지를 쳐 주심으로 우리를 보호해 주시며 쓸모없는 곁가지는 제거해 주셔서 풍성한 열매를 맺도록 해 주신다고 하셨다. 우리가 반드시 해야 할 일이 있다면 그저 포도나무에 '단단히' 붙어있는 것이다.

혼자 스스로 노력하여 뭔가 열매를 맺어보려 하는 것, 즉 하나님의 뜻을 떠나 뭔가 새로운 사역들을 스스로 혼자 해보겠다는 생각은 일견 기특한 듯 보여도 그 자체가 야망이자 탐욕이며 어리석은 짓임을 알아야 한다. 그렇게 하는 것은 하나님보다 앞서가려는 짓이며 자기 의(義)를 드러내는 것일 뿐이다. 스스로의 힘으로 뭔가를 이루려는 사역들은 처음에는 마치 가지가 쑥쑥 성장해 나가는 듯 보이지만 조금 지나면 '뿌리'로부터 '양분과 수분'이 공급되지 않아 곧 말라 비틀어지게 되고 만다. '양분과 수분'이란 '예수 믿음과 하나님 계명(말씀)'이며 공급받지 못함의 결국은 사망이다.

그러므로 하나님보다 말씀보다 성령님보다 앞서 나가며 사역을 하게 되면 처음에는 잘 되는 듯 보이기도 하지만 얼마 지나지 않아 산산조각이 나며 허공으로 날아가 버리게 됨을 알아야 한다.

16장은 보혜사이신 예수님이 승천하신 다음 또 다른 보혜사이신 성령님이 오셔서 죄에 대하여, 의에 대하여, 심판에 대하여 세상을 책망하실 것을 말씀하셨다.

'세상을 책망하시리라'는 것은 세상의 죄와 의에 대해, 그리고 심판에 대해 경고(폭로)하며→그런 세상을 고소(고발) 후→죄를 입증(밝히 드러냄)하고→유죄를 선언한 후→책망과 심판(하나님과의 관계 단절), 그리고 종국적으로는 장차 백보좌 심판(영원한 죽음, 둘째사망, 유황 불 못 심판)을 하시겠다는 것이다.(추가설명은 16장 참고).

그러므로,

'죄에 대하여'라 함은 세상의 죄(불의, 불신, 불법의 결과 나타난 불순종)에 대해 경고(폭로)하며→그런 세상을 고소(고발) 후→죄를 입증(밝히 드러냄)하고→유죄 선언 후→ 지금 책망과 심판(하나님과의 관계 단절)을 하시며 장차 백보좌 심판(영원한 죽음, 둘째사망, 유황 불 못 심판)을 하시겠다는 것이다.

'의에 대하여'라 함은 예수님만이 진정한 의(義)이심을 밝히 드러내신 후 불의(불신)한 자에게는 유죄 선언 후→지금 책망과 심판(하나님과의 관계 단절)을 하시며 장차 백보좌 심판(영원한 죽음, 둘째사망, 유황 불 못 심판)을 하시겠다는 것이다.

'심판에 대하여'라 함은 이 세상의 악한 세력은 예수를 믿지 않음으로 이미 이 세상에서도 심판을 받은 것(하나님과의 단절)이며 동시에 마지막 그날 예수의 재림 시에 백보좌 심판을 통해서도 영원한 죽음(둘째사망, 유황 불 못 심판)을 받게 될 것이라는 의미이다.

17장에서는 아버지 하나님을 향한 예수님 당신의 대제사장적 기도를 보여주셨다. 먼저는 자신을 위한 기도(1-5)였다. 예수님은 성부하나님의 구속 계획에 따라 기름부음을 받은 후 그리스도, 메시야로 이 땅에 오셨다. 그리고는 메시야닉 비밀(Messianic Secret)을 따라 수동적으로 공생애 전

⁽前⁾까지 일절 순종하심으로 인성으로서의 모든 것을 배우셨다. 3년 반 동안의 공생애를 통하여는 메시야닉 사인⁽Messianic Signs⁾을 통해 당신 스스로가 메시야이심을 드러내며 천국 복음을 가르치시고 천국 복음을 전파하셨다. '천국 복음'이란 복음⁽예수, 그리스도, 생명⁾을 통해 천국에로의 입성과 영생을 누리게 됨을 가리킨다. 때가 되매 예수님은 당신의 십자가 수난과 죽음의 잔을 통해 모든 것을 '다 이루심⁽테텔레스타이⁾'으로 당신 스스로 영광이⁽성자하나님의 영화⁾ 되셨고 아버지 하나님께도 영광을⁽성부하나님의 영화⁾ 올려드렸다.

두 번째로 예수님은 제자들을 위해 중보⁽6-19⁾하셨다. 13장 1절의 제자들을 향한 예수님의 '끝까지 사랑'은 예수님의 대제사장적 기도의 마지막 절인 17장 26절에서 '사랑'으로 끝맺음을 한 것에서 보다 더 잘 드러난다. 예수님의 변함없는 그 사랑에 그저 감격할 뿐이다.

마지막으로 예수님은 교회들을 위한 중보기도⁽20-26⁾ 또한 빠뜨리지 않으셨다. 예수님은 세상에 남아있게 될 제자와 교회들을 보전⁽굳게 붙잡다, 보살피다⁾해 달라고 중보하셨다. 더 나아가 삼위일체 하나님의 하나 됨과 같이 저들도 우리와 하나 되게 하옵소서라고 중보하셨다. 할렐루야! 그저 감사할 뿐이다.

18장에서는 드디어 기드론⁽어둠⁾ 시내를 건너 겟세마네 동산에 이르러 땀방울이 핏방울이 되도록 기도한 후 가룟 유다의 배신⁽어둠⁾으로 인한 십자가 수난의 시작을 보여주고 있다. 이는 빛이신 예수님께서 참담한 어둠 속으로 들어가⁽기드론→겟세마네, 어둠(사망)을 감당하시기 위해 들어가⁾) 그 어둠을 몰아내시는⁽십자가 대속 죽음 후 부활, 승천⁾ 과정을 상징적으로 보여주신 것이다.

이곳 19장에서는 예수님께서 빌라도에 의해 채찍질을 당한 후 골고다 언덕에서 십자가 죽음을 맞게 됨을 보여주고 있다. 예수님은 십자가 상(上)에서 일곱 마디를 하셨다. 곧 '가상 7언(7 Words from the Cross)'이다. 메아리쳐 오는 예수님의 그날의 그 음성을 오늘의 우리는 온몸으로 느낄 수 있어야 한다. 동시에 그 음성을 받아들여 그리스도인답게 삶의 태도를 분명히 해야 한다.

첫 마디는 누가복음 23장 34절(Forgiveness → Father, forgive them, for they do not know what they are doing, "Πάτερ ἄφες αὐτοῖς οὐ γὰρ οἴδασιν τί ποιοῦσιν.")로서 "아버지여 저희를 사하여 주옵소서 자기의 하는 것을 알지 못함이니이다"였다. 구속주로 오신 초림의 예수님은 아버지 하나님의 택한 백성들을 '대신하여(휘페르)' 십자가에서 죽으셨다. 그 결과 하나님의 공의(대가 지불)가 충족됨으로 의롭다 함(칭의)이 주어지게 되었다. 이후 하나님의 작정(Decree)과 예정(Predestination), 섭리(Providence)와 경륜(Administration) 하에 예수 그리스도로 인해 심판받을 자는 영벌(심판의 부활)로, 신원될 자는 영생(생명의 부활)으로 나아가게 될 것(요 5:29)이다. 이 첫 마디를 통해 오늘을 살아가는 우리가 느끼고 받아들여야 할 명제는 '희생(대속, 속량)제물 되신 예수 그리스도', '용서(죄사함)', '의롭다 함(칭의)'이다.

두 번째 말씀은 누가복음 23장 43절(Fellowship → I tell you the truth, today you will be with me in paradise, "Ἀμήν σοι λέγω, σήμερον μετ' ἐμοῦ ἔσῃ ἐν τῷ Παραδείσῳ.")로서 "내가 진실로 네게 이르노니 오늘 네가 나와 함께 낙원에 있으리라"고 말씀하신 것이다. 만세 전 성부하나님의 택정하심 가운데 구약시대에는 하나님의 절대적인 주권 영역 하에서 구원함을 얻어 육신적 죽음과 동시에 시공을 초월하는 부활체로 변하여 삼위일체 하나님과 '더불어, 함께' 영생을 누리게 되었다면 신약시대에는 예수 그리스도를 영접한 사람(택정함을 입은 사람)은 누구든지 구원을 받아 죽는(육신적 죽음, 히 9:27) 즉시 부활체(고전 15:42-44)로 다시 살아나(생명의 부활, 둘째 부활로) 삼위일체 하나님과 '더불어, 함께' 친밀한 교제 가운데 영원히 그 나라(미래형 하나님나라)에서 영생을 누리게 된다. 이 둘째 마디를 통해 오늘을 살아가는 우리가 느끼고 받아들여야 할 명제는 '오직 믿음(피스티스), 믿음(피스튜오), 그리고 믿음(피스토스)'을 통한 '낙원(현재형 하나님나라, 미래형 하나님나라)허락하심'에 대한 감사이다.

세 번째 말씀은 요한복음 19장 26-27절(Relationship → Here is your mother, "Woman, behold the son of you." "Γύναι, ἴδε ὁ υἱός σου." "보라, 네 어머니라." "ἴδε ἡ μήτηρ σου." "Behold, the mother of you.")로서 "여자여 보소서 아들이니이다. 보라 네 어머니라"이다. 이는 육신적 가족 공동체가 부활 후 미래형 하나님나라에서는 영적 교회 공동체로 변할 것을 예표하고 있다. 더 나아가 그 나라(미래형 하나님나라)에서는 아버지 하나님과 자녀 된 교회인 우리들은 바른 관계 속에서 가족공동체 곧 하나 됨(연합)으로서 영생을 누리게 될 것을 말씀하고 있다(계 21:7). 이 셋째 마디를 통해 오늘을 살아가는 우리가 느끼고 받아들여야 할 명제는 '바른 관계'와 더불어 '친밀한 교제'가 오가는 '가족공동체'와 '교회공동체'이다.

네 번째 말씀은 마가복음 15장 34절(Supplication→"Eloi, Eloi, lama sabachthani, "My God, My God, why have forsaken me?" "Ὁ Θεός μου, Ὁ Θεός μου, εἰς τί ἐγκατέλιπές με,")로서 "나의 하나님 나의 하나님 어찌하여 나를 버리셨나이까"라고 말씀하신 것이다. 이 부분에서 예수님은 육신적 고통보다도 성부하나님과의 '관계 단절'에 대한 고통이 훨씬 더 크셨음을 암시하고 있다. 먼저 우리가 알아야 할 것은 '일시적 관계 단절'에서의 회복의 지름길은 '지속적인 간구와 회개'라는 점을 잊어서는 안 된다. 한편 "버리셨나이까"라고 절규하신 이유는 '기능론적 종속성('다른 하나님')'의 삼위일체 하나님이신 예수님으로서 아버지 하나님으로부터의 버림(관계 단절)이 고통스러웠기 때문이다. 곧 예수님은 십자가의 고통과 수치보다도 아버지 하나님과의 관계 단절이 더 고통스러웠던 것이다. 이 넷째 마디를 통해 오늘을 살아가는 우리가 느끼고 받아들여야 할 명제는 '기도'와 '간구', 그리고 '회개'를 통한 바른 관계와 친밀한 교제이다.

다섯 번째 말씀은 요한복음 19장 28절(Enthusiasm(타는 목마름→I am thirsty, "Διψῶ(ν, διψάω)")로서 "내가 목마르다"고 말씀하신 것이다. 진리에의 타는 목마름으로 몸부림쳤던 예수 그리스도는 죄 가운데 빠져 허우적거리던 우리를 대신하여 십자가에 달리셨다. 그리고는 길이요 진리요 생명 곧 '예수, 그리스도, 생명'이신 당신을 드러내셨다. 이는 구속주로 오신 초림의 예수님만이 갈증을 해결할 수 있는 유일한 생수라는 말이다. 이 다섯째 마디를 통해 오늘을 살아가는 우리가 느끼고 받아들여야 할 명제는 '복음(진리. 말씀)에의 열정'과 함께 삶의 순간순간 '거룩함으로 살려는 몸부림'이다.

여섯 번째 말씀은 요한복음 19장 30절(Image of God(하나님을 본받아!)→It is finished, "It has been finished." "Τετέλεσται(ν, τελέω).")로서 "다 이루었다"고 말씀하신 것이다. 초림의 예수님은 성부하나님의 '구속 계획'을 십자가 보혈로 온전히 '성취'하셨다. 그 예수님을 나의 구주 나의 하나님으로 입으로 시인하고 마음으로 믿으면 구원을 얻게 될 것임을 선포하신 것이다. 우리는 한평생 구속을 성취하신 예수님을 자랑하고 예수 그리스도의 증인으로 살아가기 위해 유한된 한 번의 직선 인생을 그리스도의 향기(고후 2:15)로, 그리스도의 편지(고후 3:2)로 살아가야 한다. 이 여섯째 마디를 통해 오늘을 살아가는 우리가 느끼고 받아들여야 할 명제는 초림의 '대속 제물' 되신 예수 그리스도, 진정한 '구원자' 되신 예수 그리스도, '영원한 생명'이신 예수 그리스도이다.

일곱째 말씀은 누가복음 23장 46절(Providence(하나님 아버지의 섭리와 계획 확신)→ Father, into your hands I commit my spirit, "Father, into the hands of You, I commit the Spirit of Me." "Πάτερ εἰς χεῖράς σου παρατίθεμαι τὸ πνεῦμά μου.")로서 "아버지여 내 영혼을 아버지 손에 부탁하나이다"라고 말씀하신 것이다. 인간들의 모든 죄를 다 짊어지신 후 십자가에서 죽으시고 부활 승천하신 예수님은 승리주로서 하나님의 보좌 우편에 계신다. 장차 예수님은 미래형 하나님나라인 그 처소에 우리를 데려가시기 위해 반드시 재림하신다. 이 일곱째 마디를 통해 오늘을 살아가는 우리가 느끼고 받아들여야 할 명제는 예수님의 '재림'에 대한 갈망과 '미래형 하나님나라'의 입성에 대한 소망이다.

결국 상기 가상 7언을 하나의 문단으로 연결하여 오늘의 삶에 적용해 보면 하나님나라(특히 현재형)에서 살아가고 있는 우리들의 마땅한 태도를 결단케 한다.

곧 초림으로 오신 구속주 예수님은 우리의 죄를 대신하여 죽으심(십자가 보혈로)으로 우리의 모든 죄를 용서(Forgiveness)해 주셨다. 다섯 번째와 첫 번째 가상 7언이다. 이후 바른 관계(Relationship)와 친밀한 교제(Fellowship) 가운데 한 번 인생을 열정적으로(Enthusiasm) 복음과 십자가로 살아가고 복음과 십자가만 자랑하며 살아가야 한다. 이때 우리의 힘으로가 아닌 기도와 간구(Supplication)로 성령님의 능력으로 모든 것을 할 수 있음을 잊지 말아야한다. 네 번째와 여섯 번째 가상 7언이다. 이후 육신의 장막을 벗는 그날까지 그리스도의 장성한 분량이 충만한 데까지(Image of God) 나아가며 미래형 하나님나라에로의 입성과 영생에 이르기까지(Providence) 소망의 하나님이 주시는 넘치는 소망(엘피스)을 붙들고 살아가야 할 것이다. 두 번째와 일곱 번째 가상 7언이다.

참고로 가상 7언은 다음의 순서 곧 5(요 19:28)→1(눅 23:34)→4(막 15:34)→6(요 19:30)→3(요 19:26-27)→2(눅 23:43)→7(눅 23:46)로 바꾸어 그 의미를 해석하면 문맥의 흐름이 자연스럽고 그 내용의 본질적인 핵심을 파악하기가 훨씬 쉽다.

	가상 7언	요약	핵심 명제
1	아버지여 저희를 사하여 주옵소서 자기의 하는 것을 알지 못함이니이다(눅 23:34)	2nd 죄사함〈칭의(의롭다 하심)	Forgiveness(용서) Sin & sins 대속 제물, 화목 제물, 대가 지불
2	내가 진실로 네게 이르노니 오늘 네가 나와 함께 낙원에 있으리라(눅 23:43)	6th 하나님나라 '더불어, 함께' 영생	Fellowship 오직 믿음, 믿음, 그리고 믿음 하나님나라(현재형, 미래형)
3	여자여 보소서 아들이니이다 ~네 어머니라(요 19:26-27)	5th 바른 관계와 친밀한 교제	Relationship: 관계 정립 개인에서→가족 공동체로
4	나의 하나님 나의 하나님 어찌하여 나를 버리셨나이까 (막 15:34)	3rd 하나님 신뢰	Supplication 기도와 간구를 통한 바른 관계와 친밀한 교제
5	내가 목마르다(요 19:28)	1st 피(칭의 by JC)와 물(성화 by HS) 고전 12:3	Enthusiasm 복음에의 열정 거룩함에의 몸부림
6	다 이루었다 테텔레스타이(요 19:30)	4th 예수 그리스도 새 언약의 성취(초림)→'완성(재림)'도 전제	초림의 구속주 Image of God By HS 예수 그리스도 생명
7	아버지여 내 영혼을 아버지 손에 부탁하나이다 (눅 23:46)	7th 하나님 신뢰 JC 새 언약의 완성(재림)	Providence 재림 & 미래형 Q나라에 대한 소망

*핵심 요약 (휘포밈네스코, ὑπομιμνήσκω & 디다스코, διδάσκω)

1. 천국 복음

2. '가상 7언(7 Words from the Cross)'

*강청기도

성부하나님을 찬양합니다. 성자하나님을 찬양합니다. 성령하나님을 찬양합니다. 삼위일체 하나님 한 분 만으로 만족하겠습니다. 삼위일체 하나님께만 영광 돌리겠습니다. 영광의 책(The Book of Glory)이 시작되는 13장의 최후의 만찬 때 있었던 세족식 이야기를 통해 당신의 십자가 죽음과 부활을 보여주심에 감사드립니다. 14장에서는 그런 예수 그리스도를 통해 영적 죽음에서 부활(첫째) 후 하나님나라(현재형)를 누리게 하셨고 아날뤼시스를 통과 후 부활(둘째)하여 하나님나라(미래형)에로의 입성과 영생을 허락하셨음에 감사드립니다. 더 나아가 미래형 하나님나라(장소 개념)가 주님께서 예비하신 최고의 장소(요 14:2-4)임을 알게 하셨음에 감사드립니다. 15장에서는 농부이신 하나님, 포도나무이신 예수님, 가지인 우리들의 관계와 교제에 대해 말씀하셨습니다. 가지에 꼭 붙어있음으로 하나님의 보살핌을 받는 우리가 되게 하옵소서. 16장에서는 죄에 대하여, 의에 대하여, 심판에 대하여 세상을 책망하시는 보혜사 성령님의 역할을 알게 하셨습니다. 더 나아가 우리 안에 내주하셔서 우리의 주인 되신 파라클레토스께서 당신의 그 역할에 우리를 동역자 삼아주심에 감사드립니다. 17장에서는 예수님의 대제사장적 기도를 통해 우리를 사랑하시되 끝까지 사랑하시는 주님을 보여주셨습니다. 그저 감사할 것밖에 없음을 고백합니다. 18장에서는 예수님의 수난에 등장하는 여러 인물들을 보여주셨습니다. 어느 길로 나아갈 지를 잘 결단하는 우리가 되게 하옵소서. 이곳 19장에서는 가상 7언을 통한 당신의 마음을 보여주셨음에 감사드립니다. 예수님을 사랑합니다. 성령님을 사랑합니다. 성부하나님을 사랑합니다. 삼위일체 하나님을 사랑합니다. 남은 여생을 삼위일체 하나님께만 영광 돌리며 살아가겠습니다. 종말 시대의 일부분인 한 번의 유한된 인생 동안에 더욱더 소망(엘피스, 미래형 하나님나라에의 입성과 영생)을 붙들고 살아가게 하옵소서. 삼위일체 하나님께 모든 영광을 올려드립니다. 감사드리며 예수 그리스도의 이름으로 기도드립니다. 아멘

*핵심 요약 (휘포밈네스코, ὑπομιμνήσκω & 디다스코, διδάσκω) 해석

1. '천국 복음': 복음(예수, 그리스도, 생명)을 통해 현재형 하나님나라를 누림과 천국(미래형 하나님나라)에의 입성과 영생을 누리게 됨.

2. 가상 7언을 연결하여 오늘에 적용: 하나님나라(특히 현재형)에서 살아갈 우리들의 삶의 태도를 결단케 함→곧 초림으로 오신 구속주 예수님은 십자가 보혈로 우리의 죄를 대신하여 죽으심으로 모든 죄를 용서(Forgiveness)해 주심(5th & 1st 가상 7언)→이후 바른 관계(Relationship)와 친밀한 교제(Fellowship) 가운데 한 번 인생을 열정적으로(Enthusiasm) 복음과 십자가로 살아가고 복음과 십자가만 자랑하며 살아갈 수 있게 됨. 이때 우리의 힘으로가 아닌 기도와 간구(Supplication)로 성령님의 능력으로 모든 것을 할 수 있음을 잊지 말아야 함(4th & 6th 가상 7언)→이후 육신의 장막을 벗는 그날까지 그리스도의 장성한 분량이 충만한 데까지(Image of God) 나아가며 미래형 하나님나라에로의 입성과 영생에 이르기까지(Providence) 소망의 하나님이 주시는 넘치는 소망을 붙들고 살아가야 할 것임(2nd & 7th 가상 7언)

	가상 7언	요약	핵심 명제
1	아버지여 저희를 사하여 주옵소서 자기의 하는 것을 알지 못함이니이다(눅 23:34)	2nd 죄사함<칭의(의롭다 하심)	Forgiveness(용서) Sin & sins 대속 제물, 화목 제물, 대가 지불
2	내가 진실로 네게 이르노니 오늘 네가 나와 함께 낙원에 있으리라(눅 23:43)	6th 하나님나라 '더불어, 함께' 영생	Fellowship 오직 믿음, 믿음, 그리고 믿음 하나님나라(현재형, 미래형)
3	여자여 보소서 아들이니이다 ~네 어머니라(요 19:26-27)	5th 바른 관계와 친밀한 교제	Relationship; 관계 정립 개인에서→가족 공동체로
4	나의 하나님 나의 하나님 어찌하여 나를 버리셨나이까 (막 15:34)	3rd 하나님 신뢰	Supplication 기도와 간구를 통한 바른 관계와 친밀한 교제
5	내가 목마르다(요 19:28)	1st 피(칭의 by JC)와 물(성화 by HS) 고전 12:3	Enthusiasm 복음에의 열정 거룩함에의 몸부림
6	다 이루었다 테텔레스타이(요 19:30)	4th 예수 그리스도 새 언약의 성취(초림)→'완성(재림)'도 전제	초림의 구속주 Image of God By HS 예수 그리스도 생명
7	아버지여 내 영혼을 아버지 손에 부탁하나이다 (눅 23:46)	7th 하나님 신뢰 JC 새 언약의 완성(재림)	Providence 재림 & 미래형 Q나라에 대한 소망

Part III The Book of Glory

레마 이야기 20. 예수님의 부활
어찌하여 울며 누구를 찾느냐

나는 예수님의 가상 7언(5(요 19:28)→1(눅 23:34)→4(막 15:34)→6(요 19:30)→3(요 19:26-27)→2(눅 23:43)→7(눅 23:46)) 울림이 지금도 여전히 메아리로 남아 있어 자주자주 귓가에 울려오곤 한다. 분명하지는 않으나 종종 잔상(殘像)이 선명하게 그려지며 다가올 때도 있다.

그것도 꽤나 길게 지속적으로……..

사실 그 십자가는 나의 몫이었다. 벌거벗겨진 수치와 지독한 저주, 더 지독한 육체의 고통 등등은 모두 다 내가 감당해야 마땅한 것들이었다.

내 죄를 대속하시기 위해 속량제물로서 십자가에 달리셨고 엄혹한 죽음을 통과하셨다. 예수님은 완전한 죽음으로 사흘 동안 공의의 하나님과 관계가 단절되었다. 그것은 나의 죄를 대신 지불한 대가이다.

이런 사실을 확실히 아는 나는 "예수 그리스도와 함께 십자가에 못 박혔나니(갈 2:20)"라는 고백과 더불어 2,000년 전 예수님과 함께 실제로 십자가에 못 박혔음을 확실하게 고백하고 있다. 진실로 그때 나는 죽었다. 나는 성부하나님의 공의와 사랑, 예수님의 은혜로 예수님과 함께 십자가에 '못 박혔다'는 그 자체가 내게는 지극한 영광이요 무한하신 은혜이다.

그리고 삼일 만[73]에 다시 살아났다. 부활하신 예수님과 함께.

이후 나는 예수로 말미암아 수치와 허물, 죄로 인한 고통을 오롯이 면하게 되었다.

"구원자(The Savior, 이예수스)이신 예수님 덕분에"

"그리스도, 메시야이신 예수님 덕분에"

"대속 제물, 화목 제물 되신 예수님 덕분에"

예수님은 그렇게 십자가에서 죽으심으로 아버지 하나님의 구속 계획인 대속사역(공의로 인한 대가 지불)을 다 이루셨다. 그리고 사흘 후 죽음을 이기시고 다시 사심으로 우리에게 소망을 주셨다.

부활하신 예수님은 승천하시기까지 11번(중복을 제외)이나 나타나셔서 당신을 드러내셨다. 여기서 숫자 11은 1+10으로서 1은 '오직 예수(Solus Christus)' 이며 10은 '완전수이자 만수'이다. 즉 부활 후 우리에게 나타나신 그 예수님이 바로 완전하신 하나님이라는 상징적 의미이다.

---

73 아더 핑크의 『기독교인 안식일(The Christian Sabbath)』에 의하면 "구약시 대의 안식일(토요일)이 하나님께서 옛 창조(천지창조)의 일을 마치신(보시기에 좋게 이루신) 것을 기념하는 것(창 2:3, 출 20:11)이라면 신약시대의 안식일(주일, 나는 일요일이라는 말을 더 선호한다)은 그리스도께서 새 창조(현재형 하나님나라와 미래형 하나님나라)의 근원이 되는 일을 마치신(다 이루신, 성취하신, already ~not yet) 것을 기념한다"고 했다. 한편 십계명의 4계명은 "안식일을 기억하여 거룩히 지키라(신 5:1-15; 출 20:1-17)"고 명령하고 있다. 이는 안식일인 토요일(금요일 일몰부터 토요일 일몰까지)을 지켜야 하느냐 주일인 일요일을 지켜야 하느냐의 문제가 아니다. 모든 날이 다 주의 날(주일)이다. 곧 안식일도 주일이고 월요일도 주일이며 화, 수, 목, 금 모든 날이 다 주일(주의 날)이다. 결국 신명기(5:1-21)를 통하여는 "창조주 하나님을 기억하라(창조의 역사)"는 것이고 신명기(5:1-21)를 통하여는 "하나님 안에서만 안식을 누리라(예수를 믿은 후 죄의 굴레에서 벗어나 영생을 통해 현재형 하나님나라와 미래형 하나님나라에서의 진정한 자유함을 누림)"는 것을 이중적으로 드러내고자 하는 말씀이다. <은혜 위에 은혜러라> 참조, p695-696

참고로 '부활'이라는 상징적 의미를 지닌 상기 11 숫자 다음의 12는 '재림'의 그날에 예수님께서 열두(12) 번째로 나타나실 것을 상징하는데 그 숫자는 10(완전수, 만수)+2(증인의 수)와 3(하늘의 수)x4(땅의 수)로 이루어져 있다. 상기 12의 숫자(10(완전수, 만수)+2(증인의 수), 3(하늘의 수)x4(땅의 수)=약속, 언약, 맹세, 완전수)를 연결하여 중의적으로 해석하면 첫째, 10+2는 재림의 그날에 오실 완전한 하나님이신 승리주 예수님의 증인으로 살라는 것과 둘째, 3x4(3+4)는 언약, 약속, 맹세, 완전수로서 재림의 그날에 예수님은 하늘(3)과 땅(4) 곧 천지의 주권자로서 심판주, 승리주, 만왕의 왕, 만주의 주로 오실 것을 상징하고 있다. 명심할 것은 재림의 그날에 대한 때와 기한은 오로지 성부하나님의 온전한 주권 하에만 있다(행 1:7)는 것이다.

앞서 언급했던 부활의 예수님은 제자들과 사랑하는 이들에게 계속 나타나셨다. 막달라 마리아(요 20:14)에게, 무덤에 다녀오던 여인들에게(마 28:9-10), 베드로에게(눅 24:34), 엠마오로 가던 글로바와 그의 아내에게(눅 24:13), 다락방에 있던 열 제자에게(요 20:19), 도마를 위시한 열한 명의 제자에게(요 20:26-29), 디베랴 호숫가에서 고기 잡던 7명의 제자들에게(요 21장, 당시 나다나엘을 제외한 6명이 전직 어부, 요 21:2), 11사도 및 그들과 함께 있던 다른 제자들에게(마 28:16), 500여 명의 형제들에게 일시에(고전 15:7), 야고보에게(고전 15:7), 승천하실 때 감람산 상에 있던 11명의 사도와 또 다른 제자들에게(행 1장), 승천하신 이후 순교의 자리에 있던 스데반에게(행 7장), 다메섹 도상의 사울에게(행 9장), 밧모섬의 사도 요한에게(계 1장, 요한복음을 기록한 사도 요한)에게 나타나셨다.

정확하게 얘기하자면, 부활의 주님이 나타나심은 중복을 제외하면 11회이지만 역사서에는 14회라고 기록되어 있다.

필자의 해석(나와 공저자는 실제적인 나타나심인 11번에 초점을 두었다)과는 달리 아더 핑크는 중복을 포함하여 열네 번의 나타나심에 초점을 두었다. 14의 인수(因數)는 7(약속, 언약, 맹세, 완전수)과 2(증인의 수)이다. 그러므로 부활하신 초림의 예수님께서 14번이나 나타나심은 죽음을 이기시고 부활하심을 스스로 나타내 보이신 후 제자들에게, 그리고 우리들에게 부활의 사실을 증거하고 우리로 하여금 증인으로의 삶을 살라는 메시지였다고 했다.

그날까지 부활의 증인으로!

아더 핑크는 15번째 나타나심이 바로 재림의 그날이라며 그날에는 하나님의 은혜로 만세 전에 택정함을 입은 모든 성도들이 재림의 예수님을 보게 될 것(살전 4:16)이라고 했다. 여기서 15의 인수(因數)는 3(하늘의 수)과 5(은혜의 수, 3(하늘의 수)+2(증인의 수)=하늘의 증인의 수)이다. 즉 재림의 그날은 완벽할 뿐만 아니라 완전하고도 놀라운 은혜가 넘치는 날이라는 의미이다. 한편 게마트리아(Gematria)로 다양하게 해석한 것들을 대하는 태도는 왈가왈부(曰可曰否)하며 '맞다 틀리다'의 문제에 목소리를 높일 것이 아니라 그 상징적 의미를 통한 풍성한 묵상의 은혜에 방점을 두어야 할 것이다.

예수 그리스도의 죽음과 부활은 창세기 3장 15절에 있는 최초의 원시복음에도 그대로 드러나 있다. 곧 그리스도의 발꿈치를 상하게 한 것과 사단을 상징하는 뱀의 머리를 상하게 한 것에는 이미 예수님의 십자가 죽음과 그 죽음을 이기시고 부활하셔서 승리하신 초림의 예수님이 전제되어 있다. '머리가 상하고 꼬리는 살아있다'는 것에는 예수님의 초림으로 인한 영적 부활(첫째 부활)이 전제되어 있고 'already~not yet'으로서 예수님의 초림과 재림 사이라는 종말 시대가 내포되어 있으며 종말 시대 동안에 사단에게 한시적⁽기간⁾이며 제한적⁽범위⁾인 권세는 허락하셨음을 전제하고 있다.

참고로 '무저갱'[74]이라는 단어는 계시록과 누가복음 그리고 로마서에 기록되어 있으며 헬라어로는 아뷔쏘스⁽ἄβυσσος, nf⁾이고 히브리어로는 테홈⁽תְּהוֹם⁾이라고 한다. 한편 '무저갱에 갇혀 있는 사단'이라는 말은 교회를 미혹할⁽흔들⁾ 수는 있으나 더 이상 참소⁽고소⁾할 수는 없다는 의미이다.

한편 예수님의 십자가 죽음과 부활을 상징하는 예표적 사건들이 성경에는 여러 곳에 반복적으로 기록되어 있다.

먼저 노아 홍수 가운데 예수 그리스도를 예표하는 방주가 물⁽십자가 수난과 죽음⁾의 심판을 견디고 땅⁽아라랏산⁾에 이른 것은 죽음을 이기시고 부활하셨음을 상징한다⁽벧전 3:20-21⁾.

창세기 22장에는 제3일에 모리아 산에서 이삭이 번제물로 드려질 뻔했던 이야기가 나온다. 그러나 예수 그리스도를 예표하는 숫양[75]⁽아일 곧 여호와 이레⁾이 대신⁽대속⁾ 죽음으로 인해 이삭은 살아나게 된다. 이를 가리켜 '죽은 자 가운데서 도로 받은 것'이라고 성경⁽히 11:18-19⁾은 말씀하고 있다.

출애굽을 위해 마지막 10번째 장자 재앙⁽죽음⁾을 계획하신 하나님은 이

---

[74] '무저갱'은 계시록⁽9:1-2, 11, 11:7, 17:8, 20:1, 3⁾, 누가복음⁽8:31⁾, 로마서⁽10:7⁾에 기록되어 있다. 헬라어로는 아뷔쏘스⁽ἄβυσσος, nf, the abyss, unfathomable depth, an especially Jewish conception, the home of the dead and of evil spirits, ἄλφα+βυθός⁽nm, the bottom, the depth, the deep sea⁾⁾이고 히브리어로는 테홈⁽תְּהוֹם, deep, sea, abyss, 창 1:2⁾이라고 한다⁽계 20:1-3, 유 1:6, 벧후 2:4⁾.

[75] 창세기 22장 8절에는 "번제할 어린 양은 하나님이⁽אֱלֹהִים⁾ 자기를 위하여⁽לוֹ⁾ 친히 준비하시리라⁽יִרְאֶה־⁾"고 하셨다. 이 문장의 히브리어 세 단어의 첫 알파벳을 모으면 아일⁽אַיִל, 어린 양, 숫양, ram, 창 22:13⁾이 된다. 희생양으로 오신 어린 양 예수 그리스도를 상징하고 있다.

스라엘 백성에게 각 집의 문설주와 인방에 어린 양의 피를 바르게 했다. 백성들은 순종했다. 그리하여 이스라엘의 모든 가정은 장자의 죽음을 면할 수 있었다. 하나님은 이를 영원히 기념하도록 '유월절(Passover)'을 지키게 했다. 이후 어린 양의 피가 문설주와 좌우 인방에 칠해져 죽음을 피하게 된 유월절(십자가 죽음)을 지나 삼 일 만에 홍해(구원 & 세례, 고전 10:1-2, 출 8:27-28)를 건너게 된다.

그것도 질펀한 해저(海底, the sea bottom or floor)의 바닥이 아닌 마른 땅을.

이는 그리스도와 함께 죽고 그리스도와 함께 다시 살아난 것을 가리키는 상징적인 사건이다.

요나가 삼(三) 주야(晝夜, day and night)만에 물고기 뱃속에서 탈출한 것은 예수 그리스도께서 3일 만에 죽음을 이기시고 무덤에서 나온 부활을 상징한다. 상기의 모든 것은 시편 16편 9-11절에 있는 예수 그리스도의 부활에 관한 상징적인 말씀으로 예수 그리스도 새 언약의 성취이다.

"이러므로 내 마음이 기쁘고 내 영광도 즐거워하며 내 육체도 안전히 거하리니
이는 내 영혼을 음부에 버리지 아니하시며
주의 거룩한 자로 썩지 않게 하실 것임이니이다
주께서 생명의 길로 내게 보이시리니
주의 앞에는 기쁨이 충만하고 주의 우편에는 영원한 즐거움이 있나이다" _시 16:9-11

	예수님의 십자가 죽음과 부활을 상징하는 예표적 사건들	
1) 노아 홍수	노아 홍수 방주=예수 그리스도 예표 물(십자가 수난과 죽음)의 심판을 견디고 땅(아라랏산)에 이른 것	죽음 이기시고 부활(승리)하셨음을 상징(벧전 3:20-21)
2) 모리아산 이삭	제3일에 모리아 산에서 이삭이 번제물로 드려질 뻔했던 이야기(창 32장) 숫양= 예수 그리스도 예표	숫양(아일, JC)의 대신(대속) 죽음→ 이삭은 살아나게 됨 '죽은 자 가운데서 도로 받은 것(히 11:18-19)'
3) 출애굽 장자 재앙	출애굽, 10번째 장자 재앙(죽음) →각 집의 문설주와 인방에 어린 양(JC)의 피 →장자의 죽음 면함 '유월절(Passover)'; 삼 일 만에 홍해(구원 & 세례, 고전 10:1-2, 출 8:27-28)를 마른 땅으로 건넘	어린 양이신 예수 그리스도가 죽으심으로 우리가 살아나게 됨을 상징 이후, 구원 & 세례 미래형 하나님나라
4) 요나	요나가 삼(三) 주야(晝夜, day and night)만에 물고기 뱃속(어둠, 죽음)에 서 벗어나 다시 살아나게 됨	예수 그리스도께서 3일 만에 죽음을 이기시고 무덤에서 나온 부활 상징

그러므로 예수 그리스도의 십자가 전(前) 수난과 십자가 대속 죽음의 소중함은 아무리 강조해도 지나치지 않은 것이다. 동시에 하나님의 영광으로 인한 예수 그리스도의 부활도 중요하다. 더 나아가 예수로 말미암아 아버지 하나님께로 당당히 나아가게 된 은혜(히 4:16)에는 끝없이 감사해야 한다.

"보혈을 지나 하나님 품으로, 보혈을 지나 아버지 품으로"

그럼에도 불구하고 그리스도인들은 단순히 골고다 십자가에만 매몰되어서도 Passion of Christ에만 머물러서도 안 된다. 왜냐하면 "복음"이란 하나님의 성품인 공의와 사랑을 따라 예수 그리스도께서 우리의 죄에 대한 대가를 지불하시기 위해 십자가에 죽으신 것뿐만 아니라 우리에게 미래형 하나님나라에 대한 소망(입성과 영생)을 주시기 위해 다시 살아난(부활) 것 까지를 함의하기 때문이다(고전 15:1-4: 롬 4:25: 고전 15:14).

곧 그리스도인의 삶이란 십자가 보혈의 중요성과 더불어 구원 이후 그 예수님을 주인으로 모시고 살아가는 것까지 포함되어야 성숙(growth & maturity)한 '성도(聖徒, a (Christian) Saint)'로서의 삶인 것이다.

그러므로 '복음의 증인'은 언제 어디서나, 어느 누구에게나 하나님이신 예수 그리스도의 부활[76](부활의 첫 열매, '첫'이란 real, chief라는 의미이다. 곧 진정한 부활의 열매, 나는 new & best라는 의미를 추가한다)의 증인으로서 살아가야 함은 물론이요(행 1:22: 2:24-36: 3:15: 4:10: 5:30: 10:40: 13:34) 그 예수로 인해 미래형 하나님나라에의 입성과 영생이라는 소망을 붙들고 그 소망(엘피스)을 선포하며 살아가야 한다.

물론 예수님께서 부활하셨던 바로 그 순간의 장면을 실제로 목격한 자는 하나도 없다. 그래서 성경은 "살아나신 후에(막 16:9: 요 2:22: 21:14)"라고 기록하고 있다. 분명한 것은, 예수님의 부활 장면을 보신 분은 하나님뿐이라는 것이다. 더 나아가 그리스도의 죽음에 깃들인 대속, 구속의 무궁무진(無窮無盡)함을 처음부터 본 자도 없다. 오직 하나님만이 예수 그리스도의 십자가 죽음을 통한 그 엄청난 신비의 구속을 보셨다. 그리고 아신다.

어느 날 문득 깨닫게 되는 이런 생소함은 이미 그리스도인이 된 우리

---

[76] "부활의 첫 열매", "안식 후 첫날"에서의 '첫 날'이란 "최고의 새 날"이라는 의미로 성경에 나오는 "새로운"이라는 의미는 "New & Best"를 말한다. 그러므로 새 창조(첫 창조의 회복 곧 하나님나라의 완성), 새 하늘과 새 땅, 거룩한 성 새 예루살렘 등의 "새"라는 단어 대신에 "New & Best"를 대입하여 묵상하면 훨씬 더 풍성한 은혜를 누리게 될 것이다.

들을 약간 당황스럽게 만들기도 한다. 당연한 사실(예수님의 십자가 대속 죽음과 부활)로 받아들여졌던 예수님에 대한 믿음(대속 제물, 화목 제물, 구원자)이 약간은 막연한 것이었다는 현실 때문에…….

예수 그리스도의 대속 죽음과 부활에 대한 신비는 하나님이 우리에게 허락하신(주신, 객관적 믿음) 각자의 믿음(피스티스)에 근거한다. 그 믿음으로 인한 구원(히 2:3-4)은 만세 전에 택정함을 받은 자에게 때가 되매 하나님이 거저 주신 무한한 은혜로서 최고의 선물이다.

믿음은 영혼의 눈이다. 그렇기에 우리는 믿음의 눈으로 부활의 그 순간을, 부활의 그 주님을 바라볼 수 있어야 한다.

믿음의 눈으로 예수를 바라보라.[77]

그러면 말씀(케리그마, κῆρυγμα)께서 말씀(레마, ῥῆμα)하시는 가운데 나와 공저자처럼 예수를 말씀(로고스, Λόγος, nm)을 통해 인격적으로 만나게 되고 생생하게 보게(ὁράω, v, 觀) 될 것이다.

예수 그리스도의 부활 증거는 앞서 언급했듯이 부활 후에 당신께서 직접 여러 번 반복하여 나타나서(중복을 제외하고 11차례) 실제적으로 보여주셨기에 부정할 수 없이 확실하다. 한가지 아쉬운 것이 있다면 그 부활 장면을 내가 직접 내 육안으로 목도(目睹, witness)하지 못한 것이다. 나는 이런 사실

---

77 '보다'라는 헬라어가 둘 있는데 하나는 오이다(οἶδα, v)이고 다른 하나는 호라오(ὁράω, v)이다. 전자는 눈에 보이는 것을 보고 아는 것으로 견(見)이라고 하며 후자는 보지 않고도 깨달아 안다 라는 것으로 관(觀)이라고 한다.

이 못내 아쉬움으로 남아 지난날 내 안에 주인으로 계시는 성령님께 보여달라고 부단히도 조르고 또 졸랐다. 말씀으로 응답하고 가르쳐 주시기를 간구했다. 그 결과 나는 부활의 주님을 확실하게 보게 되었고 알게 (γινώσκω) 되었다. 그런 나는 지금까지 부활의 증인으로 살아왔고 육신의 장막을 벗는 그날까지 성경교사로, 의료선교사로, 설교목사로 살아가려 한다.

나는 지금도 삼위일체 하나님과 교제하고 있으며 앞으로도 영원히 바른 관계와 친밀한 교제를 이어가려 한다. 장차 미래형 하나님나라에 가서도 삼위일체 하나님을 찬양하며 영원히 '더불어, 함께' 교제할 것이기에 오늘도 가슴 벅찬 삶을 이어가고 있다.

매 순간 말씀을 통해 삼위일체 하나님을 보게 하시고(바른 관계) 인격적(Omni-personal)으로도 '친밀한 교제'를 누리게 해 주심에 찬양하지 않을 수 없다. '오직 하나님께만 영광(Soli Deo Gloria)'이다.

삼위일체 하나님의 완벽한 공동사역은 역사의 모든 것에서 일어난다(삼위일체 하나님의 허용 없이는 그 어느 것도 일어날 수 없다. 심지어는 '분노적 허용(호 13:11)'조차도). 그럼에도 불구하고 특별히 나와 공저자는 주저없이 '천지창조'와 '십자가'를 최고의 예로 들고 싶다. 곧 나하흐의 하나님, 에트의 하나님, 할라크의 하나님이시다.

아더 핑크(Arthur Walkington Pink, 1886-1952)는 '성육신에 대한 성부하나님의 사역'은 히브리서 10장 5절이, '성자하나님의 사역'은 빌립보서 2장 7절이, '성령하나님의 사역'은 히브리서 9장 14절에서 잘 말씀하고 있다고 했다.

"그러므로 세상에 임하실 때에 가라사대
하나님이 제사와 예물을 원치 아니하시고 오직 나를 위하여 한 몸을 예비하셨도다"_히 10:5

"오히려 자기를 비워 종의 형체를 가져 사람들과 같이 되셨고" 빌 2:7

"하물며 영원하신 성령으로 말미암아
흠 없는 자기를 하나님께 드린 그리스도의 피가
어찌 너희 양심으로 죽은 행실에서 깨끗하게 하고 살아계신 하나님을 섬기게 못하겠느뇨"_히 9"14

더 나아가 대속 죽음에 대해서도(성부, 사 53:6; 성자, 엡 5:2; 성령, 히 9:14), 또한 부활의 아침에도 다른 하나님, 한 분 하나님이신 삼위일체 하나님은 공동으로 역사(롬 6:4; 요 10:17; 롬 8:11)하셨다고 했다.

나는 미국 무디 성서대학에서 공부했던 기독교 작가이자 성경연구가인 그를 사랑한다. 그는 당시에 주류를 따라가지 않았던 설교자 중 하나였다. 나는 아더 핑크의 〈요한복음 강해〉(1189쪽 분량, pp.1098-1101)를 수차례 반복하여 읽고 또 읽었다. 이후 예수님의 성육신, 십자가 수난과 죽음, 그리고 부활에 관해 "할렐루야~!"로 더욱 찬양할 수 있게 되었다.

나는 지난날 예수님과 함께 십자가에서 온전히 죽었다. 이후 예수님의 부활과 함께 다시 살아났다. 지금 나는 하나님의 아들 예수 그리스도를 믿는 믿음 안에서 살아간다. 그런 나는 성령님을 주인으로 모시고 있으며 그분 께만 온전한 주권을 드리고 그분의 통치와 질서, 지배 하에 살아가고 있다. 그런 나는 현재형 하나님나라이며 그 하나님나라를 누리며 살아가고 있다.

예수를 통해 영적 죽음 상태에서 영적 부활된 후 지금 나는 영생을 누리며 살아 가고 있는 중이다.

앞으로도 영원히…….

예수님만이 길이요 진리요 생명이시다. 부활하신 예수님은 이 땅에 40일간 계시며 제자들을 찾아가셨다. 그리고는 "평강이 있을지어다(요 20:19), 평강이 있을지어다(요 20:21), 평강이 있을지어다(요 20:26)"라고 세 번이나 거듭 말씀하셨다. 두 번이 강조라면 세 번은 최상급으로 하늘의 수이다.

우리는 예수님의 십자가 보혈(대가지불, 공의, 구속)로 말미암아 샬롬 곧 평강(사랑, 구원, 이후 하나님과의 바른 관계와 친밀한 관계 유지)을 얻게 된 것을 결코 잊어서는 안 된다.

요한복음 20장 31절에는 이 책의 기록 목적을 분명히 밝히고 있다. 바로 "예수, 그리스도, 생명"이다.

*핵심 요약 (휘포밈네스코, ὑπομιμνήσκω & 디다스코, διδάσκω)

1. 부활의 예수님(11회 나타나심)

2. 12번째 나타나심=재림

3. 무저갱

4. 그리스도인의 삶

5. 예수 그리스도의 죽음과 부활 상징 사건

6. 예수 그리스도=부활의 첫 열매

7. 삼위일체 하나님의 사역

8. 요한복음의 기록 목적(20:31)

*강청기도

성부하나님을 찬양합니다. 성자하나님을 찬양합니다. 성령하나님을 찬양합니다. 삼위일체 하나님 한 분 만으로 만족하겠습니다. 삼위일체 하나님께만 영광 돌리겠습니다. 영광의 책 (The Book of Glory)이 시작되는 13장의 최후의 만찬 때 있었던 세족식 이야기를 통해 당신의 십자가 죽음과 부활을 보여주심에 감사드립니다. 14장에서는 그런 예수 그리스도를 통해 영적 죽음에서 부활(첫째) 후 하나님나라(현재형)를 누리게 하셨고 아날뤼시스를 통과 후 부활(둘째)하여 하나님나라(미래형)에로의 입성과 영생을 허락하셨음에 감사드립니다. 더 나아가 미래형 하나님나라(장소 개념)가 주님께서 예비하신 최고의 장소(요 14:2-4)임을 알게 하셨음에 감사드립니다. 15장에서는 농부이신 하나님, 포도나무이신 예수님, 가지인 우리들의 관계와 교제에 대해 말씀하셨습니다. 가지에 꼭 붙어있음으로 하나님의 보살피심을 통해 풍성한 열매를 맺고 누리는 저희가 되게 하옵소서. 16장에서는 죄에 대하여, 의에 대하여, 심판에 대하여 세상을 책망하시는 보혜사 성령님의 역할을 알게 해 주셨습니다. 더 나아가 우리 안에 내주하셔서 우리의 주인 되시는 파라클레토스께서 당신의 그 역할에 우리를 동역자 삼아주심에 감사드립니다. 17장에서는 예수님의 대제사장적 기도를 통해 우리를 사랑하시되 끝까지 사랑하셨던 주님을 보여주셨습니다. 그저 감사할 것밖에 없음을 고백합니다. 18장에서는 예수님의 수난에 등장하는 여러 인물들을 보여주셨습니다. 어느 길로 나아갈 지를 잘 결단하는 우리가 되게 하옵소서. 19장에서는 가상 7언을 통한 당신의 마음을 보여주셨음에 감사드립니다. 이곳 20장에서는 십자가 대속 죽음으로 모든 것을 다 이루시고 부활을 통해 소망을 주심에 감사드립니다. 결론적으로 20장 31절을 통하여는 '예수, 그리스도, 생명'이심을 분명히 가르쳐주셨음에 감사드립니다. 예수님을 사랑합니다. 성령님을 사랑합니다. 성부하나님을 사랑합니다. 삼위일체 하나님을 사랑합니다. 남은 여생을 삼위일체 하나님께만 영광 돌리며 살아가겠습니다. 종말 시대의 일부분인 한 번의 유한 된 인생 동안에 더욱더 소망(엘피스, 미래형 하나님나라에의 입성과 영생)을 붙들고 살아가게 하옵소서. 삼위일체 하나님께 모든 영광을 올려드립니다. 감사드리며 예수 그리스도의 이름으로 기도드립니다. 아멘

핵심 요약 (휘포밈네스코, ὑπομιμνῄσκω & 디다스코, διδάσκω) **해석**

1. 부활 후 예수님은 승천하시기까지 11번(중복을 제외) 나타나셔서 당신을 보여주셨다. 12번째는 재림의 그날에 보여주실 것임→11=10+1: 1은 오직 예수, 10은 완전수이자 민수→부활 후 우리에게 나타나신 그 예수님이 바로 완전하신 하나님

2. 부활하신 예수님: 재림의 그 날(때와 기한은 오로지 성부하나님의 온전한 주권 하, 행 1:7)에 열 두(12)번째로 나타나실 것→12(약속, 언약, 맹세, 완전수)=10(완전수, 민수)+2(증인의 수) & 3(하늘의 수)x4(땅의 수)→10+2: 완전한 하나님이신 예수 그리스도께서 부활 승천하셨으며 장차 재림의 그날에 반드시 다시 오실 것임을 증거하는 증인으로서의 삶을 살라 & 3x4: 재림의 그날에 예수님은 하늘(3)과 땅(4) 곧 천지의 주권자로서 심판주, 승리주, 만왕의 왕, 만주의 주로 오실 것임을 의미

*아더 핑크: 중복에 관계없이 열 네 번의 나타나심에 초점→14의 인수(因數)는 7(약속, 언약, 맹세, 완전수)x2(증인의 수)→부활하신 초림의 예수님께서 14번이나 나타나심: 죽음을 이기시고 부활하심을 스스로 나타내 보이신 후 제자들에게, 그리고 우리들에게 부활의 사실을 증거하고 증인으로서 삶을 살라는 메시지→15번째 나타나심: 재림의 날→그날, 하나님의 은혜로 만세 전에 택정함을 입은 모든 성도들이 재림의 예수님을 보게 될 것(살전 4:16)→15의 인수(因數)는 3(하늘의 수)과 5(은혜의 수, 3(하늘의 수)+2(증인의 수)=하늘의 증인의 수)랏재림의 그날은 완벽할 뿐만 아니라 완전하고도 놀라운 은혜가 넘치는 날이라는 의미

3. '무저갱(계 9:1-2, 11, 11:7, 17:8, 20:1, 3, 눅 8:31, 롬 10:7)**:**

1) 헬라어: 아뷔쏘스(ἄβυσσος, nf, the abyss, unfathomable depth, an especially Jewish conception, the home of the dead and of evil spirits, ἄλφα+βυθός(nm, the bottom, the depth, the deep sea))

2) 히브리어: 테홈(תְּהוֹם, deep, sea, abyss, 창 1:2)

'무저갱에 갇혀 있는 사단': 교회를 미혹할(흔들) 수는 있으나 더 이상 참소(고소)할 수는 없다는 의미.

4. 성숙(growth & maturity)한 '성도(聖徒, a (Christian) Saint)' 곧 그리스도인의 삶:

1) 십자가 보혈의 소중함+구원 이후 그 예수님을 주인으로 모시고 살아가는 것

2) '복음의 증인'으로 언제 어디서나, 어느 누구에게나 하나님이신 예수 그리스도의 부활 (부활의 첫 열매, '첫'이란 real, chief라는 의미이다. 곧 진정한 부활의 열매, 나는 new & best라는 의미를 추가한다)의 증인으로서 살아가는 것 (행 1:22: 2:24-36: 3:15: 4:10: 5:30: 10:40: 13:34)

3) 그 예수로 인해 미래형 하나님나라에의 입성과 영생이라는 소망을 먼저 확신→그 소망(엘피스)을 선포하며 살아가는 것.

5.

	예수님의 십자가 죽음과 부활을 상징하는 예표적 사건들	
1)노아 홍수	노아 홍수 방주=예수 그리스도 예표 물(십자가 수난과 죽음)의 심판을 견디고 땅(아라랏산)에 이른 것	죽음 이기시고 부활(승리)하셨음을 상징(벧전 3:20-21)
2)모리아산 이삭	제 3일에 모리아산에서 이삭이 번제물로 드려질 뻔했던 이야기(창 32장) 숫양= 예수 그리스도 예표	숫양(아일, JC)의 대신(대속) 죽음→ 이삭은 살아나게 됨 '죽은 자 가운데서 도로 받은 것'(히 11:18-19)
3)출애굽 장자 재앙	출애굽, 10번째 장자 재앙(죽음) →각 집의 문설주와 인방에 어린 양(JC)의 피 →장자의 죽음 면함 '유월절(Passover)'; 삼 일 만에 홍해(구원 & 세례, 고전 10:1-2, 출 8:27-28)를 마른 땅으로 건넘	어린 양이신 예수 그리스도가 죽으심으로 우리가 살아나게 됨을 상징 이후, 구원 & 세례 미래형 하나님나라
4)요나	요나가 삼(三) 주야(晝夜, day and night) 만에 물고기 뱃속(어둠, 죽음)에 서 벗어나 다시 살아나게 됨	예수 그리스도께서 3일 만에 죽음을 이기시고 무덤에서 나온 부활 상징

6. 예수 그리스도의 부활(부활의 첫 열매)

'첫': 진정한, 주요한, 새롭고도 최고의 부활의 열매

1) Real

2) Chief

3) New & Best

"부활의 첫 열매", "안식 후 첫날"에서의 '첫 날': "최고의 새 날"이라는 의미→성경에 나오는 "새로운"이라는 의미는 "New & Best"→새 창조(첫 창조의 회복 곧 하나님나라의 완성), 새 하늘과 새 땅, 거룩한 성 새 예루살렘

7. 삼위일체 하나님(나하흐의 하나님, 에트의 하나님, 할라크의 하나님)의 완벽한 공동 사역:

1) 역사의 모든 것에서 일어남(삼위일체 하나님의 허용 없이는 그 어느 것도 일어날 수 없다. 심지어는 '분노적 허용(호 13:11)'조차도)

2) '천지창조'

3) '십자가', 대속 죽음(성부, 사 53:6: 성자, 엡 5:2: 성령, 히 9:14), 부활(롬 6:4: 요 10:17: 롬 8:11)

*아더 핑크(Arthur Walkington Pink, 1886-1952)

1) '성육신에 대한 성부하나님의 사역' (히 10:5, 그러므로 세상에 임하실 때에 가라사대 하나님이 제사와 예물을 원치 아니하시고 오직 나를 위하여 한 몸을 예비하셨도다)

2) '성자하나님의 사역' (빌 2:7절, 오히려 자기를 비워 종의 형체를 가져 사람들과 같이 되셨고)

3) '성령하나님의 사역' (히 9:14절, 하물며 영원하신 성령으로 말미암아 흠 없는 자기를 하나님께 드린 그리스도의 피가 어찌 너희 양심으로 죽은 행실에서 깨끗하게 하고 살아계신 하나님을 섬기게 못하겠느뇨)

8. "오직 이것을 기록함은 너희로 예수께서 하나님의 아들 그리스도이심을 믿게 하려 함이요 또 너희로 믿고 그 이름을 힘입어 생명을 얻게 하려 함이니라" _요 20:31

괴짜의사 Dr. Araw의
쉽고 바르게 읽는 요한복음 장편(掌篇)강의 (Handbook)

은혜 위에 은혜러라

Part IV

에필로그 (Epilogue)

Part IV Epilogue
레마 이야기 21. 나를 더$^{(플레이온)}$ 사랑하느냐

드디어 21장 879절로 이루어진 요한복음의 마지막 장으로 접어들었다. 요한복음의 에필로그(epilogue) 곧 결론에 해당한다.

이곳 21장은 부활의 주님께서 제자들을 찾아 디베랴 바다에 가신 것으로 시작한다. 한편 그곳에는 고기 잡는 일만큼은 전문가인 전직 어부(7명 중 6명, 나다나엘(바돌로매) 제외)였던 제자들이 있었다. 그럼에도 불구하고 그들은 밤새(overnight, during the night) 한 마리도 잡지 못했다. 그런 제자들에게 예수님은 "그물을 배 오른편[78]에 던지라(21:6)"고 하셨다. 그 결과 그물을 들 수 없을 정도로 수많은(153마리) 큰 물고기(21:11, ἰχθύς(익뒤스) :6:9, 참고: ὀψάριον(옵사리온), fish,

---

[78] 요한복음(21:6)의 '오른편'이란 '정체성에 따른 방향성'을, 누가복음(5:4)의 '깊은 곳'은 '열정적인 도전과 모험'을 상징한다. 전자의 경우 예수님 부활 후 사건으로 이제 곧 세상을 떠나 하나님나라로 갈 즈음에 있었던 이야기이다. 이때는 이미 제자들의 경우 '사람 낚는 어부'로서의 분명한 정체성이 있었다. 그럼에도 불구하고 '고기 잡는 어부'로 돌아간 제자들을 향해 '정체성 회복과 삶(사역)의 방향성'을 가르쳐 주신 것이다. 반면에 후자의 경우 예수님의 공생애 초기의 사건으로 향후 함께 할 제자들을 부를 시점에 있었던 이야기이다. 당시 제자들의 경우 '고기 잡는 어부'로서의 정체성이 있었다. 그런 그들을 향해 '사람 낚는 어부'로서의 정체성을 허락하시며 '열정적인 도전과 모험'을 던지고 있는 것이다.'
그러나 요한복음 21장 6절과 누가복음 5장 4절에서 결코 놓치지 말아야 할 가장 중요한 초점(focus or point)은 "누구의 말씀이냐, 누가 말씀하셨느냐"이다. 사실 오른쪽이냐 왼쪽이냐는 특정한 방향, 깊은 곳, 얕은 곳이냐라는 것은 우리의 관심사가 아니다. 가장 중요한 것은 "누구의 말씀이냐, 누가 말씀하셨느냐"라는 것이다. 결국 예수님의 말씀이 중요하며 말씀으로 모든 것이 이루어지게 됨을 알 수 있다. 그 예수님이 바로 말씀으로 세상을 창조하신 창조주 하나님이시다.

작은 고기)가 잡혔다.

이후 조반을 함께 하셨다. 그리고는 베드로를 콕 집어 물었다.

"나를 더 사랑하느냐(요 21:15)"

이는 하나님에 대한 그릇된 열심으로 그리스도인들을 잔멸(뤼마이노마이, 행 8:3, λυμαίνομαι)하고자 예루살렘에서 240여 Km나 떨어진 곳, 곧 땅 끝으로 상징된 다메섹(Δαμασκός, Damascus, a city of Syria)까지 갔던 바울에게 하셨던 말씀을 묘하게 연상시킨다.

"네가 어찌하여 나를 핍박하느냐(행 9:4)"

두 장면 모두 다 '부활의 예수님'이 직접 나타나셔서 물으셨던 말씀이다. 놀랍게도 자신이 그토록 박해하던 예수가 그렇게나 기다리고 고대하던 메시야 곧 하나님이심을 알게 되자 바울은 엄청난 충격 속에 온전한 회심(回心, conversion)을 하게 된다. 잠시 베드로의 이야기는 접어두고 바울을 소개하고자 한다.

바울은 AD 5년 길리기아 다소 바리새파 가정(베냐민지파, 롬 11:1)에서 태어났다. 그는 AD 35년 다메섹에서의 회심부터 AD 66년 니고볼리(Νικόπολις, "victorious city", Nicopolis, a city in Achaia, 악티움 해전의 승리를 기념하여 만든 도시)에서 잡히기 전까지 생명조차 조금도 귀한 것으로 여기지 않고 치열하게 하나님의 은혜의 복음을 전했던 사람이다.

"아! 니고볼리(딛 3:12, Νικόπολις)"

이는 바울이 말년에 체포되었던 장소로서 "승리(니케, νίκη)의 도시(폴리스, πόλις)"라는 의미이다. 당시 로마의 5대 황제 네로는 AD 64년에 구(舊) 로마 시가지를 불태웠다. 그리고는 로마 시민들의 끓어오르는 분노의 불길을 돌리고자 그리스도인들에게 슬쩍 누명을 덮어 씌웠다. 그럼에도 불구하고 로마 시민들의 분노가 가라앉기는커녕 점점 더 로마 황궁으로, 황제인 자신에게로 분노의 화살이 다가오자 또다른 희생양(속죄양, scapegoat: 레 16:8 아사셀, לֵאזָאזֲע, entire removal)을 찾게 된다.

그리하여 AD 65년경에 베드로가 잡혀 처형되었다.

진정될 줄 알았던 네로는 로마 시민들의 분노가 잦아들지 않자 또 다른 희생양을 찾았는데 당시(AD 66년경) 니고볼리에서 과동(過冬)하고 있던(딛 3:12) 노년의 바울이었다. 그는 곧장 로마로 압송되었다. 그리고는 두 번째로 로마 감옥(하옥, AD 67-68년)에 투옥되었다. 당시 로마의 감옥은 상(上), 중(中), 하옥(下獄)의 토굴로서 3층으로 되어 있었다. 1차 투옥은 비교적 자유롭게 왕래할 수 있는 상옥에 2년간 있었다(AD 61-63, 행 28:20). 그러나 2차 투옥 때에는 사형수가 들어가는 어둡고 춥고 습기가 많은 하옥(딤후 4:13)이었다.

결국 그는 이듬해 AD 68년에 하나님의 품으로 갔다.

나는 요한복음을 마치며 치열하게 살았던 두 신앙 선배(베드로와 바울)의 삶을 찬찬히 그려본다. 그들은 한 번 인생을 멋지게 동시에 알차게 살았던 나의 신앙 선배이자 인생 선배들이다.

이곳 요한복음 21장에는 부활의 예수님께서 3번이나 제자들(안식 후 첫날저녁, 20:19; 여드레 후, 20:26; 디베랴 바닷가에 있는 7명, 21장)을 찾아가셨던 장면이 나온다.

그리하여 지금 세 번째 디베랴 바닷가에서 예수님은 베드로를 콕 집어 "나를 더 사랑하느냐(요 21:15)"라며 3번이나 묻고 계신 것이다.

"더(플레이온, πλείων)"

"훨씬 더 높은 가치(of higher value)"

'너는 내게 훨씬 더 높은 가치(of higher value)를 둘 수 있느냐'라는 의미이다.

디베랴(Tiberias, Τιβεριάς, nf, 지키다)는 갈릴리 호수 서쪽 연안의 휴양도시이다. 헤롯 안디바가 건설한 후 로마의 2대 황제 티베리우스(Tiberius, Τιβέριος)의 이름을 따서 명명했다. 그러므로 갈릴리 호수는 디베랴 바다로 불리기도(another name for the Sea of Galilee) 한다. 예수께서 디베랴 바다를 찾았을 때 제자 중 7명(요 21:2, 나다나엘(바돌로매)외에는 모두 전직 어부)이 그곳에서 고기를 잡고 있었다. 그들은 전직 어부였음에도 불구하고 밤새도록 아무것도 잡지 못했다(요 21:3). 그러나 사실을 따지고 보면 그 결과는 당연한 것이었다. 왜냐하면 이미 그때 제자들의 정체성은 고기 잡는 어부(마 4:18)가 아니라 사람을 낚는 어부(마 4:19) 곧 사도(아포스톨로스, 보내심을 받은 자)였기 때문이다.

"아포스톨로스(제자, 사도, ἀπόστολος)"

자신들의 정체성을 새까맣게 잊어버린 채 한때 전직(前職)이었던 '어부'라는 타이틀로 고기를 잡겠다(어부)며 설쳐 댔으니 당연히 물고기들의 비웃음을 살 수밖에…….

우왕좌왕하던 그들을 향해 예수님은 잠잠히 그물을 오른편(요 21:6)에 던지라고 말씀하셨다.

누가 누구에게…….

그래도 제자들은 전직 어부 출신으로 전문가들인데…….

예수님은 공생애 전에 목수 일만 하셨는데…….

그러나 중요한 것은 신인양성의 하나님이신 예수님의 말씀에 "순종하느냐 마느냐"라는 것이다.

예수님은 당장의 필요에 해결책을 주신 것이 아니라 올바른 정체성을 일깨우시며 그에 따른 삶의 방향성(오른편에 던지라, 21:6)을 가르쳐 주셨던 것이다.

제자들은 즉각적으로 순종했다.

그랬더니 물고기가 많아(153마리, 1+2+3+…+17=153, 17=10(율법)+7(HS) by Augustin, Gematria) 그물을 들 수 없게(요 21:6) 될 정도였다. 창조주 하나님, 역사의 주관자 하나님이신 예수님께서 말씀으로 큰 물고기들(ἰχθύς :6:9)을 은혜로 불러내셨음을 드러내는 이야기이다. 이는 예수님의 하나님 되심, 즉 존재론적 동질성(Essential equality)이신 삼위일체 하나님을 다시 한번 더 드러내신 것이다. 더 나아가 제자들에게 자신들의 정체성, 즉 전직(前職)이 아닌 현직(現職)을 일깨워 주시며 그렇게 '~답게' 살라고 하신 것이다. 그렇기에 이제 후로는 부르신 소명과 정체성에 따른 사명으로 "사람을 낚는 어부로 살아가라"는 페리파테오(고전 7:17, 20, 24, περιπατέω, ν)에 대한 가르침을 주셨던 것이다.

"~각 사람을 부르신 그대로 행하라~" _고전 7:17
"각 사람이 부르심을 받은 그 부르심 그대로 지내라" _고전 7:20
"~각각 부르심을 받은 그대로 하나님과 함께 거하라" _고전 7:24

이 일에 예수님은 제자들을 대표하여 수제자인 베드로를 콕 집어 말씀 ^(요 21:15-17)하셨다.

그후 제자들은 마태복음 28장 18-20절과 요한복음 21장의 명령을 받들고 유한되고 제한된 직선의 한 번 인생을 치열하게 몸부림치며 복음과 십자가로 살며 복음과 십자가만 자랑하다가 누구 하나 빠짐없이 모두 다 아버지의 품으로 돌아갔다. 오늘의 우리들이 본받으며 살아가야 할 모습이다.

한편 '153마리의 물고기[79]'를 해석하면서 오리겐^(Origen, -es, 알렉산드리아 학파의 대표적 신학자)은 물고기 숫자 153은 당시 물고기의 종류^(겔 47:10)를 가리키는 것이라며 모든 종족^(유대인이든 헬라인이든 간에)에게 복음을 전하라는 예수님의 지상명령^(마 28:18-20)을 상징한다고 했다. 동일하게 제롬^{(Jerome, Eusebius Sophronius Hieronymus(Ιερώνυμος, 신성한 사람), 347-420, 4대 교부 중 하나, 서방교회 신학자, 라틴어 성경(불가타 성경)의 번역자)} 또한 이 해석을 취했다.

나와 공저자는 상기 두 학자의 해석에 줄을 섰다. 더하여 유한된 한 번 인생을 모든 종족에게 복음 전파는 물론이요 진정 예수님께만 '훨씬 더 높은 가치'를 두며 순간순간을 알차게 살아가야 할 것까지 추가했다.

매사 매 순간 몸부림치며…….

---

79   153마리란 1+2+3+…+17=153이 된다. 마지막 숫자 17의 경우 10^(율법의 상징, 십계명, 완전수, 만수)과 7^(성령의 상징, 하늘의 수 3과 땅의 수 4의 합, 언약, 맹세, 약 속, 완전수)의 합^(by Augustin, Gematria)이다. 창조주 하나님, 역사의 주관자 하나님이신 예수님은 말씀으로 큰 물고기들을 은혜로 부르셨다는 상징적 의미이다. 즉 은혜의 시대에 하나님께로 돌아올 충만한 사람의 수^(계 7:9, 4)를 가리킨다고 했다. 나는 오리겐, 제롬, 어거스틴의 해석에 모두 다 동의하지만 동시에 예수님 앞으로 올라온 '다양한 153마리의 물고기들'은 "이방인이나 유대인이나 여자나 남자나 종이나 자유인 등 다양한 사람들을 가리키는 것으로 그들 모두 "다 그리스도 예수 안에서는 하나^(갈 3:28)"임을 의미하는 것이라고 해석한다.

"나의 계명을 가지고 지키는 자라야 나를 사랑하는 자니
나를 사랑하는 자는 내 아버지께 사랑을 받을 것이요
나도 그를 사랑하여 그에게 나를 나타내리라" _요 14:21

나는 지난날에 저질렀던 반복된 실수와 수많은 허물의 상흔으로 많은 날 동안 아팠고 아파해 왔다. 그래서 자주자주 하나님께 부르짖곤 했다. 솔직하게 그 부르짖음은 진정한 기도였기보다는 일종의 떼깡(생떼)이었다. 간혹 젊은 시절 방탕했던 어거스틴의 못난 모습을 연출하기도 했다. 그때마다 예수님은 매번 찾아오셔서 '말없이' 따스한 미소를 짓곤 하셨다.

"네가 저질러 놓은 일 때문에 많이 아프지?"

"죄의 결과는 이렇게 혹독하며 아프단다."

"내가 하지 말라고 했잖니."

놀랍게도 상기와 같은 유의 말씀은 단 한 번도 하지 않으셨다. 오히려 자애로운 눈빛으로,

"선일아 많이 힘들지. 내가 너와 함께 하마."

라고 하셨다. 간혹 내게 물으셨다.

"선일아, 너 나를 사랑하니?"

"나를 더 사랑하니?"

"내게 훨씬 더 높은 가치를 둘 수 있니?"

그때마다 시원한 답 대신에 고개를 푹 숙인 채 강하게 여러 번 고개만 끄덕이곤 했다. 그리고 적어도 지금까지는 좌고우면(左顧右眄)하지 않고 앞만 보며 줄곧 달려왔다. 그 대답에 올인하기라도 하듯……

지난날 소중한 아내가 뜻하지 않게 암수술을 했다. 수술 후 항암치료, 방사선 치료를 했다. 현재 호르몬 치료와 면역치료를 병행하고 있다. 지난 몇 년간 병으로 힘들어하던 아내를 생각할 때마다 미안함과 죄스러움이 북받쳐온다. 아내의 암에 대한 원인이야 정확히 알 수 없지만 개중(個中)에는 스트레스가 많았을 것이다. 그렇다면 많은 부분이 나 때문일 것이다. 이것은 나에 대한 자책(自責)이기도 하다.

주인 되신 성령님은 나와 아내의 든든한 보호자로 함께 해 주시며 지금도 자주자주 말씀해 주신다.

"선일아, 힘들지, 내가 너와 함께 하마, 알지? 나는 지금까지 너의 앞에서 너를 이끌었다(나하흐). 너의 곁에서 네 손을 꼭 붙들었다(에트). 너의 등 뒤에서 너와 동행(할라크)하고 있었다, 너의 동역자 된 네 아내를 내가 허락한 것도 알지? 여생을 동역자 된 아내와 함께 누리며 성경교사로서의 네 정체성을 잃지 말아라."

점점 더 자주자주 속에서 뭔가가 올라오곤 한다. 그래서 더 자주 운다. 현재 나는 성경과 교리를 가르치는 성경교사로서, 특히 기독교 교리의 개념화(conceptualization) 작업의 안내자로서 목회자 성경공부모임, 전도사 성경공부모임, 의과대학교수 성경공부모임, 청년리더 성경공부모임, 전문인 성경공부모임, 중직자 성경공부모임을 인도하고 있다. 설교목사로서 강해설교도 하고 있다. 물론 작가로서 저술사역도 병행하고 있다. 당연히 전문인 의사(정형외과)로서도 지속적으로 의료 영역의 최고의 전문성을 키우며 의료선교사로 살아가려 몸부림치고 있다. 그런 나는 성경교사이자 설교목사요 작가이자 의료선교사이다. 아내가 온전히 회복되기까지 아내의 몫까지 열심히 할 것이다.

"내 양(a sheep, Πρόβατον, 요 21:15, 17)을 먹이라(βόσκω, feed, tend)"

아멘!

"내 양(a little lamb, ἀρνίον, 요 21:16)을 치라(ποιμαίνω, take care of, shepherd)"

아멘!

한 번뿐인 일 회 인생!
유한하고 제한된 직선 인생!
예수님께 훨씬 더(πλείων) 더(πλείων) 높은 가치(of higher value)를 두며 살아가기 위해 함께 몸부림치는 모든 지체가 되길…….

★핵심 요약 (휘포밈네스코, ὑπομιμνήσκω & 디다스코, διδάσκω)

1. '그물을 던지라'고 말씀하신 두 곳의 차이

    깊은 곳(눅 5:4)

    오른편(요21:6)

2. '더(플레이온, more higher value)'에 대한 각자의 적용점

    1)

    2)

    3)

    *먹이라, 치라, 먹이라'의 대상 정하기

3. 물고기 153마리

*강청기도

성부하나님을 찬양합니다. 성자하나님을 찬양합니다. 성령하나님을 찬양합니다. 삼위일체 하나님을 찬양합니다. 삼위일체 하나님 한 분만으로 만족하겠습니다. 삼위일체 하나님께만 영광 돌리겠습니다. 요한복음의 대장정을 마치게 하셨습니다. 매 순간마다 함께하신 성령님을 찬양합니다. 예수 그리스도의 말씀을 통해 아버지 하나님의 마음을 알게 하심에 감사드립니다. 그저 감동입니다. 눈물뿐임을 고백합니다. 1장 1절부터 21장 25절까지 스물 하나의 챕터, 팔백칠십아홉 구절(21장 879구절)을 통해 '예수, 그리스도, 생명'이심을 보여주셨습니다. 벅찬 감동이었고 소망이었으며 절로 흐르는 눈물의 연속이었습니다. 표적들의 책, 에고 에이미, 영광의 책을 통하여는 예수님이 누구시며 왜 믿어야 하며 믿은 후에는 어떻게 되는지를 알려주셨음에 감사드립니다. 기독론(Christology)의 핵심을 알게 하셨습니다. 이를 바르게 잘 전할 수 있도록 레브 쇼메아(잘 깨닫고 분별하는 머리, 영안, 큰 귀, 세미한 마음, 열정적인 팔 다리) 덧입혀 주옵소서. 지혜와 명철을 배가(倍加)시켜 주옵소서. 유한되고 제한된 직선 인생, 일 회 인생 동안 복음과 십자가만 자랑하고 복음과 십자가로 살아가게 하옵소서. 그리하여 6Sola라는 삶의 목표를 한 순간도 잊지 않게 하옵소서.

Sola Scriptura

Sola Fide

Sola Gratia

Solus Christus

Solus Spiritus

Soli Deo Gloria

모든 영광 하나님께 올려드립니다. 못난 저를 만세 전에 당신의 은혜로 택정하셨음에 감사드리며 예수 그리스도의 이름으로 기도드립니다. 아멘. 할렐루야!

*핵심 요약 (휘포밈네스코, ὑπομιμνήσκω & 디다스코, διδάσκω) 해석

1. 요한복음(21:6)의 '오른편': '정체성에 따른 방향성'→예수님 부활 후 사건으로 이제 곧 세상을 떠나 하나님나라로 갈 즈음에 있었던 이야기이다. 이때는 이미 제자들의 경우 '사람 낚는 어부'로서의 분명한 정체성이 있었다. 그럼에도 불구하고 '고기 잡는 어부'로 돌아간 제자들을 향해 '정체성 회복과 삶(사역)의 방향성'을 가르쳐 주신 것

누가복음(5:4)의 '깊은 곳': '열정적인 도전과 모험'→예수님의 공생애 초기의 사건으로 향후 함께 할 제자들을 부를 시점에 있었던 이야기이다. 이때 제자들의 경우 '고기 잡는 어부'로서의 정체성이 있었다. 그런 그들을 향해 '사람 낚는 어부'로서의 정체성을 허락하시며 '열정적인 도전과 모험'을 던지고 있는 것이다.

그러나 요한복음 21장 6절과 누가복음 5장 4절에서 결코 놓치지 말아야 할 가장 중요한 초점(focus or point): "누구의 말씀이냐, 누가 말씀하셨느냐"는 것

결국 예수님의 말씀이 중요하며 말씀으로 모든 것이 이루어지게 됨을 알 수 있다. 그 예수님이 바로 말씀으로 세상을 창조하신 창조주 하나님이시다.

2. '더(플레이온, more higher value)'에 대한 각자의 적용점

1) 성경교사: 성경과 교리를 가르침, 기독교 교리의 개념화(conceptualization) 작업의 안내자
(목회자 성경공부모임, 전도사 성경공부모임, 의과대학교수 성경공부모임, 청년리더 성경공부모임, 전문인 성경공부모임. 중직자 성경공부모임을 인도)

2) 설교목사: 강해설교

3) 작가: 저술사역

4) 전문인 의사(정형외과) & 의료선교사

3. 153마리

1) by Augustin, Gematria: 153마리, 1+2+3+⋯+17=153, 17=10(율법)+7(HS)

2) Dr Araw & Co-Author: 153마리, 1+2+3+…+17=153, 17=10(완전수, 만수)+7(HS)→복음을 통해 하나님께로 돌아올 만세 전에 택정된 많은 무리(계 7:4, 9) & 상징적으로 유한된 한 번 인생을 모든 종족에게 복음 전파는 물론이요 진정 예수님께만 '훨씬 더 높은 가치'를 두며 순간순간을 알차게 살아갈 것을 명령

3) 오리겐(Origen, -es, 알렉산드리아 학파의 대표적 신학자) & 제롬(Jerome, Eusebius Sophronius Hieronymus(Ἱερώνυμος, 신성한 사람), 347-420, 4대 교부 중 하나, 서방교회 신학자, 라틴어 성경(불가타 성경)의 번역자): 물고기 숫자 15=당시 물고기의 종류(겔 47:10)→모든 종족(유대인이든 헬라인이든 간에)에게 복음을 전하라는 예수님의 지상명령(마 28:18-20)을 상징

에·필·로·그

첫번째 요한계시록《예수 그리스도 복음의 계시라》의 Handbook에 이어 두 번째 요한복음《은혜 위에 은혜러라》의 Handbook을 마칠 수 있게 하셨다. 그렇게 인도하시고 방향을 잡아 주신, 나의 주인 되신 성령님을 찬양하고 또 찬양한다.

언제나 앞서가시며 인도하시는 나하흐(ἐξάγω, נחה)의 성부하나님이 너무 좋다.

일천한 지식에 더하여 진료와 수술에 바쁘고 지친 몸으로 인해 포기하려 할 때마다 함께 하신 에트(את)의 성자하나님이 너무 좋다.

자주 짜증을 내며 더 이상은 아무 것도 안 하겠다고 고집을 부릴 때마다 뒤에서 밀어주시며 당신의 의도대로 가게 하신 할라크(הלך)의 성령하나님이 너무 좋다.

그런 나는 삼위일체 하나님께만 영광을 돌려왔다. 앞으로도 영원히 그럴 것이다.

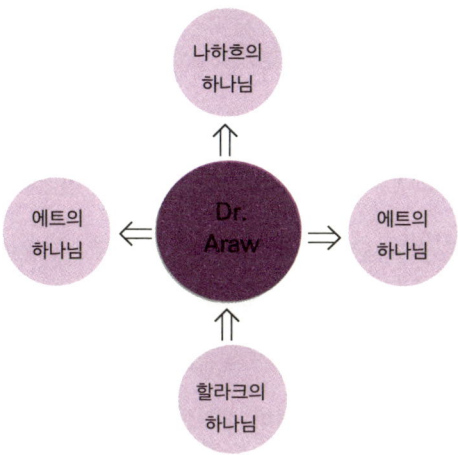

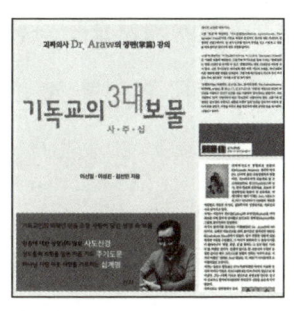직전,《기독교의 3대보물》을 쓰기 전(前)부터 제법 많이 지쳐 있었다. 그러다가 지난 9월 중순에 출간하면서 다시 하나님의 은혜를 맛보았다.

연이어 요한계시록《예수 그리스도 복음의 계시라》의 장편(掌篇) 주석에 대한 Handbook이 출간되었고 지금은 요한복음《은혜 위에 은혜러라》의 장편(掌篇) 주석에 대한 Handbook 원고를 마친 것이다. 그저 감사이며 또 감사이고 오직 은혜이다.

한때 잠깐 동안은 체력의 열세로 글을 쓰지 않고 무념무상(無念無想, freedom from all ideas & thoughts)이라도 하듯 멍하니 지내기도 했다. 놀라운 것은 그럴수록 점점 더 피폐해져 간 것이다.

간간히 앞서 간 신앙 선배들의 책들과 참고도서를 읽다가 되지도 않는 비교를 해가며, 동시에 그들과의 엄청난 실력의 차이를 느끼며 나 스스로 파 놓은 구덩이에 더 깊이 들어가 버리기도 했다.

온갖 짜증을 부리며 다시는 글을 쓰지 않겠다고 마음먹으려는 순간 성령님께서 다가오셨다. 그리고는, '지금까지의 모든 저술들은 네가 쓴 것이 아니라 내가 쓴 것이다'라고 말씀하셨다.

나는 얼른 퉁명스럽게 대답했다.

"물론 그렇습니다. 제가 뭐라고 했나요."

나의 주인이신 좋으신 성령님은, "이번에 모든 주석들의 Handbook을 내가 쓰고 싶다. 그 일에 너를 도구로 쓰고 싶은데"라고 하셨다.

갑자기 귀가 번쩍 뜨였다. "아~~, 네~, 저를 쓰고 싶다는 거지요?" 나는 다시 마음이 밝아졌다. 행여 놓칠세라 얼른 "감사합니다. 꼭 저를 써 주세요."라고 화색(和色, light up)을 띠며 곧장 반응했다.

그후 뒤돌아보지 않고 첫 번째 요한계시록 장편(掌篇) 주석 《예수 그리스도 복음의 계시라》의 Handbook에 이어 두 번째 요한복음 장편(掌篇) 주석 《은혜 위에 은혜러라》의 Handbook 원고를 쓰며 쉼없이 달려온 것이다. 물론 이 일에 하나님은 공저자들(이성진 전도사, 안요셉 목사, 이산성 목사)을 주셨다. 그들은 내가 먼저 미래형 하나님나라에 가고 나면 나와 공저했던 모든 책들에 대해 업그레이드(upgrade),

업데이트(update)할 소중한 동역자들이다.

다시 반복하지만 나의 모든 저술들은 그저 하나님의 은혜이다. 못난 사람을 불러 주시고 사용해 주심에 '그저 감사'일 뿐이다. 세상에는 학자도 많고 뛰어난 목회자도 많다. 그럼에도 불구하고 의사인 나를 사용해 주심에 무지무지 감사할 뿐이다. 되돌아보면 지금까지 일천한 나를 성경교사로 불러 주신 것만도 감지덕지(感之德之)이다.

지금까지 나는 오지랖퍼로 다방면의 온갖 일들을 좌충우돌하며 누구보다 힘차게 달려왔다. 이제 60대 중후반으로 들어선 나의 육적 상태는 많이 쇠약해진 상태다. 그래서 가치와 우선순위에 따라 삶을 많이 단순화(simplify)시켰다. 유일한 대화 통로인 카톡은 거의 다 차단했다. 전화번호는 50여 개만 남겼다. 여생을 아끼고, 보다 더 알차게 보내기 위함이다.

남은 여생의 핵심가치는 오직 삼위일체 하나님께만 영광(Soli Deo Gloria)이다. 그래서 몇 가지 목표를 세웠다. 가장 먼저는 저술사역과 설교목사로서의 강해설교이다. 둘째는 목회자, 전도사, 전문인들과의 말씀을 통한 깊은 교제(최근에 HRC 빌딩 7층에 성경연구소를 차렸다)이다. 셋째는 의료선교사로서의 점진적인 영역 확충과 적절한 때의 Half time & Switching이다.

미래형 하나님나라에서 삼위일체 하나님과 '더불어, 함께' 영생을 누리게 될 그날까지.

나는 자주자주 미래형 하나님나라에서 삼위일체 하나님과 찬양하며 삼위일체 하나님을 경배하며 삼위일체 하나님과 '더불어, 함께' 영생을 누리고 있는 나를 꿈 속에서 생생하게 보곤 한다.

"내가 선한 싸움을 싸우고 나의 달려갈 길을 마치고 믿음을 지켰으니
이제 후로는 나를 위하여 의의 면류관이 예비되었으므로
주 곧 의로우신 재판장이 그날에 내게 주실 것이니
내게만 아니라 주의 나타나심을 사모하는 모든 자에게니라." _딤후 3:7-8

*References (참고도서)

1) 요한복음 장편주석, 은혜 위에 은혜러라, 이선일 • 이성진, 산지, 2022
2) 요한계시록 장편주석, 예수 그리스도 새 언약의 성취와 완성, 이선일 • 이성진, 산지, 2021
3) 요한계시록 장편주석, 예수 그리스도 복음의 계시라, 이선일 • 이성진, 산지, 2022
4) 히브리서 장편주석, 오직 믿음, 믿음, 그리고 믿음, 이선일 • 이성혜, 산지, 2021
5) 갈라디아서 장편주석, 예수 믿음과 하나님의 계명을 붙들라, 이선일 • 황의현, 산지, 2022
6) 로마서 장편주석, 살아도 주를 위하여 죽어도 주를 위하여, 이선일 • 이선호 • 윤요셉, 산지, 2022
7) 창세기 장편주석, 태초에 하나님이 천지를 창조하시니라, 이선일 • 최용민 • 이상욱, 산지, 2023
8) 사도행전 장편주석, 오직 성령이 너희에게 임하시면, 이선일 • 이성준, 산지, 2023
9) 기독교의 3대 보물(사주십), 이선일 • 이성진 • 김선민, 산지, 2023
10) 복음은 삶을 단순하게 한다. 이선일지음, 더메이커, 2018
11) 복음은 삶을 선명하게 한다. 이선일지음, 더메이커, 2019

12) 기타 참고 도서
사도신경, 제임스 패커/김진웅 옮김, 아바서원, 2021
십계명, 제임스 패커/김진웅 옮김, 아바서원, 2012
주기도문, 제임스 패커/김진웅 옮김, 아바서원, 2012
십계명, 스탠리 하우어워스, 윌리엄 윌리몬, 복 있는 사람, 2019
사도신경, 알리스터 맥그래스/송동민 옮김, 죠이북스, 2020
메시지 신약, 유진 피터슨, 복 있는 사람, 2009
게제니우스 히브리어 아람어사전, 이정의 옮김, 생명의 말씀사, 2007.

*References (참고도서)

스트롱코드 헬라어사전, 로고스편찬위원회, 로고스, 2009.

로고스 스트롱코드 히브리어 헬라어사전(개혁개정4판), 로고스편찬위원회, 2011.

핵심 성경히브리어, 김진섭, 황선우 지음, 2012.

핵심 성경히브리어, 김진섭, 황선우 지음, 크리스챤출판사, 2013.

직독직해를 위한 히브리어 400 단어장, 박철현, 솔로몬, 2016.

직독직해를 위한 헬라어 400 단어장, 박철현, 솔로몬, 2017.

성경 히브리어, PAGE H. KELLEY, 류근상, 허민순 옮김, 크리스챤출판사, 1998.

신약성경 헬라어 문법, S. M. BAUGH, 김경진 옮김, 크리스챤출판사, 2003.

하나님나라, George Eldon Ladd, 원광연 옮김, CH북스, 리스천 다이제스트, 2018 / 하나님나라, 헤르만 리델보스, 오광만 옮김, 솔로몬, 2012 / 하나님나라 복음, 김세윤, 김회권, 정형구 지음, 새물결플러스, 2017 / Oxford Learner's THESAURUS, A dictionary of synonyms, OXFORD, 2008 / 아가페 성경사전, 아가페성경사전편찬위원회, 아가페출판사, 1991 / 네이버 지식백과(라이프성경사전) / 구글(위키백과) / Bible Hub app / 복음과 하나님의 의(로마서강해1), 존 파이퍼 지음, 주지현 옮김, 좋은 씨앗, 2013 / 복음과 하나님의 은혜(로마서강해2), 존 파이퍼 지음, 주지현 옮김, 좋은 씨앗, 2013 / 복음과 하나님의 구원(로마서강해3), 존 파이퍼 지음, 주지현 옮김, 좋은 씨앗, 2013 / 복음과 하나님의 사랑(로마서강해4), 존 파이퍼 지음, 주지현 옮김, 좋은 씨앗, 2013 / 복음과 하나님의 주권(로마서강해5), 존 파이퍼 지음, 주지현 옮김, 좋은 씨앗, 2013 / 복음과 하나님의 백성(로마서강해6), 존 파이퍼 지음, 주지현 옮김, 좋은 씨앗, 2013 / 복음과 하나님의 나라(로마서강해), 존 파이퍼 지음, 주지현 옮김, 좋은 씨앗, 2013 / 복음과 하나님의 나라, 그레엄 골즈워디, 김영철 옮김, 성서유니온, 1988 / 복음과 하나님의 계획, 그레엄 골즈워디, 김영철 옮김, 성서유니온, 1994 / 내가 자랑하는 복음, 마틴 로이드 존스, 강봉재 옮김, 복있는 사람, 2008

바이블 키(신약의 키), 송영목 지음, 생명의 양식, 2015 / 바이블 키(구약의 키), 김성수 지음, 생명의 양식, 2015 / 최신 구약개론(제2판), 트렘퍼 롱맨,레이몬드 딜러드, 박철현 옮김, 크리스챤다이제스트, 2009 / 구약 탐험, 찰스 H. 다이어 & 유진 H. 메릴 지음, 마영례 옮김, 디모데, 2001 / 성경 배경주석(신약), 크레이그 키너, 정옥배외 옮김, IVP, 1998 / 성경배경주석(창세기-신명기), 존 월튼, 빅터 매튜스, 정옥배 옮김, IVP, 2000 /한권으로 읽는 기독교, 앨리스터 맥그래스, 황을호, 전의우 옮김, 생명의 말씀사, 2017 /성경해석, 스코트 듀발-J.다니엘 헤이즈 지음, 류호영 옮김, 성서유니온, 2009 /성경을 어떻게 읽을 것인가, 고든 D 피-더글라스 스튜어트 지음, 오광만, 박대영 옮김, 성서유니온, 2014 / 책별로 성경을 어떻게 읽을 것인가, 고든 D 피-더글라스 스튜어트 지음, 길성남 옮김, 성서유니온, 2016 / 성경파노라마, 테리 홀지음, 배웅준 옮김, 규장, 2008 / 넬슨성경개관, 죠이선교회, 2012 / 이 책을 먹으라, 유진 피터슨, 양혜원 옮김, IVP, 2006 / 성경통독(통박서 조병호의), 조병호, 통독원, 2004, 2017 / 성경해석학, 권성수 지음, 총신대학출판부, 1991 / 현대신학연구, 박아론저, 기독교문서선교회, 1989 /기독교강요(상, 중, 하), 존 칼빈 지음, 김종흡, 신복윤, 이종성, 한철하공역, 생명의 말씀사, 1986 / 프란시스 쉐퍼전집(1-5), 기독교철학 및 문화관, 프란시스 쉐퍼, 생명의 말씀사, 1994 / 바벨탑에 갇힌 복음, 행크 해네그래프 지음, 김성웅 옮김, 새물결플러스, 2010 / 복음의 진수, 프란시스 쉐퍼 지음, 조계광 옮김, 생명의 말씀사, 2014 / 첫째는 유대인에게, 대렐보크-미치 글래이저 공동편집, 김진섭 옮김, 이스트윈드, 2009 / 한눈에 보는 성경 조직신학, 안명준 지음, 성경말씀사관학교, 2014 / 순례자의 노래, 스탠리 존스 지음, 김순현 옮김, 복있는사람, 2007 / 영성을 살다, 리처드 포스터, 게일 비비 지음, 김명희, 양혜원 옮김, IVP, 2009 / 하나님 나라를 욕망하라, 제임스 스미스 지음, 박세혁 옮김, IVP, 2016. / 성령을 아는 지식, 제임스 패커 지음, 홍종락 옮김, 홍성사, 2002. / 쉽게읽는 진정한 기독교, 윌리엄 윌버포스 지음 / 조계광 옮김, 생명의 말씀사, 2001. 2009 /세계개혁교회의 신앙고백서, 본문 및 해설, 이형기 교수, 한국장로교출판사, 1991 / 요한계시록 신학, 라챠드보쿰 지음, 이필찬 옮김, 한들출판사, 2013(7쇄) P15-133

*References (참고도서)

요한계시록 어떻게 읽을 것인가, 이필찬 지음, 성서유니온, 2019(개정 2판 2쇄). P7-198 /요한계시록 40일 묵상 여행, 이필찬 지음, 이레서원, 2018(4쇄) / 신천지 요한계시록 해석 무엇이 문제인가, 이필찬 지음, 새물결플러스, 2020(5쇄) / 내가 속히 오리라, 이필찬 지음, 이레서원, 2006 /평신도를 위한 쉬운 요한계시록 1, 양형주 지음, 브니엘, 2020. P12-382 / 요한계시록 Interpretation, 유진 보링 지음, 한국장로교출판사, 2011 / 요한계시록, 이달 지음, 한국장로교출판사, 2008 / 만화 요한계시록 1, 2, 백금산 글, 김종두 그림, 부흥과 개혁사 / 히브리서 강해(마틴 로이드 존스, 정상 윤옮김, 복 있는 사람, 2019, p7-327 / 히브리서(틴데일 신약주석 시리즈 15, D. 거쓰리 지음/김병모 옮김, CLC, 2015, p5-415) / 하나님나라, George Eldon Ladd, 원광연옮김, CH북스(리스천 다이제스트), 2018 / 하나님나라, 헤르만 리델보스, 오광만 옮김, 솔로몬, 2012 / 하나님나라 복음, 김세윤, 김회권, 정형구 지음, 새물결플러스, 2017 / 프레임, 최인철, 21세기 북스, 2022(4판 6쇄) / 성경적 세계관, 이정훈, PLI, 2022 /성령의 역사 분별 방법, 조나단 에드워드 지음. 노병기 옮김, 부흥과 개혁사, 2023 / 신앙감정론, 샘 스톤즈, 복있는 사람, 2022 / 거룩하신 하나님, 데이비드 웰스 지음, 윤석인 옮김, 부흥과 개혁사, 2015 / 기독론, 데이비드 웰스 지음, 이승구 옮김, 부흥과 개혁사, 2015 /위대하신 그리스도, 데이비드 웰스 지음, 윤석인 옮김, 부흥과 개혁사, 2017 / 윤리실종, 데이비드 웰스 지음, 윤석인 옮김, 부흥과 개혁사, 2016 /용기있는 기독교, 데이비드 웰스 지음, 홍병룡 옮김, 부흥과 개혁사, 2020 /신학실종, 데이비드 웰스 지음, 김재영 옮김, 부흥과 개혁사, 2023 / 한민족 기원 대탐사, 김성일, 창조사학회, 1999 / 제정신이라는 착각, 필리프 슈테르처 지음, 유영미 옮김, 김영사, 2023 / 내몸 공부, 엄융의, 창비, 2020 / 성경적 세계관, 이정훈 지음, PLI, 2022 / 요한복음(말씀이 육신이 되어), 브루스 밀른, IVP, 2023 / 기독교 교리 핸드북, 브루스 밀른 지음, 안종희 옮김, IVP, 2024

참고도서 · 287

은혜 위에 은혜러라 Handbook

2024년 6월 27일 1판 1쇄 발행

지은이 이선일, 이성진, 안요셉
펴낸이 조금현
펴낸곳 도서출판 산지
전화 02-6954-1272
팩스 0504-134-1294
이메일 sanjibook@hanmail.net
등록번호 제309-251002018000148호

@ 이선일 2024
ISBN 979-11-91714-19-7 (03230)

이 책은 저작권법에 따라 보호받는 저작물이므로 무단전재와 무단복제를 금지합니다.
이 책의 전부 또는 일부 내용을 재사용하려면 저작권자와 도서출판 산지의 동의를 받아야 합니다.
잘못된 책은 구입한 곳에서 바꿔드립니다.